COLLECTION
FOLIO ACTUEL

Arnaud Parienty

Protection sociale : le défi

Gallimard

Cet ouvrage est publié sous la direction de Jean-Claude Grimal et Olivier Mazel dans la série « Le Monde Actuel ».

© Éditions Gallimard, 2006.

Professeur agrégé de sciences économiques et sociales, collaborateur du mensuel *Alternatives économiques*, Arnaud Parienty, ancien membre du Conseil d'orientation des retraites, est notamment l'auteur de *Productivité, croissance, emploi : la France dans la compétition mondiale* (Armand Colin, 2005).

INTRODUCTION

Les enquêtes d'opinion confirment régulièrement que la Sécurité sociale est l'une des institutions en lesquelles les citoyens ont le plus confiance, en France comme dans les autres pays européens. Cet attachement se conçoit, dans une période marquée par l'incertitude croissante des conditions de vie. Il est d'ailleurs remarquable de constater que la société a résisté, tant bien que mal, à l'épreuve d'un chômage de masse d'une durée record. Mais les difficultés économiques pèsent également sur la protection sociale. La montée des coûts, dans un contexte international de plus en plus concurrentiel, pose des problèmes de financement et de régulation des dépenses. Les perspectives sont également assombries par le vieillissement de la population, qui semble destiné à accroître inexorablement les coûts.

Faut-il pour autant parler de détérioration ou préférer le terme de changement ? Il est certes difficile de maintenir l'organisation de la protection sociale. L'emploi a profondément changé : la société salariale qui s'était développée dans les années 1960-1970 a vécu. Les statuts d'emploi plus souples et plus fragiles menacent une organisation dans laquelle les droits naissent du statut de salarié. Dans l'autre sens, les exigences d'une telle société ne sont plus les mêmes, car la continuité des droits sociaux doit être garantie. Le vieillissement est certes une mise en cause formidable, car le nombre et la proportion de personnes âgées vont augmenter dans des proportions inédites dans nos sociétés. Cependant, le nombre d'années potentiellement actives augmente encore plus vite. Les personnes âgées consomment plus de soins que les autres, mais leur état de santé à âge égal s'améliore. Des ajustements sont donc nécessaires, mais la question est d'adapter le régime de protection sociale à une économie et à une société différentes, pas de « sauver la Sécu » de périls mortels.

Encore faut-il être d'accord sur les objectifs que la protection sociale doit atteindre. Aux modifications de l'environnement économique est en effet venue s'ajouter une évolution considérable des idées quant au rôle de la protection sociale. L'après-guerre avait été une période de consensus autour de l'idée de Sécurité sociale. Les difficultés des années 1970 font éclater cette harmonie : victime de la crise, l'État providence n'est est-il pas également responsable ? Pour les penseurs libéraux, la protection sociale réduit l'efficacité des mécanismes du marché. Elle induit des comportements inefficaces, distord les prix, accroît le coût du travail. Les mécanismes du marché peuvent efficacement fournir des assurances pour la santé ou le chômage et aider à la constitution d'une épargne en vue de la retraite ; pourquoi en charger un monopole bureaucratique ? Cette offensive idéologique pousse à réduire les régimes de protection sociale à un filet de sécurité minimal

Introduction

pour les plus pauvres, les autres pouvant recourir à des assurances privées.

Indiscutablement, les réformes récentes portent la trace de cette inflexion idéologique. Cependant, il serait excessif de parler d'éclatement ou de destruction de la Sécurité sociale, que ce soit en France, en Europe ou même aux États-Unis. Ce qui frappe dans les réformes françaises des dernières années est en fait surtout leur confusion. Derrière l'empilement des mesures, la hiérarchie des objectifs n'est jamais explicite. S'il est vrai que les choses ne peuvent rester en l'état, le débat public doit porter sur les objectifs fondamentaux et sur les moyens de les atteindre. L'objectif de cet ouvrage est de s'inscrire dans ce nécessaire débat public. C'est pourquoi à une présentation ordonnée et systématique a été préférée une organisation autour de quelques questions. Le premier chapitre présente un état des lieux : la dégradation de la situation financière de la Sécurité sociale et les réponses insuffisantes apportées par les pouvoirs publics ces dernières années. Le second chapitre évalue le poids de la contrainte démographique. Elle modifie indiscutablement la donne, surtout dans le domaine des retraites et de la dépendance. Il faut également tenir compte de la transformation de la famille. Mais ces évolutions requièrent des ajustements, non des révolutions.

Est ensuite abordée la question clé des inégalités. Les adversaires des réformes récentes ont souvent été accusés de défendre des « privilèges ». Ils dénoncent en retour le risque d'une protection sociale « à deux vitesses ». Compte tenu de la complexité des régimes et de la diversité des mécanismes, il n'est pas facile de démêler la part des choses. Mais il faut

ôle déterminant de la protection sociale
...ction des inégalités.

...re quatre est consacré à la place respective du secteur public et de l'assurance privée dans la protection sociale. Il s'agit là encore d'une question polémique. Face aux difficultés de financement de la Sécurité sociale, il est tentant de transférer sur des assurances privées, volontaires ou obligatoires, une partie des dépenses, avec l'argument que la Sécurité sociale « ne peut pas tout faire » et que le recours au privé garantit la liberté de choix des assurés. Mais le risque est grand de déstabiliser les régimes existants, sans échapper pour autant aux difficultés de financement.

Une dimension de la protection sociale que les réformes doivent mieux cerner est son rapport au travail et à ses transformations. Le chapitre cinq plaide pour une transformation du travail des seniors en vue de régler le problème des retraites, une plus grande attention à la santé au travail pour réduire les dépenses de santé, une redéfinition des objectifs de la protection sociale en matière d'emploi. Ce qui conduit, dans le chapitre suivant, à étudier les politiques de lutte contre la pauvreté. Cette pauvreté touche désormais largement les actifs, ce qui conduit à se demander comment lutter contre la pauvreté tout en favorisant l'emploi des moins qualifiés.

Derrière tous ces sujets se pose la question renouvelée de la place respective de l'intervention publique et du marché. Trois grands types de régimes ont été développés pour construire cette articulation. Le dernier chapitre montre que la France s'est rangée du côté de la sécurité sociale professionnelle fondée sur le salariat. Ce modèle s'effrite aujourd'hui irrémédiablement. Par glissements successifs, une protection sociale duale, assistance pour les uns, assurance privée pour les autres, se met en place progressivement. Cette organisation correspond bien au projet libéral, qui consiste à accroître la place du marché dans la protection sociale. Ce projet menace inévitablement la solidarité. Il risque de creuser un fossé irrémédiable entre les pauvres et les classes moyennes, la protection de ces dernières reposant de plus en plus sur des assurances complémentaires privées, au point qu'elles risquent de se désintéresser du devenir de l'édifice dans son ensemble. En effet, « plus la classe moyenne est intégrée dans le système de protection sociale, meilleure est la situation des groupes les plus vulnérables[1] ».

Il faut donc opposer au projet de libéralisation de la protection sociale un projet solidaire renouvelé, s'inscrivant dans le contexte économique, démographique, social d'aujourd'hui tout en respectant les principes fondateurs de la sécurité sociale. Il est probable que ce projet renouvelé s'éloigne du modèle corporatiste bismarckien pour intégrer davantage d'éléments du modèle social-démocrate. Reste à trouver les forces sociales capables de le porter. Les divisions syndicales et politiques ont jusqu'ici conduit à privilégier la défense de l'existant, plus susceptible d'un large accord, plutôt que les propositions de réforme. Le débat public doit permettre d'aller plus loin.

CHAPITRE PREMIER

DES RÉFORMES POUR QUOI FAIRE ?

Un système de protection sociale ne saurait être déconnecté de la société, en particulier de l'économie. Les données disponibles et plus encore les projections sont alarmantes, tant en matière de santé que de vieillesse et d'emploi. Les gouvernements ont répondu à ces alertes par des réformes. Mais celles-ci ne résolvent pas les problèmes.

Cependant, quelles que soient les incertitudes de la mesure, une montée des dépenses semble inévitable, compte tenu des perspectives démographiques notamment. On est alors amené à se demander si un État providence large est compatible avec une croissance molle. Les financements publics peuvent-ils suivre cette montée des dépenses ?

Par ailleurs, la mondialisation et la construction européenne élargie remettent-elles en cause le modèle d'une protection sociale publique de haut niveau pour tous, qui singularise l'Europe occidentale ? L'impératif de compétitivité prend sans cesse plus d'importance, ce qui semble valider cette hypothèse. Pourtant, il n'est pas dit que l'État providence soit un handicap en matière de compétitivité, ne serait-ce que pour une raison évidente : les dépenses de retraite ou de santé doivent être payées et, quel que soit le système retenu, elles pèsent nécessairement sur les coûts de production.

TOUT VA MAL !

La Sécurité sociale est une institution à laquelle, si l'on en croit les enquêtes d'opinion, les citoyens sont très attachés. Elle constitue par ailleurs un élément important du modèle français et européen d'économie mixte, dans lequel l'État vient compléter la production de biens et services par le marché. Pourtant, notre système de protection sociale est profondément remis en cause, déstabilisé par les transformations de l'environnement économique.

Le système de protection sociale, en France comme en Allemagne et dans la plupart des pays d'Europe, est d'abord un système d'assurances sociales des travailleurs et de leur famille. Le financement repose pour l'essentiel sur des prélèvements sur les revenus du travail[1]. C'est donc un système fondé sur l'hypothèse implicite que chacun a un emploi. De fait, le plein-emploi a été la norme dans les pays européens, en particulier en France, pendant la période de forte croissance 1945-1975. C'est d'autant plus remarquable qu'il a fallu absorber de fortes variations de la population active, telles que le retour des rapatriés d'Algérie au début des années 1960.

Les choses commencent à se dégrader au début des années 1970. L'emploi augmente moins vite. À partir du choc pétrolier de la fin de 1973, la croissance économique ralentit et devient plus irrégulière. L'évolution de l'emploi en est nettement affectée : alors que la France avait créé 2 millions d'emplois supplémentaires dans les années 1960, elle n'en crée plus que 1 million dans les années 1970 et 600 000 dans les années 1980. Stimulée par l'arrivée sur le marché du travail des générations nombreuses du baby-boom, la population active, de son côté, continue à croître rapidement. Comme le montre la figure 1, les deux courbes se séparent et le chômage se creuse. Dans ce contexte, la forte hausse de l'emploi des années 1998-2001 doit être soulignée. Elle a permis une baisse sensible mais temporaire du chômage. Aujourd'hui, il y a en France 2,7 millions de chômeurs dans la définition officielle et au total 4 millions de personnes indemnisables, inscrites à l'ANPE mais dont certaines ne remplissent pas toutes les conditions nécessaires pour être comptabilisées comme étant au chômage[2].

Figure 1 : Population active, emploi et chômage
(en milliers de personnes)

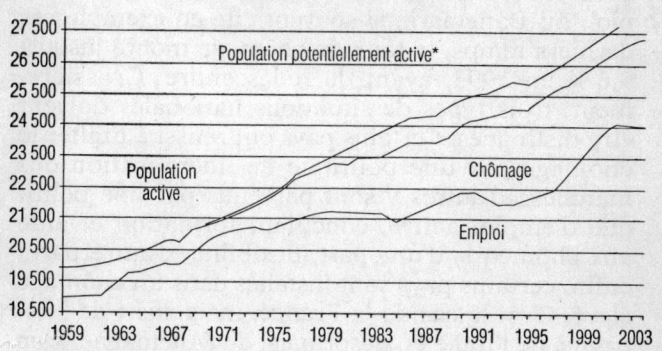

* En ajoutant aux actifs les personnes en stage et en préretraite.

Source : DARES.

Cette montée du chômage sur le long terme, conduisant à ce qu'il demeure proche de 10 % de la population active pendant plus de vingt ans, est un phénomène exceptionnel. Certains en tirent la conclusion qu'il s'agit d'un chômage structurel, traduisant l'inefficacité du fonctionnement des marchés du travail en France ; d'autres l'expliquent par l'insuffisance persistante de la production en France. Ce débat n'est évidemment pas purement académique. Il sera repris dans le chapitre cinq.

Le ralentissement économique qui a entraîné la montée du chômage est très général. De ce fait, le chômage est souvent perçu comme une donnée universelle. C'est loin d'être le cas. Après une pointe au début des années 1980, le chômage est retombé à son niveau moyen aux États-Unis. Il y est même historiquement bas depuis cinq ans. La trajectoire est à peu près la même au Royaume-Uni, où le chômage atteint des sommets à la fin des années 1970, mais qui est aujourd'hui au plein-emploi. Au Danemark, si souvent cité en exemple ces derniers temps, le taux de chômage monte jusqu'à 9,6 % en 1993, avant de redescendre. Grossièrement, trois types de situations nationales doivent être distingués. Certains pays ont réussi à limiter le chômage par une politique de libéralisation des marchés ; d'autres y sont parvenus par une politique d'emploi active, conciliant formation et aide aux chômeurs, d'une part, flexibilité, d'autre part ; enfin, certains pays sont installés dans un chômage élevé. C'est le cas de la France, mais aussi de l'Espagne, de l'Italie et, désormais, de l'Allemagne. Une réponse au chômage a été le partage du travail, notamment par des mesures favorisant le développement du travail à temps partiel. Celui-ci concerne aujourd'hui entre 20 % et 40 % des femmes actives en Europe.

Au moins aussi importante que la fréquence du chômage est sa durée. Un intermède de chômage de quelques semaines entre deux emplois entraîne à peine une rupture dans le rythme de vie et la rémunération. Par contre, un chômage de longue durée a des conséquences lourdes sur le niveau de vie (le revenu, l'épargne, l'accès au crédit), les droits sociaux, les relations personnelles et familiales. L'intégration de l'individu à la société est mise en cause. Or, le chômage en Europe est durable : 40 % environ des chômeurs le sont depuis plus de un an, c'est-à-dire beaucoup plus qu'aux États-Unis ou dans les pays scandinaves. En France, l'ancienneté moyenne en chômage est supérieure à un an (figure 2).

Figure 2 : Un chômage durable

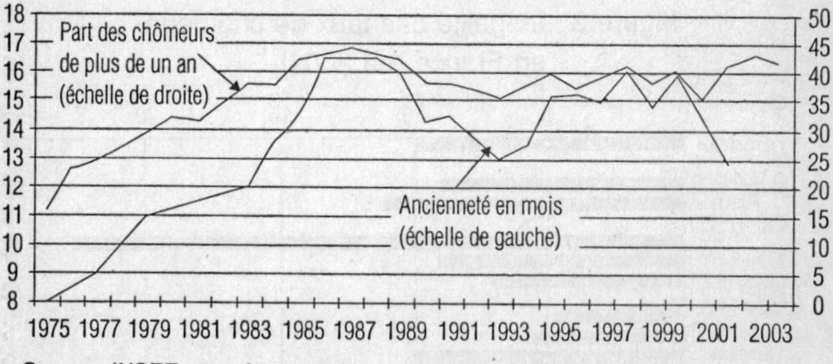

Source : INSEE, enquête emploi.

Il est également important de remarquer que le chômage est concentré sur certaines catégories (figure 3). Il dépend bien sûr de la qualification, les personnes les moins qualifiées étant les plus vulnérables. Il dépend également de l'âge. Les jeunes ont un taux de chômage très élevé, bien que les statistiques officielles minorent considérablement le phénomène. On sait en effet que de nombreux étudiants sont essentiellement inscrits dans l'enseignement supérieur pour bénéficier de droits sociaux[3] et que nombre d'entre eux, n'ayant aucun droit à indemnisation, ne s'inscrivent pas à l'ANPE. Notons au passage que des inscriptions universitaires plus ou moins fictives révèlent le problème sérieux des droits sociaux des jeunes. Les plus de 50 ans paraissent épargnés par le chômage, mais il s'agit d'une illusion, car les données brutes ne tiennent pas compte de ce que nombre d'entre eux, dispensés de recherche d'emploi (DRE) parce que leurs chances d'en retrouver un sont quasi nulles, sont exclus des statistiques, alors que d'autres sont en préretraite. Il faut tenir compte, d'autre part, de ce que le chômage des seniors est de très longue durée.

Figure 3 : Inégalité des taux de chômage en France (en 2004)

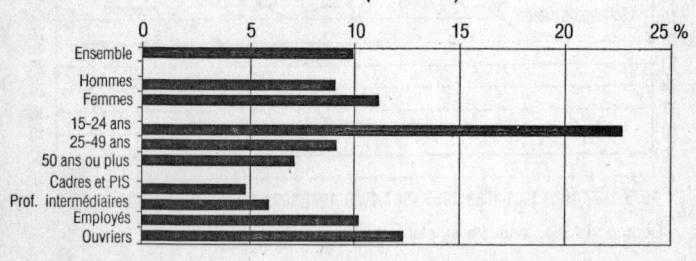

Source : INSEE.

Le chômage frappe inégalement les territoires. Selon les régions, le taux de chômage varie du simple au double. Dans certains quartiers, il peut dépasser 20 %. Cette dimension est particulièrement importante à l'heure où de nombreux services ont été décentralisés, à commencer par la gestion du RMI, confiée aux départements. Certaines collectivités locales, à la base fiscale réduite par le marasme économique, font très difficilement face à leur mission d'aide aux plus démunis.

Outre le chômage, les marchés du travail sont marqués par la précarisation des statuts : il existe aujourd'hui une quinzaine de types de contrats de travail en France. Les trois quarts des embauches se font aujourd'hui en contrat à durée déterminée. Le temps partiel descend parfois au-dessous du seuil permettant la couverture sociale. Des arrangements complexes transforment des contrats de travail en contrats commerciaux pour de faux indépendants, camouflent des salariés en stagiaires ou en indépendants payés en honoraires ou en droits d'auteur. Certains salariés reçoivent plusieurs dizaines de fiches de paye chaque mois[4]. Certes, en légère hausse depuis 1999, la proportion d'emplois stables demeure très majoritaire en France (voir tableau 1). L'ancienneté moyenne en emploi augmente lentement. Enfin, les embauches sur des contrats précaires sont largement majoritaires, mais en recul dès que la croissance repart, ce qui montre que les employeurs privilégient la stabilité de la main-d'œuvre lorsque des risques de pénurie apparaissent. La précarisation indéniable du travail n'est donc pas générale, loin de là, et sa progression n'a rien d'irrésistible. Cette évolution crée néanmoins des trous dans le filet de la protection sociale.

Tableau 1 : Évolution des statuts d'emploi
en France (en %)

	Secteur public		Secteur privé	
	Contractuels et vacataires	Emplois statutaires	Emplois précaires*	CDI
1982	2 (8**)	98 (92)	5 (12)	95 (88)
1990	6 (16)	94 (84)	10 (23)	90 (77)
2003	14 (40)	86 (60)	13 (31)	87 (69)

* Intérim, CDD, emplois aidés, apprentis.
** Entre parenthèses, population des 15-29 ans.

Source : INSEE, in IRES, *Les Mutations de l'emploi en France*, La Découverte, 2005.

Pour un système de protection sociale fondé sur le travail, cette situation est très déstabilisante. La formation d'une « société salariale » était inséparable du développement de la protection sociale. Sa remise en cause a forcément d'importants effets.

La deuxième évolution dangereuse, d'ailleurs liée à la première, est la montée des prélèvements et des déficits liés à la protection sociale. Celle-ci coûte de plus en plus cher ; l'inquiétude et les critiques grandissent quant à l'évolution des prélèvements obligatoires. La montée des dépenses publiques à caractère social par rapport au total des dépenses publiques comme par rapport au PIB est une tendance très ancienne dans tous les pays occidentaux, puisqu'on peut la faire remonter au début du XXe siècle[5]. Plus récemment, la part des dépenses publiques dans le PIB de la France a augmenté de dix points en 25 ans, passant de 44,7 % en 1978 à 54,7 % en 2003. La contribution de la protection sociale à cette hausse est essentielle, puisque les dépenses de Sécurité sociale sont passées dans le même temps de 18,9 % à 25,2 %, ce qui représente 63 % de la hausse, le reste étant dû à l'État et aux collectivités locales. Quant aux prélèvements obligatoires[6], l'intégralité de leur hausse est due au financement de la Sécurité sociale, la part de l'État *stricto sensu* dans le PIB n'ayant pas bougé depuis plus de trente ans.

Il est nécessaire de relativiser ces nombres. En effet, les cotisations sociales ne sont pas seulement la participation de chacun aux dépenses communes : elles ouvrent des droits individuels concrets, en matière de chômage, de santé ou de retraite. En outre, si les dépenses dans ces domaines n'étaient pas financées par des prélèvements obligatoires, elles le seraient d'une autre façon, probablement directement par les ménages eux-mêmes. La méfiance ou le rejet à l'égard des prélèvements obligatoires semble venir de la réticence à payer des sommes importantes sans garantie quant à leur utilisation, ce qui pose moins la question du niveau des prélèvements que celle du contrôle démocratique de cette utilisation[7].

Cette évolution des prélèvements obligatoires en France ne se retrouve pas forcément dans les pays étrangers. La figure 4 montre que la France prélevait déjà un peu plus que les autres grands pays industriels en 1970 et que l'écart s'est nettement creusé par la suite. Le niveau des prélèvements en France se rapproche désormais de celui atteint par les pays scandinaves (ils représentent 54 % du PIB en Suède).

Cet alourdissement des prélèvements se fait sans

Figure 4 : Prélèvements obligatoires
dans quelques pays (en %)

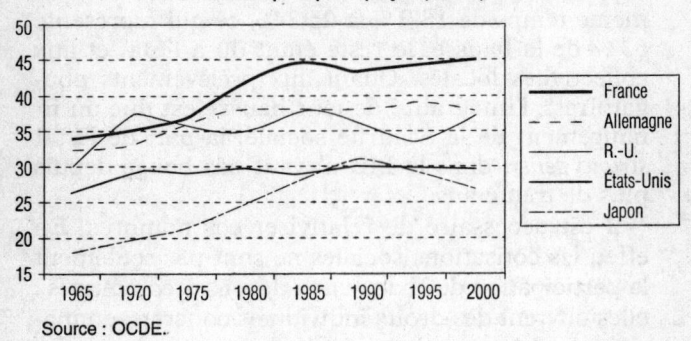

Source : OCDE.

amélioration de la qualité perçue de la protection sociale. D'autre part, les gouvernements successifs ont fait des promesses de modération ou de baisse des prélèvements qui n'ont pas été tenues. On peut donc avoir le sentiment que les dépenses de la protection sociale et leur financement échappent au contrôle des pouvoirs publics.

Les dépenses de protection sociale augmentent dans à peu près tous les domaines : en vingt ans, elles sont passées de 6,2 % à 7,6 % du PIB pour la santé, de 11,7 % à 12,8 % pour les retraites et de 1,5 % à 2,4 % pour l'emploi, seules les prestations familiales demeurant stables. La dérive est particulièrement nette pour les dépenses de santé, qui augmentent nettement plus vite que la richesse nationale. Si un certain ralentissement a été observé entre 1995 et 2000, la hausse des dépenses a repris de plus belle depuis. Il est difficile d'imaginer que cette hausse des dépenses s'interrompe dans un avenir proche. L'économie pourrait se rapprocher du plein-emploi, ce qui réduirait les dépenses d'indemnisation du chômage. Par contre, les dépenses liées aux retraites vont augmenter nettement. Selon les projections actuelles, les dépenses publiques de retraite pourraient augmenter de quatre points de PIB d'ici 2030. La tendance de long terme des dépenses de santé est également à la hausse. Plus précisément, les dépenses de santé augmentent plus vite que le revenu et, plus un pays est riche, plus la part des dépenses de santé y est élevée.

Les recettes de la protection sociale peinent à suivre ce rythme d'évolution, ce qui entraîne le creusement récent de déficits conséquents. Depuis deux ans, le déficit du régime général de la Sécurité sociale est de l'ordre de 12 milliards d'euros par an. En tenant compte du fonds de solidarité vieillesse et du fonds de financement des prestations sociales agricoles, le déficit total est de 15 milliards en 2005, soit près de 1 % du PIB, pour un déficit public total de 3,5 % du PIB. Il s'agit là d'une tendance récente, ce qui explique que les organismes de Sécurité sociale ne contribuent que marginalement à la dette publique pour l'instant ; à moins de comptabiliser les retraites futures dans la dette. Remis au premier ministre en novembre 2005, le rapport Pébereau inclut dans la dette publique 450 milliards d'euros d'engagements de l'État pour la retraite des fonctionnaires et 450 milliards pour celle des agents des autres fonctions publiques. Aux 1 130 milliards d'euros de dette publique viendrait ainsi s'ajouter une dette sociale de 900 milliards d'euros. Cette opération comptable est extrêmement discutable, pour au moins deux raisons. Contrairement à la dette publique, constituée de titres vendus sur les marchés, les engagements en matière de retraite ne portent pas intérêt. Ils n'entraînent aucun service de la dette. D'autre part, s'il faut comptabiliser dans la dette publique toutes les dépenses à venir, il n'y a aucune raison logique de s'arrêter aux retraites : pourquoi ne pas tenir compte des dépenses de santé qu'occasionneront inévitablement tous les enfants nés et à naître, par exemple ? En vérité, la situation des comptes publics en général et de la Sécurité sociale en particulier est suffisamment détériorée, sans qu'il soit besoin d'en rajouter par des acrobaties comptables.

Figure 5 : L'assurance maladie à l'origine des déficits (en % du PIB)

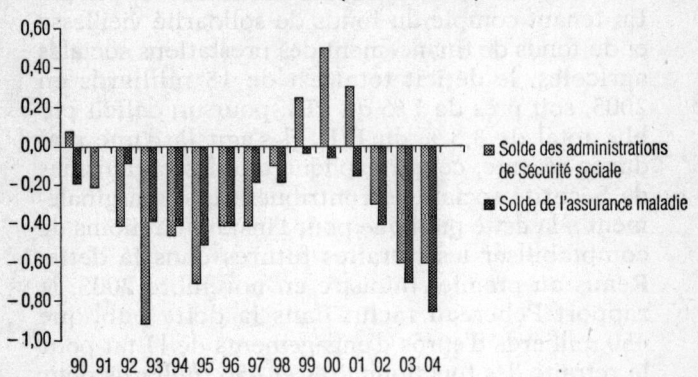

Source : INSEE.

Ce déficit est entièrement imputable à l'assurance maladie (11,6 milliards d'euros) et, dans une moindre mesure, à l'assurance chômage (3,4 milliards d'euros). Les dépenses de maladie augmentent de

6 % par an environ. C'est bien supérieur à l'augmentation des revenus sur lesquels sont assises les ressources de la Sécurité sociale, ce qui autorise à parler de déficit structurel, quand bien même le ralentissement de la croissance depuis 2001 accélère le creusement du déficit (figure 5). Il n'est donc pas possible de maintenir l'équilibre sans augmenter le taux des prélèvements, cotisations sociales et CSG. Les pouvoirs publics s'y sont refusés, au nom de la stabilité des prélèvements obligatoires, et cherchent au contraire à revenir à l'équilibre par un programme visant à réduire les dépenses. Ce programme, nous le verrons, est peu crédible, de sorte qu'une hausse des prélèvements semble inévitable. Il en est de même en matière de retraites, qui pourraient connaître un déficit de 25 milliards par an en 2020 malgré la loi Fillon.

La conclusion la plus fréquemment tirée de ces données et tendances est qu'il est impossible de maintenir la protection sociale en l'état et que la seule solution est de la rendre moins « généreuse ». Cette conclusion nous semble excessivement pessimiste et parfois influencée par le souci de confier au marché des missions actuellement assurées par la Sécurité sociale. Néanmoins, il faut admettre que les dépenses ne peuvent continuer à croître comme elles le font si la croissance économique ne se rétablit pas.

La troisième évolution déstabilisatrice pour la protection sociale est la mondialisation, c'est-à-dire la tendance à l'augmentation des échanges internationaux, menant à l'intensification de la concurrence internationale. Il faut souligner que la mondialisation, outre les biens et services, concerne les capitaux. Les grandes et moyennes entreprises arbitrent en permanence entre diverses localisations possibles pour leurs unités de recherche, de direction et de production. La concurrence entre les entreprises est donc doublée d'une concurrence entre les territoires. L'État a un rôle à jouer dans cette concurrence, en produisant des biens collectifs, des infrastructures, en favorisant l'éducation, en fournissant un environnement réglementaire stable et propice aux activités économiques. Par contre, les dépenses de protection sociale apportent peu à l'attractivité d'un territoire.

Inversement, la protection sociale coûte cher. Certes, ce coût doit être assumé d'une manière ou d'une autre. Mais il repose, surtout dans les pays comme la France, essentiellement sur le travail, dont il augmente le coût pour l'entreprise. Quelques explications économiques sont utiles pour comprendre le changement d'optique qui découle de l'ouverture. En économie fermée, les dépenses de protection sociale, comme les salaires, ont une double nature : ce sont des coûts de production pour l'entreprise, qui paye des cotisations, mais ce sont aussi des revenus qui nourrissent la consommation des ménages. J.M. Keynes a bien expliqué les grandes crises comme celle des années 1930 par l'incertitude. Si les entreprises ne sont pas sûres de pouvoir vendre leurs produits, elles vont réduire leurs investissements. Mais ces investissements sont aussi une demande pour les entreprises productrices de machines-outils et autres biens d'équipement. La diminution de l'investissement déprime donc la demande et la production. Si, par contre, la progression des revenus est assurée, l'incertitude est réduite et les entrepreneurs investissent, ce qui dynamise la demande et la croissance. La protection sociale joue un rôle important dans ce mécanisme. En fournissant un revenu de remplacement aux chômeurs, aux malades, aux personnes âgées, elle réduit la nécessité d'épargner pour se prémunir des aléas de l'existence[8], favorise l'accès au crédit des salariés même modestes, incite à engager des dépenses importantes, telles que l'achat d'une automobile ou d'un appartement. En ce sens, la protection sociale stabilise les anticipations des ménages et des entrepreneurs, ce qui est bon pour la croissance. Par ailleurs, la question des coûts engendrés par cette protection sociale n'est pas très importante, car les sommes prélevées concernent toutes les entreprises et sont redistribuées immédiatement sous forme de revenus.

Dans une économie très ouverte sur l'extérieur, le soutien de la demande intérieure perd son importance, puisque le marché auquel s'adressent les entreprises est mondial. Le marché intérieur est par ailleurs un débouché pour des entreprises venant de tous pays. Une économie de taille moyenne telle que la France se retrouve ainsi dépourvue de moyens d'agir sur la demande adressée aux entreprises, situation que connaissent depuis longtemps déjà les petites économies ouvertes.

Par contre, le coût de la protection sociale devient important, dans la mesure où tous les pays ne font pas peser les mêmes prélèvements sociaux sur les entreprises. Il y a une prime au moins-disant social et aussi aux pays qui ne font pas peser le coût de la protection sociale directement sur le travail. Par exemple, un financement par la TVA met à contribution les consommateurs. Bien évidemment, ces consommateurs sont aussi des salariés, dont le pouvoir d'achat est réduit par la TVA. Mais la TVA touche les importations et non les exportations. Elle frappe tous les consommateurs et pas uniquement les salariés. La charge financière est donc répartie différemment. On peut aussi imaginer qu'une réforme des retraites ayant pour conséquence d'appauvrir les personnes âgées améliorerait la compétitivité, puisque ces personnes ne participent pas à la production et que leur consommation n'avantage pas spécialement les entreprises locales dans un marché mondialisé. Certes, la baisse des retraites devrait pousser les salariés à une épargne supplémentaire, ce qui devrait contraindre les entreprises à augmenter les salaires, mais ce raisonnement suppose que les actifs perçoivent correctement les revenus qu'ils toucheront sur l'ensemble de leur vie, ce dont on peut raisonnablement douter.

Les arguments qui précèdent sont largement théoriques. Ils supposent que l'ouverture des frontières est totale, ce qui est loin d'être le cas ; que les entreprises françaises servent indifféremment les marchés français ou étrangers, ce qui est très éloigné de la réalité de la plupart des entreprises ; que le coût salarial est déterminant dans la concurrence entre territoires, alors qu'il n'est qu'un élément parmi d'autres. Une analyse sérieuse ne saurait donc s'arrêter à ces arguments. La France continue d'ailleurs d'attirer un important volume de capitaux étrangers, malgré le poids supposé insurmontable de la CSG et des cotisations sociales. Mais la concurrence internationale donne du poids à l'argument selon lequel il est devenu impératif de réduire les dépenses de protection sociale, tout en affaiblissant l'idée que ces dépenses seraient favorables à la croissance.

Une dimension très particulière de l'ouverture internationale est la construction européenne, facette ambiguë, puisque cette construction se veut à la fois une étape dans l'ouverture internationale et un rempart contre cette ouverture. Pour l'instant, la libéralisation des marchés a pris beaucoup d'avance sur l'harmonisation des niveaux de protection sociale et le développement de politiques sociales communes.

L'équation de la protection sociale devient en tous les cas insoluble : le chômage et le ralentissement de la croissance pèsent sur les dépenses et réduisent les recettes, la concurrence internationale incite à réduire les taux de prélèvement. Les déficits se creusent ainsi inévitablement, ce qui pousse à des « réformes » qui sont en réalité essentiellement des réductions plus ou moins raisonnées des prestations sociales. Cependant, les réformes faites jusqu'ici ne résolvent pas l'équation financière, tout en fragilisant la Sécurité sociale.

Sécurité sociale et protection sociale

Les notions de sécurité sociale et de protection sociale sont proches mais distinctes. Elles ont un sens précis en comptabilité nationale. La Sécurité sociale est composée d'un ensemble de régimes publics pour les salariés du secteur privé (le régime général), les non-salariés, les salariés du secteur public (les régimes spéciaux) et des régimes complémentaires de retraite.

Une notion plus large est celle d'effort social de la nation, qui regroupe l'ensemble des dépenses publiques de protection sociale. Outre la Sécurité sociale, cet ensemble comprend l'assurance chômage (UNEDIC et ASSEDIC), les aides sociales apportées par l'État ou les collectivités locales et les avantages fiscaux et services gratuits fournis par les administrations publiques.

Enfin, la protection sociale est obtenue en ajoutant à l'effort social de la nation des dépenses qui ne sont pas financées par des prélèvements obligatoires, telles que les services des mutuelles, l'aide sociale privée ou les régimes de retraite surcomplémentaires facultatifs.

Ces trois notions correspondent à des actions dans les domaines de la santé (maladie, accidents du travail et handicap), de la vieillesse, de la famille et du chômage. Ces quatre familles de risques principales sont complétées par certaines dépenses sociales de logement ou de lutte contre l'exclusion, comme le RMI. Sont par contre exclues d'autres dépenses à caractère social réalisées dans les domaines de l'éducation ou de la culture par exemple.

FIN DE PARTIE POUR L'ÉTAT PROVIDENCE ?

Au-delà des réorientations, reculs et renoncements qui marquent ces dernières années, la question posée est celle du maintien de l'État providence : est-ce encore une forme viable et crédible d'organisation ? La protection sociale fait face depuis une vingtaine d'années à une offensive idéologique puissante. Il existe depuis longtemps un courant d'idées libéral, qu'incarne bien Friedrich von Hayek[9], selon lequel toutes les tentatives d'interférer avec le libre jeu des mécanismes du marché ne peuvent que mener à la catastrophe, car ces mécanismes sont d'une complexité qui dépasse de loin les capacités de compréhension, *a fortiori* de prévision et de calcul, humains. Brillant héritier d'une longue tradition intellectuelle, celle des Lumières écossaises et celle de l'école autrichienne, Hayek considère le marché comme un ordre spontané, « produit de l'action des hommes mais non de leur dessein », reprenant ainsi le mot du philosophe écossais Ferguson. Cet ordre spontané ne résulte pas de la volonté humaine parce que celle-ci est incapable de concevoir et mettre en place un mécanisme aussi complexe. Il résulte d'un processus d'auto-organisation.

En conséquence, il est illusoire de prétendre intervenir dans ce mécanisme pour en améliorer le fonctionnement. Les interventions humaines ne peuvent que dérégler le marché. Hayek est donc totalement hostile à l'intervention de l'État dans l'économie, même si cette intervention est animée des intentions les plus généreuses, comme de réduire les inégalités. Cependant, Hayek accorde une grande place aux institutions, aux règles du jeu. Il insiste en particulier sur le rôle du droit, qui est à la fois le garant de la liberté des individus et de la liberté des échanges, ce qui est cohérent avec une conception du marché comme ordre inséparablement efficace et moral. Il pense le droit indépendamment de l'État, comme système auto-organisé, mais reconnaît les risques d'une telle auto-organisation. L'État intervient alors, par l'intermédiaire de la loi.

La solution la plus sage est donc selon lui de s'en remettre au marché, y compris en matière d'assurances santé ou chômage. Ces idées anciennes ont retrouvé de la force dans les années 1970, lorsque l'intervention de l'État a perdu de son efficacité. Le slogan de Ronald Reagan, selon lequel l'État n'est pas la solution mais le problème, a convaincu de nombreux électeurs.

D'autre part, les fondements théoriques de l'intervention de l'État ont été sapés par les raisonnements introduits dès la fin des années 1960 par les théoriciens du *public choice*. Le point de départ de James Buchanan et des autres théoriciens de cette école est que l'État n'est pas une entité homogène mais un agrégat d'individus. Ce sont ces individus dont il s'agit de comprendre et d'expliquer le comportement, à partir de l'hypothèse qu'ils agissent en fonction de leur intérêt matériel personnel : les politiciens veulent être réélus, les bureaucrates veulent accroître leur pouvoir, la taille des budgets qu'ils gèrent ou le nombre des salariés qu'ils dirigent. Les électeurs, de leur côté, veulent maximiser les services et financements que l'État leur dispense, tout en minimisant leur participation financière à ces services et transferts publics. Sous cette hypothèse, l'État n'intervient pas nécessairement en représentant impartial de l'intérêt général, en surplomb de la société. Par conséquent, même si les assurances fournies par le marché ne sont pas satisfaisantes, il n'est pas certain que l'intervention de l'État aboutisse à un état plus favorable pour la société, car il faudrait être sûr que les défaillances de l'État n'auront pas de conséquences pires que les failles du marché qu'elles prétendent corriger. En effet, les politiciens, soucieux de leur réélection, augmentent les dépenses publiques à l'approche des élections pour séduire les électeurs (et augmentent les impôts ou les cotisations une fois les élections passées), plutôt que de les fixer en fonction des intérêts à long terme de la société. Les bureaucrates utilisent leur monopole de l'information pour montrer qu'ils ont besoin de moyens sans cesse plus élevés, ce qui explique l'inflation continue des dépenses.

Dans ce contexte idéologique, la nécessité d'une protection sociale étendue est remise en cause. L'idée fait son chemin que la majorité des citoyens ont les moyens de payer les assurances qu'ils veulent en matière de santé, de chômage ou de vieillesse et qu'il suffit de fournir une protection minimale aux plus démunis, ce qui perturbe nettement moins le libre jeu des marchés que les systèmes élaborés qui existent aujourd'hui dans les pays européens.

Certains s'interrogent également sur la possibilité de maintenir une protection sociale large dans le nouveau contexte économique. Comme nous l'avons vu, la nécessité de soutenir la demande par une garantie du revenu devient moins évidente dans une économie largement ouverte sur l'extérieur. La concurrence s'exacerbe. Le ralentissement de la croissance fait que les recettes augmentent moins vite que les dépenses de l'État providence. Cette remise en cause est d'autant plus convaincante que la protection sociale est critiquable sur le terrain même où elle devrait avoir l'avantage. Expression de la solidarité nationale, elle doit se distinguer de l'assurance privée par les transferts réducteurs d'inégalités qu'elle opère. Mais la protection sociale apparaît de plus en plus comme un système inégalitaire. Ce thème sera développé dans le chapitre trois, mais il est possible de donner sans attendre quelques exemples de ces inégalités. En matière de retraites, la plus flagrante est l'inégalité d'espérance de vie entre groupes sociaux, qui fait que les ouvriers payent dans une certaine mesure la retraite des cadres, ce qui est évidemment choquant. En matière de santé, les plus favorisés hésitent moins à aller voir le médecin, en particulier les spécialistes. Plus à l'aise que les membres des classes populaires face aux médecins, au jargon médical ou à l'organisation des soins, ils consomment davantage de consultations. Travaillant souvent dans de grandes entreprises, les cadres bénéficient plus que les autres d'une protection complémentaire payée par l'entreprise. Les salariés les plus qualifiés sont aussi ceux qui ont les emplois les plus stables, ce qui leur garantit une meilleure protection sociale. Inversement, les précaires et les exclus n'ont qu'une protection sociale minimale.

Du côté du financement, les cotisations sociales ne reposent que sur les salaires. Les autres éléments de rémunération, tels que les stock-options, ne sont pas soumis à cotisation, de même que les revenus de la propriété[10]. Les cotisations ne sont d'ailleurs pas progressives, contrairement à l'impôt sur le revenu, mais proportionnelles aux salaires. Cette répartition du financement, qui distingue nettement la France des pays scandinaves, peut se justifier ; mais elle réduit peu les inégalités.

UNE RÉFORME DES RETRAITES EN TROMPE-L'ŒIL

Des mesures diverses ont été prises au fil des ans pour limiter les déficits. Combinant limitations des prestations et hausse des prélèvements, ces réformes ont parfois ambitionné de modifier le mode de régulation du système. C'est le cas notamment pour l'assurance chômage, avec le plan d'aide au retour à l'emploi (PARE), ou du plan Juppé en matière d'assurance maladie. La plupart du temps, néanmoins, les réformes sont purement paramétriques. Les difficultés se précisant, leur rythme et leur ampleur se sont accélérés. Après une phase de dramatisation (il s'agit à chaque fois de « sauver la Sécu » ou de « sauver les retraites ») est présentée une réforme « certes-douloureuse-mais-nécessaire ». En réalité, les réformes récentes réduisent les prestations sans résoudre les problèmes de financement. Le lecteur nous pardonnera de devoir entrer dans un certain degré de détail technique pour le montrer.

La réforme la plus ambitieuse entreprise récemment est celle des retraites. Depuis une quinzaine d'années, des rapports plus ou moins alarmistes se sont succédé, fournissant aux décideurs politiques des projections démographiques et financières et une conclusion nette : si l'équilibre financier est assuré pour les prochaines années, une réforme des retraites est indispensable, en France comme dans les autres pays développés, pour faire face aux évolutions démographiques[11]. En effet, l'allongement de l'espérance de vie va entraîner de manière certaine une forte augmentation du nombre de retraités par rapport au nombre d'actifs[12]. Une première réforme a été conduite, en deux temps : la réforme Balladur a modifié le régime général en 1993, la réforme Fillon de 2003 a retouché cette réforme et en a étendu les principaux éléments à la fonction publique. Les régimes spéciaux des salariés des grandes entreprises publiques n'ont pas été réformés. Ces réformes sont essentiellement paramétriques : elles jouent sur les paramètres du système des retraites, sans remettre en cause ses principes.

Les choix qui ont été faits sont largement dictés par les résistances auxquelles se heurte toute remise en cause des règles gouvernant les retraites. La réforme Balladur s'est ainsi limitée au secteur privé, moins enclin à descendre dans la rue, et a programmé une montée en puissance très lente, puisque tous les effets de cette réforme ne se feront pas sentir avant 2020. Du fait de cette application très progressive, les quinquagénaires, suffisamment proches de la retraite pour s'opposer à une remise en cause de leurs droits, n'étaient guère concernés, ce qui explique les difficultés des syndicats à mobiliser leurs troupes à cette occasion[13]. *A contrario*, la réforme des régimes spéciaux applicables aux salariés des entreprises publiques a été retirée après les grandes manifestations de 1995. La réforme de 2003, quant à elle, a rapproché les conditions faites aux fonctionnaires de celles des salariés du secteur privé, utilisant efficacement l'argument de l'équité. La mobilisation des fonctionnaires a été forte, mais, isolés, ceux-ci ont perdu la bataille de l'opinion et la réforme a été adoptée.

Pour comprendre la nature et la portée des changements entrepris, une brève description du système français est nécessaire. Il faudra également décrire avec un certain détail les mesures prises, car celles-ci sont souvent en trompe-l'œil. Le système de retraites français fonctionne sur le principe de la répartition : les cotisations versées par les actifs financent les pensions des retraités. L'équation de base déterminant l'équilibre financier du système est que les cotisations reçues par les Caisses doivent équilibrer les pensions versées. Les premières dépendent du taux de cotisation et de la masse salariale sur laquelle elles portent, les secondes du nombre de pensionnés et du montant moyen des pensions :

Taux de cotisation x Masse salariale = Pension moyenne x Nombre de pensionnés

La masse salariale étant une variable exogène, sur laquelle les responsables du système de retraite n'ont pas prise, l'équilibre du financement peut être rétabli sans réforme structurelle en jouant sur le taux de cotisation, la pension servie (en changeant les règles de calcul de la pension) ou le nombre de pensionnés (en repoussant l'âge de départ).

La réforme du régime général, en 1993, a fait passer la durée d'assurance nécessaire pour un départ à taux plein de 37,5 ans à 40 ans ou, si l'on préfère, de 150 à 160 trimestres. En conséquence, le taux de pension auquel donne droit chaque trimestre validé diminue, passant de 0,5 %, quotient du taux maximal de 75 % par 150, à 0,469 %. Très concrètement, un salarié au régime général partant avec 148 trimestres touchait 148 × 0,5 % = 74 % du salaire de référence ; il ne touchera plus que 148 × 0,469 % = 69,375 % de ce salaire.

D'autre part, le salaire de référence n'est plus calculé comme le salaire moyen des dix meilleures années de la carrière, mais sur la base des vingt-cinq meilleures années, ce qui le réduit nécessairement. Cette mesure augmente la contributivité du système, en rapprochant la pension servie des cotisations versées. Dans la mesure où les salaires suivent généralement une courbe en cloche, croissant avec l'âge jusqu'à un plafond, puis redescendant dans les dernières années, la prise en compte des dix meilleures années était plus favorable pour nombre de salariés que la prise en compte des derniers salaires. Par contre, les vingt-cinq meilleures années incluent nécessairement des salaires nettement moins élevés, ce qui réduit incontestablement la pension.

Par ailleurs, les modalités d'indexation sont modifiées, l'indexation se faisant désormais sur l'évolution des prix et non sur celle des salaires. Il s'agit à la fois de l'indexation des pensions, réévaluées chaque année, et de l'indexation des salaires portés au compte pour la détermination du salaire de référence. En effet, si une pension liquidée en 2006 est calculée à partir de salaires perçus dans les années 1980, il faut évidemment traduire ces salaires en euros de 2006, ce qui suppose une indexation. L'indexation sur les prix peut se lire de deux façons. Elle donne en principe la garantie du maintien du pouvoir d'achat des pensions, même si on peut douter que l'indice des prix à la consommation soit représentatif de l'évolution de prix tels que le séjour en maison de retraite[14]. Cependant, l'indexation sur les prix garantit également que les retraités seront exclus des fruits de l'expansion. En supposant que la croissance du niveau de vie des actifs soit de 2 % par an, un retraité perdra un tiers de son niveau de vie relativement à celui des actifs en vingt ans. En réalité, la différence avec l'indexation sur le salaire moyen est bien plus grande encore. En effet, les emplois deviennent plus qualifiés, ce qui pousse vers le haut le salaire moyen.

Dernier changement, une décote (ou coefficient d'abattement) a été instituée. Il s'agit d'une pénalité réduisant la pension des personnes partant

Des réformes pour quoi faire ? 41

avec une carrière incomplète. Lorsqu'une personne part en retraite sans avoir accompli une carrière complète, elle verse moins de cotisations et touche une moindre pension. Cependant, la comparaison des cotisations versées pendant toute sa vie active et des pensions reçues fait apparaître un bilan déséquilibré : les moindres pensions ne compensent pas les moindres cotisations. Une pénalité est donc infligée aux personnes qui partent avant d'avoir une carrière complète ou d'avoir atteint l'âge limite. Cette pénalité a également pour but d'inciter les actifs à partir plus tard. En 1993, la décote a été fixée à 2,5 % par trimestre manquant par rapport **à la durée d'assurance ou à l'âge maximal de départ**[15], ce qui est très élevé, puisqu'un départ avec 148 trimestres se traduirait par une amputation de la pension de 30 %. La décote est toutefois plafonnée.

Cette réforme n'a pas soulevé beaucoup d'opposition du fait de son application très progressive. D'autre part, le passage à 160 trimestres, même assorti de la décote, n'est pas très pénalisant pour les générations qui partent en retraite dans les années 1990 ou même aujourd'hui, dans la mesure où ces générations ont commencé à travailler vers 17 ans en moyenne, ce qui permet à la grande majorité d'atteindre les 160 trimestres requis. Toutefois, les femmes qui ont longuement interrompu leur activité professionnelle ou qui ont commencé à travailler tardivement ont une carrière incomplète. Elles sont très pénalisées par la réforme. Ce sont d'ailleurs souvent elles qui partent en retraite le plus tard.

À plus longue échéance, pourtant, l'impact de cette réforme sur le montant des pensions devrait être très important. Le tableau 2 donne l'estimation de l'impact des mesures concernant l'indexation et le salaire de référence sur le niveau des pensions. La baisse est considérable, en particulier pour les classes moyennes, dont la pension, rapportée au dernier salaire, pourrait baisser de plus de 20 %. Il faut toutefois préciser que les données du tableau sont relatives : comme les salaires auxquels sont rapportées les pensions vont augmenter, le niveau absolu des pensions peut fort bien augmenter. Cependant, le niveau de vie relatif des retraités est une donnée très significative et il est clair qu'il va baisser. La mesure à l'impact le plus fort est le changement du mode d'indexation, qui économiserait 19 milliards d'euros par an à l'horizon 2010.

Tableau 2 : Les effets de la réforme Balladur (estimation de l'évolution, jusqu'en 2040, du taux de remplacement (rapport entre première pension et dernier salaire) net de cotisations des salariés du secteur privé à législation constante ayant effectué une carrière complète)

	2000	2020	2040
Carrière toujours au SMIC	81 %	70 %	68 %
Carrière au salaire moyen des non-cadres	84 %	71 %	67 %
Carrière au salaire moyen des cadres	75 %	62 %	58 %

Lecture : La pension d'un salarié ayant fait toute sa carrière au salaire moyen des cadres représente 75 % de son dernier salaire au moment de son départ en 2000 et 62 % de son dernier salaire s'il part en 2020.

Source : Conseil d'orientation des retraites.

Le tableau 2 est calculé pour des carrières complètes. Mais la proportion de carrières incomplètes va s'élever fortement à l'avenir. En effet, la réforme allonge de deux ans et demi la durée d'assurance nécessaire pour une carrière complète. En outre, les débuts de carrière sont de plus en plus tardifs : alors que les partants d'aujourd'hui ont commencé en moyenne à travailler vers 17 ans, l'âge moyen d'entrée sur le marché du travail est désormais d'environ 22 ans. Enfin, les carrières sont moins linéaires que précédemment : les périodes de chômage ou de reconversion ne sont pas rares. Au total, parmi les salariés du secteur privé nés entre 1940 et 1944, un tiers avait au moins 170 trimestres à 60 ans, contre 10 % seulement dans les générations nées entre 1965 et 1974. Or, ces carrières incomplètes sont fortement pénalisées par la décote.

Du fait de l'absence totale de mesures en faveur d'un allongement des carrières, l'effet de la réforme Balladur est d'entraîner une diminution, progressive, différée mais importante, des pensions. Elle ne suffit pourtant pas à garantir l'équilibre financier. D'autre part, après cette réforme, les conditions faites aux salariés du public et du privé sont très inégales. Le second temps de la réforme, en 2003, approfondit donc les mesures prises en 1993 et rapproche retraites du privé et du public.

Les responsables ont repoussé l'idée d'augmenter le taux de cotisation, ayant fait campagne sur le thème de la baisse des impôts[16]. Ils se sont également refusés à repousser l'âge légal de départ, aujourd'hui fixé à 60 ans, l'âge maximal étant de 65 ans. La réforme consiste principalement en une modification des règles de calcul de la pension. Ces règles sont durcies et les situations de la fonction publique et du secteur privé sont rapprochées.

Une pension de retraite dépend du salaire de référence, du nombre de trimestres validés et du taux de pension auquel donne droit chaque trimestre validé. Avant les réformes, chaque trimestre donnait droit à 0,5 % de taux de pension dans la limite de 150 trimestres, les trimestres validés au-delà de 150 n'étant pas pris en compte. D'autre part, le salaire de référence était calculé dans le régime général comme étant le salaire moyen des dix meilleures années, dans la fonction publique comme le salaire moyen des six derniers mois.

Deux modifications paramétriques majeures ont été introduites : le nombre de trimestres nécessaires pour une retraite à taux plein augmente. Il passe de 150 trimestres à 160 en 2008 dans la fonction publique. À cette date, privé et public auront la même règle de durée d'assurance et l'évolution ultérieure s'applique à ces deux catégories de salariés. La durée d'assurance requise passe à 164 trimestres en 2012 et 168 en 2020, l'évolution ultérieure dépendant de la situation financière des régimes. D'autre part, la décote est étendue à la fonction publique. Elle est fixée au taux de 1,25 % par trimestre manquant, ce qui représente une baisse notable pour les salariés du privé, qui connaissaient depuis la réforme Balladur une décote au taux exorbitant de 2,5 % par trimestre manquant. La décote est une pénalité réduisant la pension des personnes partant avec une carrière incomplète. Le principe de neutralité actuarielle, égalisant la valeur actualisée des sommes versées et reçues, voudrait que cette pénalité soit fixée autour de 1,2 % à 1,4 % par trimestre manquant. Le taux de 1,25 % est cohérent avec ce principe. La décote est par ailleurs plafonnée à 25 % et introduite très progressivement, puisqu'elle n'atteindra son niveau final qu'en 2020.

Il existe par ailleurs dans le régime français une pension minimale, qui porte le nom de minimum contributif dans le régime général et de minimum garanti dans la fonction publique. Ces minima doivent être distingués du « minimum vieillesse » car il s'agit de prestations contributives, c'est-à-dire accessibles uniquement à condition d'avoir cotisé suffisamment longtemps, et non d'une prestation d'assistance. Ils concernent les très petits salaires et les carrières courtes. Avec l'augmentation de la durée d'assurance, ils prennent une très grande importance. La proportion de salariés du secteur privé bénéficiant du minimum contributif est déjà passée de 25 % des partants au début des années 1990 à 40 % au début des années 2000. Elle pourrait bientôt être de 60 %. Le minimum a été réévalué pour le régime général, passant de 534 euros à 589 euros pour le régime de base[17]. Dans la fonction publique, un nouveau mode de calcul du minimum de pension s'avère plus avantageux pour les agents ayant eu des carrières longues... mais moins pour les carrières courtes, qui sont les plus fréquemment concernées par ce dispositif.

Outre ces changements paramétriques, la loi Fillon comprend de nombreuses mesures nouvelles. Malgré la publicité qui en a été faite, elles ont en général une faible portée. La possibilité d'un départ anticipé a été ouverte pour les personnes ayant eu des carrières très longues. Cette mesure fait partie des contreparties proposées aux syndicats de salariés qui, sans compenser les changements paramétriques, les rendent plus acceptables... au moins en apparence, car la portée de cette mesure est limitée. Le principe selon lequel des personnes ayant commencé à travailler à 14 ou 16 ans devraient pouvoir partir avant 60 ans plutôt que de travailler et cotiser pour rien quelques années supplémentaires est d'autant plus justifié que ces personnes ont souvent une position et une rémunération modestes. Mais la mesure prise ne concerne que le régime général[18] et il faut avoir 168 trimestres validés, dont 164 cotisés[19]. Le nombre de personnes concernées a été supérieur aux prévisions, mais devrait rapidement diminuer du fait de l'allongement de l'âge d'entrée sur le marché du travail. En fait, beaucoup des personnes parties en retraite en profitant de ce dispositif auraient bénéficié d'une préretraite ou auraient été chômeuses dispensées de recherche. Dans ce cas, leur départ anticipé est essentiellement un transfert financier des régimes de retraite vers les employeurs et l'assurance chômage.

Compte tenu de l'allongement de la durée des études et de l'incertitude des débuts de carrière, l'augmentation de la durée d'assurance interdit à de nombreuses personnes d'obtenir une retraite à taux plein. Ainsi, il manquerait huit trimestres à une personne commençant à cotiser en 1980 à 25 ans et travaillant sans interruption jusqu'à 65 ans. Aussi la loi Fillon prévoit-elle un dispositif de rachat des années d'études. Respectant le principe de neutralité actuarielle, ce rachat se fait à un prix égal au surplus actualisé de pension que l'individu devrait toucher si sa durée de vie était égale à l'espérance de vie moyenne. S'il est opéré en fin de carrière, ce rachat est très coûteux. En début de carrière, il est inaccessible. En général, il est peu intéressant : dans certaines situations, il faudrait vivre jusqu'à

137 ans pour amortir le coût du rachat. Sauf cas particulier, il s'agit donc d'une mesure sans intérêt.

Certains aménagements ont été apportés aux avantages familiaux. Dans le régime général, les mères de famille continuent de bénéficier de huit trimestres validés par enfant[20], dans des conditions légèrement élargies. Par contre, dans la fonction publique, plusieurs arrêts de la Cour de justice des communautés européennes (CJCE) de Luxembourg ont étendu aux pères le bénéfice d'avantages familiaux conçus pour profiter aux mères. Cette extension coûte évidemment cher et n'est pas forcément justifiée. Ainsi, le bénéfice de trimestres validables pour chaque enfant élevé est une compensation des handicaps de carrière qui résultent de la « double journée » des mères, c'est-à-dire de leur difficulté à faire avancer leur carrière tout en élevant leurs enfants. Même si certains pères consacrent eux aussi beaucoup de temps à élever leurs enfants et peuvent donc légitimement trouver injuste d'être écartés de ces avantages, ce sont en effet les mères qui fournissent l'essentiel des efforts en la matière. Les avantages consentis aux mères ont donc été modifiés pour pouvoir continuer à en écarter les pères, en subordonnant l'octroi d'une bonification à un arrêt d'au moins trois mois au moment de la naissance. Ce dispositif compliqué empêche certaines mères de bénéficier d'un avantage auquel elles pensaient jusque-là avoir droit. Pour les enfants nés après l'entrée en vigueur de la réforme, la bonification, qui était de quatre trimestres par enfant, n'est plus que de deux trimestres.

Enfin, la loi Fillon prévoit certains avantages pour la souscription à des plans de retraite complémentaire par capitalisation. Officiellement, il s'agit de faciliter les choix dans l'âge de départ et le niveau de la pension. En réalité, au vu des données du tableau 2, on comprend que la baisse des pensions va progressivement obliger ceux qui en auront les moyens à épargner davantage en vue de leur retraite. Deux dispositifs sont prévus, calqués sur ce qui existe aux États-Unis : le PERP est un mécanisme d'épargne individuelle, le PERCO un mécanisme collectif abondé par les employeurs et les individus. Les deux bénéficient d'importants avantages fiscaux (voir le chapitre 4 pour plus de précisions).

Sans être entièrement négligeables, ces innovations ne changent pas fondamentalement l'organisation ou la nature du système de retraites français. Par contre, elles changent fondamentalement la vision de la retraite, même si ce changement ne fait que commencer. Jusqu'ici, un salarié ayant travaillé en continuité en commençant autour de l'âge moyen savait qu'il pourrait partir à 60 ans avec une pension représentant les trois quarts environ de son salaire. Cette certitude a disparu, remplacée par deux incertitudes : sera-t-il possible de travailler jusqu'à un âge permettant d'avoir une bonne retraite ? Les règles du jeu vont-elles changer ? Ces questions nouvelles font surgir une question nouvelle, qui est celle de l'information des assurés, qui ne savent généralement pas exactement à quelle pension ils auraient droit en s'arrêtant à un âge donné.

L'incertitude quant aux règles s'appuie sur un constat chiffré : les réformes accomplies sont loin de suffire à rétablir l'équilibre financier des régimes de retraite, comme le montre le tableau 3.

Tableau 3 : Impact des réformes
sur l'équilibre financier des régimes de retraite

Impact à l'horizon 2020, en milliards d'euros 2000	Secteur privé	Secteur public
Besoin de financement avant réforme	-15,5	-28,0
Solde des mesures Fillon	+5,2	+13,0
Besoin de financement après réforme	-10,3	-15,0

Source : Lasaire in Conseil de l'orientation des retraites, *Second rapport*, 2004.

En gros, les réformes accomplies réduisent de 40 % le besoin de financement estimé à l'horizon 2020. De nouveaux ajustements devront donc être faits assez rapidement.

Les réformes des retraites en Europe

La plupart des pays européens ont été contraints par la menace de déséquilibres démographiques et financiers majeurs de revoir leurs systèmes de retraite. Le plus souvent, une première série de réformes a été lancée dans les années 1990, qui se révèlent insuffisantes et doivent être complétées ou renforcées. Bien souvent, les paramètres des régimes par répartition ont été modifiés de façon à réduire les dépenses, en retardant l'âge de départ et en réduisant les pensions. Dans le même temps, un cadre était tracé pour le développement de régimes complémentaires facultatifs par capitalisation. Ce schéma est illustré de manière exemplaire par l'Italie.

Avant les années 1990, le système italien était très

favorable : départ à 60 ans pour les hommes et 55 ans pour les femmes (mais 65 ans pour les fonctionnaires d'État et les non-salariés), modalités de calcul aboutissant à un taux de remplacement de l'ordre de 80 % du dernier salaire, indexation des pensions sur les salaires. En 1992, la réforme Amato repousse l'âge de départ, réduit le taux de remplacement et indexe les pensions sur les prix. Une loi de 1993 prévoit le développement de fonds de pension. Ces dispositions sont insuffisantes et des réformes prises en 1995 et 1997 prévoient d'instaurer un régime unique à cotisations définies (les droits évoluent selon la situation du régime), un régime complémentaire par capitalisation et un système d'assistance entièrement distinct du système d'assurances. Le gros problème est que, pour faire accepter cette réforme radicale et douloureuse, une période de transition de 40 ans est prévue, ce qui a trois conséquences : le redressement financier est trop lent, les générations intermédiaires cotisent trop pour se lancer dans une épargne retraite complémentaire et le système est terriblement complexe. Une nouvelle réforme est en discussion.

La Suède fournit l'exemple inverse d'une réforme radicale, très longuement débattue, puis appliquée rapidement. Les discussions ont en effet duré une quinzaine d'années et, si le principe d'une réforme radicale a été adopté en 1994, ladite réforme s'est ensuite étalée sur sept ans. Elle prévoit une période de transition de 15 ans. Un nouveau régime public obligatoire en deux parties est créé : 16 points de cotisation pour le régime en répartition, 2,5 points pour le régime en capitalisation. Les cotisations sont créditées virtuellement sur des comptes individuels, ce qui fait que chacun sait chaque année quels sont ses droits, selon un système proche des régimes complémentaires français par points. Au moment de la retraite, le capital virtuel accumulé est converti en pension de retraite en tenant compte de l'âge de départ et de l'espérance de vie de la génération à laquelle appartient l'individu, de façon à maintenir en permanence l'équilibre du système. L'âge de départ est librement choisi après 61 ans. Enfin, une agence gouvernementale organise la capitalisation en sélectionnant les fonds de pension et en servant d'intermédiaire. Cette réforme semble une réussite remarquable, qui doit beaucoup à la culture du consensus chère aux pays scandinaves.

D'autres pays sont moins avancés dans leur réflexion. Même si l'Allemagne vient de décider de faire passer l'âge de départ à 67 ans, de nombreuses incertitudes demeurent. Le Royaume-Uni a un système extrêmement complexe (ainsi, des milliards de livres de pension ne sont pas réclamés chaque année, car les assurés connaissent mal leurs droits) et peu protecteur. Les pensions publiques de base ne représentent que 15 % du salaire, chiffre qui devrait être divisé par deux d'ici 2050. Des régimes d'entreprise ou d'administration à prestations définies viennent compléter ces pensions de base, et des plans d'épargne retraite individuels ont été créés en 1988. Ces plans sont proposés par des assureurs ou des banques qui se sont livrées à une surenchère commerciale, incitant les assurés à abandonner leur retraite d'entreprise sur la base d'arguments souvent fallacieux. Les inégalités sont grandes et les prestations insuffisantes dans bien des cas. La commission Turner vient de proposer d'allonger l'âge minimum de départ à 68 ans d'ici 2050 en échange d'une hausse de la pension de base. Les salariés cotiseraient automatiquement à un régime d'épargne retraite à hauteur de 8 %.

SANTÉ ET CHÔMAGE : UN COUP POUR RIEN

La réforme du système de santé est un état permanent, déficits et plans de réforme se répondant depuis plus de vingt ans. La dernière réforme en date est celle de 2004. Présentée comme ambitieuse, elle pourrait effectivement changer la gouvernance du système de soins. Par contre, elle n'atteindra pas ses objectifs en matière de contrôle des dépenses. De ce point de vue, cette réforme est clairement un coup pour rien. Pour les assurés sociaux, les mesures les plus visibles sont les déremboursements de médicaments, l'institution d'un médecin traitant et le dossier médical personnel.

De nombreux médicaments ne sont plus remboursés ou à un taux moindre que précédemment, pour cause de service médical rendu insuffisant. Cette appréciation est parfois contestée, par exemple dans le cas des sirops pour enfants ou du Zovirax® (antiviral). Lorsque le déremboursement est total, les médicaments sont entièrement à la charge de l'assuré et cessent en grande partie d'être prescrits. Par contre, si leur remboursement est seulement diminué, les assurances complémentaires complètent le remboursement opéré par l'assurance maladie. Une telle diminution entraîne un transfert de dépense de l'assurance maladie vers les assurances complémentaires sans que celles-ci soient seulement consultées. Elle évite d'augmenter les cotisations sociales ou la CSG, mais contraint les mutuelles à relever leurs tarifs, ce qui revient au même pour l'usager. Par ailleurs, si le service médical rendu par un médicament est faible et doit conduire à son déremboursement total, à quoi rime d'instaurer une période transitoire de deux ans pendant laquelle le remboursement est limité à 15 % (contre 35 % antérieurement), comme le gouvernement l'a décidé ? La seule justification imaginable est de préserver l'intérêt des entreprises pharmaceutiques, ce qui est pour le moins discutable. Aussi les mutuelles ont-elles décidé d'appliquer immédiatement la recommandation de la Haute Autorité de santé et de cesser immédiatement de rembourser ces médicaments.

Depuis le 1er janvier 2006, il est nécessaire de passer par un médecin, généraliste ou spécialiste, avec lequel a été passé un contrat, avant d'aller voir **un médecin spécialiste**[21], sous peine de se voir **pénalisé** d'un dépassement d'honoraires de 7 euros non pris en charge par les complémentaires[22]. Cette mesure a pour objet de réduire les consultations inutiles et le « nomadisme médical », c'est-à-dire les consultations multiples pour une même pathologie ou les examens redondants. Elle est extrêmement contestable. À l'encontre de son objectif, elle risque de conduire à multiplier les consultations, puisque toute consultation de spécialiste sera précédée d'une consultation du médecin traitant. Les médecins généralistes craignent d'ailleurs de ne pouvoir répondre à la demande, faute de temps. D'autre part, le dispositif retenu pénalise financièrement les assurés qui consultent directement un spécialiste, mais avantage financièrement ledit spécialiste, ce qui est illogique et pervers. On peut en effet craindre que de nombreux spécialistes préfèrent ces patients indisciplinés mais lucratifs à ceux qui auront respecté le parcours de soins prescrit et n'ouvrent leur consultation à ces derniers que sur des créneaux horaires limités. Enfin, il faut s'interroger sur le bénéfice attendu de la mesure. Une bonne partie du nomadisme médical, en effet, s'explique par le fait que la médecine n'est pas une science exacte, ce qui fait qu'une multiplicité d'avis est souvent utile pour poser un diagnostic correct. Le dossier médical personnel a le même objectif, en donnant un accès immédiat à toutes les informations médicales disponibles. Il s'agit d'une rationalisation bienvenue, mais il est illusoire d'en attendre des économies substantielles, d'autant que les coûts élevés de sa mise en œuvre s'élèvent à plusieurs milliards d'euros. Les problèmes techniques à résoudre semblent complexes et la date de mise en service de ce dossier ne cesse d'être repoussée.

Second axe de la réforme, l'augmentation du forfait hospitalier et l'instauration d'un reste à charge de 1 euro par consultation. Le forfait hospitalier est censé correspondre aux prestations hôtelières de l'hôpital. En quelques années, il sera passé de 10 euros par jour à 16 euros (en 2007). En comparaison du prix de journée dans une unité de soins intensifs, cette somme est évidemment dérisoire. Mais, pour une personne âgée touchant le minimum vieillesse et hospitalisée dans un service de médecine pour une durée longue, le forfait hospitalier absorbe la totalité de son revenu. Le reste à charge de 1 euro est une diminution du remboursement par l'assurance maladie qui ne peut être compensée par les assurances complémentaires santé. Il concerne la très grande majorité des consultations. L'objectif est double : transférer sur les ménages une partie des dépenses de l'assurance maladie et réduire la demande de soins en « responsabilisant » le consommateur. C'est le retour de la vieille idée selon laquelle les ménages consommeraient moins s'ils payaient de leur poche. Cette idée est à la fois juste et fausse. Elle est juste pour tout ce qui n'est pas perçu comme vital, comme l'atteste l'exemple des soins dentaires, qui varient avec le revenu. Mais la santé est un tout : l'insuffisance de soins dentaires chez les pauvres retentit gravement sur leur état général de santé, ce qui engendre ensuite des coûts supplémentaires. Elle est fausse pour les pathologies lourdes, ce qui amène à s'interroger sur le forfait hospitalier : est-il vrai que des personnes se fassent hospitaliser sans en avoir besoin ? On peut en douter. La principale conséquence de ces mesures sur les comportements sera sans doute de réduire la fréquence des actes préventifs. Il est vrai que la prévention est totalement oubliée dans le plan d'action gouvernemental.

Troisième axe, le gouvernement tente d'échanger une « maîtrise médicalisée » des dépenses, par quoi il faut comprendre l'engagement des professionnels de prescrire moins ou de privilégier les médicaments génériques, contre une hausse de la rémunération des actes médicaux. La Cour des comptes a récemment examiné les mesures de ce type décidées depuis 1999. Sa conclusion est sans appel : elles ne fonctionnent pas, les professionnels ne tenant pas les engagements souscrits par leurs syndicats, alors que les revalorisations tarifaires ont représenté 2 milliards d'euros de dépenses annuelles environ. Aussi n'est-il pas étonnant d'entendre le ministre de la Santé supplier en vain les médecins de s'impliquer dans la réforme.

La réforme de l'organisation de l'assurance maladie est plus substantielle. Sont créés :

— l'UNCAM (Union nationale des caisses d'assurance maladie, regroupant les caisses des salariés, des indépendants et des agriculteurs), chargée de fixer les taux de remboursement des médicaments et prestations ;

— l'Union des organismes d'assurance maladie complémentaire regroupant représentants des mutuelles, des institutions de prévoyance et des assureurs privés. Il s'agit d'un organisme consultatif, qui émet des avis sur les décisions de l'Uncam et participe aux négociations avec les médecins et l'assurance maladie. Demandeuses d'une telle organisation, les mutuelles se voient en fait noyées parmi les complémentaires ;

— un comité d'alerte, placé auprès de la commission des comptes de la Sécurité sociale. Chargé de vérifier que les dépenses évoluent conformément à l'ONDAM (objectif national de dépense d'assurance maladie) fixé chaque automne par le Parlement, le comité notifie les risques sérieux de dépassement de cet objectif au gouvernement, au Parlement et aux caisses ;

— une Haute Autorité de santé, conseil à vocation scientifique, dans laquelle, cependant, les industriels sont représentés.

L'UNCAM a des pouvoirs importants et le gouvernement a beaucoup insisté sur son autonomie de gestion. En réalité, ce qui est mis en place est une machine à réduire les remboursements. En effet, si la dérive des dépenses dépasse l'ONDAM de plus de 0,75 %, le comité d'alerte le notifie « aux caisses nationales d'assurance maladie. Celles-ci proposent des mesures de redressement. Le comité rend un avis sur l'impact financier de ces mesures et, le cas échéant, de celles que l'État entend prendre pour sa part » (article 22). Autrement dit, il appartient aux caisses de freiner les dépenses, ce qu'elles ne peuvent faire qu'en réduisant ou supprimant le remboursement de certaines prestations. Éventuellement, ces déremboursements seront compensés par une augmentation de la prise en charge par les assurances complémentaires, qui augmenteront en conséquence leurs tarifs. L'assuré n'y gagnera rien et les inégalités se creuseront selon la qualité des assurances complémentaires que chacun aura les moyens d'acheter, mais les pouvoirs publics pourront maintenir l'équilibre des comptes sans augmenter les prélèvements obligatoires. Ce mécanisme évite également à l'État de prendre ses responsabilités. Si le Parlement fixe un ONDAM irréaliste car trop bas, le comité d'alerte constate rapidement que les dépenses dépassent l'objectif et les caisses sont contraintes de réduire les dépenses. Ainsi, en fixant un objectif de baisse des dépenses de produits de santé de 3,3 % pour 2006, l'État ouvre la voie à des déremboursements inévitables, tout en laissant la décision à l'Uncam.

Une hausse modeste de la CSG est venue compléter ces mesures. En résumé, il s'agit principalement de réduire les remboursements pour réduire les dépenses, mais ces diminutions seront insuffisantes pour revenir rapidement à l'équilibre. Il n'y a pratiquement aucune mesure qui permettrait d'accroître l'efficacité du système. Concernant notamment la prévention, aussi essentielle que négligée, il n'en est pas question. La réforme du système de santé reste à faire.

L'indemnisation du chômage, enfin, relève de la politique de l'emploi en même temps que de la protection sociale. Il est en effet probable que le niveau et la durée de l'indemnisation influent sur le niveau du chômage et des salaires. Il ne faut cependant pas exagérer cette influence : les règles d'indemnisation étaient fort généreuses pendant les années 1960, ce qui n'a pas empêché que le plein-emploi soit la règle. Dans ce domaine également, la tendance générale à la diminution de la protection sociale marque les nombreux changements de la réglementation intervenus depuis un quart de siècle. Lorsque le chômage a commencé à augmenter, dans les années 1970, un licencié économique avait droit à 90 % de son salaire brut, soit, en général, au maintien de son revenu net ! Quant à la durée d'indemnisation, la question n'avait guère de sens.

Les réformes successives ont eu pour effet de réduire la durée de versement des allocations, de durcir les conditions d'indemnisation et de réduire le montant des indemnités. La dernière réforme en date, résultant d'un accord entre le patronat et certains syndicats de salariés, a toutefois supprimé la dégressivité des allocations, ce qui est une amélioration importante. Actuellement, la durée d'indemnisation des moins de 50 ans est de 7 mois pour les personnes ayant au moins 6 mois d'activité au cours des 22 derniers mois et de 23 mois pour les personnes ayant au moins 14 mois d'activité au cours des deux dernières années. L'indemnisation dépend du montant du salaire selon des règles relativement complexes. Autour du SMIC, l'allocation est de 25 euros par jour. Pour un salaire élevé, elle est de 57,4 % du salaire brut. Sur les 4 millions d'inscrits à l'ANPE, 2,5 millions environ sont indemnisés et 1,5 million ne le sont pas.

Le Plan d'aide au retour à l'emploi (PARE) est la contrepartie du maintien des allocations. Chaque chômeur doit signer un projet d'action personnalisé, incluant un bilan de compétences et donnant accès à une formation si un emploi n'a pas été retrouvé dans les six mois. Reprenant le Code du travail, la convention précise que « les emplois offerts doivent être compatibles avec la spécialité (du demandeur d'emploi) ou sa formation antérieure, ses possibilités de mobilité géographique compte tenu de sa situation personnelle et familiale, et rétribués à un taux de salaire normalement pratiqué dans la profession et la région ». Le refus d'un emploi est plus nettement sanctionné qu'auparavant, le contrôle des recherches faites est plus systématique.

Bizarrement, la loi Borloo dite de cohésion sociale, qui prévoit la coordination des actions du Service public de l'emploi, ne fait aucune référence au PARE. Une convention entre l'État, l'ANPE, chargée du placement des chômeurs, et l'UNEDIC, chargée de leur indemnisation, doit conduire à la mise en place de maisons de l'emploi. Mais la question centrale de l'indemnisation des chômeurs est laissée de côté et les allocations n'ont pas été revalorisées, contrairement à l'habitude, en juillet 2005. Les agents de l'ANPE, qui reçoivent désormais chaque chômeur une fois par mois, doivent signaler les refus d'une offre d'emploi « valable ». Ces signalements entraînent des sanctions rapides : réduction de 20 % de l'allocation de chômage au premier refus, de 50 % au second et suppression totale au troisième. Les discours officiels insistent pourtant beaucoup sur la nécessité de sécuriser les parcours professionnels et d'assortir la flexibilité croissante des contrats de garanties apportées aux personnes.

Dans l'ensemble, l'orientation générale des réformes est donc de réduire la protection sociale, si possible sans trop le dire et le montrer. Dans le même temps, de nouvelles prestations apparaissent, qui évitent le pire mais sont destinées uniquement aux pauvres, ce en quoi elles modifient la nature du système de protection sociale. C'est la création de l'ASS[23] et du RMI, rendue nécessaire par la limitation de l'indemnisation du chômage. C'est la CMU (couverture maladie universelle), qui fournit à certains de ceux qui en sont dépourvus une complémentaire santé au moment où la diminution de la couverture offerte par la Sécurité sociale rend cette protection complémentaire indispensable. À un système unique et solidaire se substitue donc un système dual, ce qui est lourd de conséquences.

CHAPITRE DEUX

UN PAYSAGE BOULEVERSÉ

Le phénomène de vieillissement et de diminution du nombre des naissances est très général : plus de la moitié de la population mondiale vit aujourd'hui dans des pays à fécondité basse, par exemple. Un pays comme la Chine va ainsi connaître un vieillissement spectaculaire. Ce chapitre concentre néanmoins l'attention sur les pays développés, en privilégiant le cas de la France.

L'évolution démographique dans les pays développés est marquée par l'allongement de l'espérance de vie et, dans certains pays, par une faible natalité, qui vient amplifier le phénomène de vieillissement. L'impact de ce mouvement sur les dépenses de protection sociale est probablement fort, mais parfois difficile à estimer. En matière de retraite, les effets du vieillissement sont importants et relativement bien documentés. Par contre, l'impact de ce vieillissement sur les dépenses de santé est très difficile à estimer, car les plus âgés ne dépensent pas nécessairement beaucoup plus que les plus jeunes, d'autant que l'espérance de vie sans incapacité augmente plus vite que l'espérance de vie brute. En matière de chômage également, l'incertitude domine et il n'est pas du tout certain que le ralentissement de la croissance de la population signe la fin du chômage de masse.

Le paysage démographique est également bouleversé par les transformations familiales. Celles-ci affectent les liens familiaux et leur rôle protecteur, même si la famille demeure une institution forte dans la plupart des pays.

UN VIEILLISSEMENT INÉGAL

L'augmentation de l'espérance de vie est un trait constant et marquant du développement. L'espérance de vie à la naissance est passée de 40 ans à 80 ans en moyenne dans les pays développés en deux siècles. Elle était encore de 55 ans en France en 1932. Cette augmentation résulte de deux phénomènes qu'il convient de distinguer : la diminution de la mortalité infantile et celle qui intervient aux âges élevés. Le premier phénomène, lié à l'amélioration des conditions d'hygiène et de nutrition autour et après les naissances, a joué le rôle le plus important. En effet, entre 1932 et 1990, tandis que l'espérance de vie à la naissance augmentait en France de 18 ans pour les hommes et 21 ans pour les femmes, l'espérance de vie à 60 ans n'augmentait que de 5 et 8 ans. Mais la mortalité infantile, aujourd'hui inférieure à 1 % dans tous les pays développés, ne peut plus guère modifier l'espérance de vie.

Par contre, la baisse de la mortalité aux âges élevés se poursuit. La hausse a même tendance à s'accélérer : le tableau 4 montre que le gain par période de dix ans est en hausse. Entre 1950 et 2000, l'espérance de vie à 60 ans a progressé de 5 ans pour les hommes et de 7 ans pour les femmes. Les projections de l'INSEE prévoient une poursuite du mouvement : l'espérance de vie augmenterait encore de 7 ans pour les hommes et 6,5 ans pour les femmes au cours du demi-siècle suivant. Ces prévisions sont-elles fiables ? À un horizon de vingt ou trente ans, elles concernent des personnes déjà relativement âgées. Ces prévisions ne dépendent pas de comportements, toujours susceptibles de varier rapidement, mais uniquement de la mortalité à chaque âge. Elles semblent donc solides. Jusqu'ici, les prévisions ont toujours péché par un certain pessimisme, en anticipant un ralentissement qui ne s'est pas produit. Bien entendu, il existe une limite physiologique à la durée de la vie humaine, généralement estimée autour de 120 ans. Mais cette limite laisse une marge de progression importante. Certains organismes internationaux ont émis l'idée que les gains d'espérance de vie allaient rapidement s'infléchir et qu'il serait difficile de passer la barre de 85 ans. Pourtant, cette barre est déjà dépassée, en France ou dans d'autres pays, pour les femmes de milieu favorisé[1].

Tableau 4 : Espérance de vie à 60 ans
(évolution et gain en années par période décennale)

Date	Espérance de vie à 60 ans		Période	Gain par période de 10 ans	
	Hommes	Femmes		Hommes	Femmes
1950	15,4	18,4			
1960	15,7	19,5	1950-1960	0,4	1,2
1970	16,2	20,8	1960-1970	0,5	1,3
1980	17,3	22,4	1970-1980	1,1	1,5
1990	19,0*	24,2	1980-1990	1,7**	1,8
2000	20,2	25,6	1990-2000	1,2	1,4

Date	Espérance de vie à 60 ans		Période	Gain par période de 10 ans	
	Hommes	Femmes		Hommes	Femmes
2010	21,7	27,1	2000-2010	1,5	1,5
2020	23,2	28,5	2010-2020	1,5	1,4
2030	24,6	29,8	2020-2030	1,4	1,3
2040	25,9	31,0	2030-2040	1,3	1,2
2050	27,2	32,1	2040-2050	1,3	1,1

Lecture : En 1990 les hommes avaient une espérance de vie à 60 ans de 19 années (valeur marquée *), soit un accroissement de 1,7 an (valeur marquée **) au cours de la décennie 1980-1990.

Source : Calculs établis sur la base des nouvelles projections de l'INSEE, réalisées en 2001, Conseil d'orientation des retraites.

L'allongement de la vie fait augmenter de moitié le nombre de personnes âgées de plus de 60 ans entre 1950 et 2010, ce qui est évidemment un changement de grande ampleur. Cette évolution va se poursuivre.

Dans le même temps, le nombre des naissances décline. À ce que les démographes qualifient de vieillissement « par le haut », par référence à la pyramide des âges, s'ajoute un vieillissement « par le bas ». Mais l'ampleur du phénomène varie considérablement d'un pays à l'autre et des problèmes techniques de mesure de la fécondité se posent. Deux indicateurs sont utilisés pour mesurer la fécondité. Le plus sûr est la descendance finale des générations, établie pour une génération de femmes à 50 ans, à la fin de leur vie féconde. L'inconvénient de cet indicateur est qu'il enregistre les évolutions de la fécondité avec un grand retard. Ainsi, l'évolution du nombre des naissances en 2007 résulte du comportement de femmes dont la descendance finale ne sera connue, pour celles qui ont 20 ans, qu'en 2037 ! On calcule donc aussi un indicateur conjoncturel de fécondité, qui reconstitue le nombre d'enfants moyen qu'aurait une femme si son comportement à chaque âge était celui enregistré en 2006. Cet indicateur enregistre instantanément les évolutions, mais doit être interprété avec précaution. Supposons que la fécondité des femmes de 25 ans chute en 2007 : faut-il conclure que les femmes de cette génération auront moins d'enfants ou qu'elles auront leurs enfants à un âge plus avancé ? La comparaison des années 1993 et 2003 pour la France illustre bien le décalage des naissances, moins nombreuses jusqu'à 27 ans, plus nombreuses ensuite, ce qui a fait augmenter l'âge moyen des mères d'environ dix ans. De tels « effets de calendrier » se sont produits dans les pays développés. Ces dernières années, ils ont entraîné une sous-estimation de la fécondité, mais il est difficile d'en évaluer la portée.

Figure 6 : Nombre de naissances pour 1 000 femmes de chaque âge

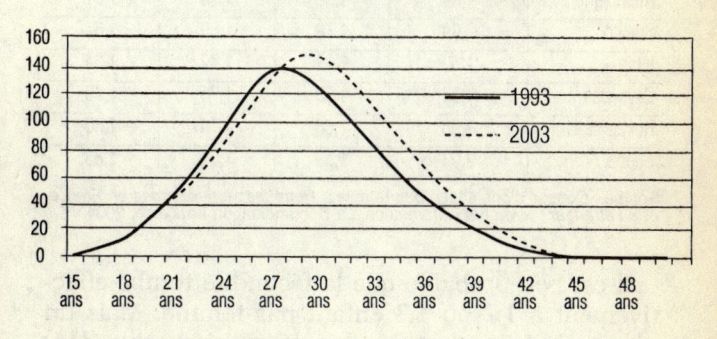

Source : INSEE.

Comme le montre le tableau 5, la fécondité diminue en Europe, mais à des rythmes très variables. Dans les pays développés, le niveau qui assure le renouvellement des générations est d'environ 2,07 enfants par femme[2]. Beaucoup de pays sont loin de ce niveau. Pour les femmes qui ont à peu près terminé leur vie féconde, le contraste est grand entre la France, la Suède et le Royaume-Uni, pays où le renouvellement des générations est à peu près assuré, et l'Italie et l'Allemagne, où le déficit des naissances est très important. L'indicateur conjoncturel de fécondité fait apparaître des évolutions spectaculaires, mais qui sont dues en partie à l'effet de calendrier ; ce qui explique que les prévisions pour 2030 soient supérieures aux niveaux actuels.

Tableau 5 : Fécondité en Europe

	Descendance finale des femmes nées en 1960	Indice conjoncturel de fécondité		
		Moyenne 1995-2000	2030	
			Estimation basse	Estimation haute
Allemagne	1,64	1,32	1,39	1,61
France	2,09	1,79	1,80	1,87
Italie	1,69	1,21	1,42	1,54
Pays-Bas	1,83	1,63	1,75	1,79
Royaume-Uni	1,98	1,68	1,74	1,80
Suède	2,03	1,59	1,80	1,83

Source : Conseil d'orientation des retraites, *Retraites ; les réformes en France et à l'étranger ; le droit à l'information*, La Documentation française, 2004.

Il est peu probable que la fécondité tombe effectivement à 1,2 ou 1,3 enfant par femme. Mais un niveau de 1,5 enfant par femme représente un déficit de 28 % environ, ce qui signifie que la taille de chaque génération est inférieure de 28 % à la taille de celle qui l'a précédée. C'est un déséquilibre démographique majeur pour l'Italie, l'Allemagne et, également, l'Espagne, même si l'immigration peut venir empêcher la baisse de la population.

En France, par contraste, la diminution de la fécondité est très progressive. Les femmes nées en 1954 ont eu 2,12 enfants, celles nées en 1960 0,03 de moins. La génération 1964 en a déjà eu 2 et atteindra donc probablement elle aussi le seuil de 2,1. Il est même permis de penser que les estimations pour 2030 données dans le tableau, dues à l'INSEE, à l'ONU et à Eurostat, pèchent par pessimisme. Elles semblent en effet fondées sur la simple projection des tendances de l'indicateur conjoncturel de fécondité au cours des années 1990. Or, depuis quelques années, la remontée de cet indicateur est nette. Alors qu'il se situait à 1,68 en 1994, il est passé à 1,92 enfant par femme dix ans plus tard. Il n'est donc pas interdit de penser que la fécondité en France va demeurer un temps au moins au niveau de renouvellement des générations, ce qui infirme les constats alarmistes souvent entendus il y a vingt ou trente ans. Il est cependant excessif d'évoquer un « mini baby-boom », car la remontée du nombre des naissances ces dernières années est une conséquence de l'effet de calendrier et non d'un changement de comportement laissant supposer que la descendance finale des générations va augmenter.

La conjugaison de la hausse de l'espérance de vie et de la diminution de la fécondité entraîne le vieillissement de la population européenne et, plus généralement, des pays développés. Ce vieillissement peut se définir de différentes façons, chacune adaptée au problème à examiner. Nous distinguerons quatre questions, quatre effets du vieillissement : sur l'économie en général, les régimes de retraite, les dépenses de maladie, la dépendance.

La première question est également la plus incertaine. Les problèmes de financement de la protection sociale sont liés au ralentissement de la croissance. Le vieillissement va-t-il accentuer cette tendance ? Une première crainte est qu'une population vieille soit moins productive, car moins dynamique, innovante et formée. Le dynamisme physique joue le plus dans les emplois manuels. Mais les ergonomes ont constaté que les salariés âgés développaient des postures ou des rythmes leur permettant d'économiser leurs forces, de telle façon que la chute de rendement aux âges élevés est très limitée. Si une limitation intervient, elle vient surtout de l'état de santé des salariés manuels âgés. D'autre part, il est exact que, l'âge moyen de fin d'études ayant nettement augmenté, les actifs les plus âgés ont aujourd'hui une formation initiale moindre que les jeunes. Cependant, l'apprentissage par la pratique et l'expérience compensent largement ce handicap initial. Par ailleurs, il est peu probable que l'âge moyen de fin d'études continue d'augmenter comme il l'a fait par le passé, de telle sorte que l'avantage de formation des plus jeunes devrait s'atténuer progressivement.

Pour toutes ces raisons conjuguées, les économistes font en général l'hypothèse que la relation entre âge et productivité suit une courbe en cloche : la productivité augmente avec l'âge jusque vers 50 ans et décroît au-delà. Le vieillissement va se traduire par une élévation modeste de l'âge moyen du groupe des personnes d'âge actif. L'âge moyen des 20-59 ans pourrait ainsi passer de 39 ans à 40 ou 41 ans en 2040, selon les hypothèses, ce qui n'est pas vraiment révolutionnaire. Selon Didier Blanchet[3], spécialiste de l'INSEE, la productivité moyenne de la main-d'œuvre pourrait en fait augmenter avec le vieillissement.

Cependant, seconde interrogation, ne faut-il pas craindre le vieillissement des consommateurs ? Il est probable que la structure de la consommation sera affectée par le vieillissement, mais il s'agit là d'une évolution à laquelle les entreprises devraient pouvoir s'adapter. Quant au niveau de la consommation, il est exact que la tendance à consommer son revenu diminue avec l'âge, mais cette tendance se retourne aux âges élevés. Franco Modigliani, prix Nobel d'économie, a développé un modèle dit du cycle de vie, selon lequel l'individu s'endette dans sa jeunesse, épargne ensuite et consomme son épargne arrivé à l'âge de la retraite. Ce modèle assez grossier n'est pas tout à fait confirmé par l'observation : les jeunes retraités continuent en général à épargner. Il faut donc décaler le moment où la tendance à épargner s'inverse pour s'approcher des comportements observés. Il est toutefois délicat d'en tirer des conclusions fermes. Certains économistes, s'appuyant sur le modèle néoclassique, pensent en effet que tout ce qui favorise la hausse du taux d'épargne est bon pour la croissance, car l'épargne entraîne l'investissement, qui entraîne la productivité et la croissance. D'autres estiment au contraire que la consommation entraîne la demande, qui entraîne l'investissement, la productivité et la croissance. Ces deux enchaînements sont logiques et la question de savoir lequel est le plus important dépend de la situation économique. Beaucoup d'économistes jugent que l'économie souffre actuellement d'un excès d'épargne dans les pays européens, de telle sorte qu'un vieillissement qui augmenterait la propension à consommer serait une bonne chose.

Se pose surtout la question du taux d'emploi de la population. Le niveau de vie dépend en effet de la productivité de chaque travailleur et de la proportion de la population en emploi, appelée taux d'emploi. Ce dernier dépend du taux de chômage, des comportements d'activité et de la répartition par âge de la population. Dans ce domaine, la France a connu une situation très stable, puisque la part des 20-59 ans, correspondant à peu près aux âges actifs, est proche de 54 % de la population totale depuis 1950. Selon l'INSEE, elle devrait baisser à 50 % en 2020 et 46 % en 2040. La proportion d'actifs dans la population va donc diminuer. Si les taux d'activité restent les mêmes, le niveau de vie serait alors inférieur de 15 % à ce qu'il serait dans les conditions actuelles.

Par conséquent, c'est essentiellement par le biais d'une diminution de la proportion de personnes d'âge actif que le vieillissement semble susceptible d'influencer la croissance. Cependant, cette influence peut être compensée par une diminution du chômage ou une modification des comportements d'activité.

DES CONSÉQUENCES SUR LES RETRAITES PLUS QUE SUR LA SANTÉ

Commençons par la bonne nouvelle : le vieillissement devrait faciliter la décrue du chômage. Certains, comme le journaliste Jean Boissonnat, tiennent même pour probable la disparition du chômage de masse à mesure que les générations nombreuses nées à l'époque du baby-boom partiront en retraite, ce qui commence dès aujourd'hui. En effet, les générations nées entre 1930 et 1942 comptent en moyenne 550 000 personnes, alors que les générations nées entre 1947 et 1972 sont d'environ 850 000, soit un écart de 300 000. Le nombre de départs en retraite va donc exploser à partir de 2006-2007. À supposer que les trois quarts d'une génération travaillent, l'augmentation des recrutements pourrait dépasser 200 000 par an, ce qui supprimerait le chômage d'ici 2020. Cette date est sans doute exagérément optimiste, car les créations d'emplois entraînent la hausse de la population active par un effet de flexion des taux d'activité. Les économistes appellent taux de flexion le rapport entre la diminution du chômage et les créations d'emplois. Si le nombre d'actifs était insensible au chômage, ce rapport serait de − 1, chaque emploi en plus faisant un chômeur de moins. En France, le taux de flexion est plutôt estimé autour de − 0,8 : cinq emplois créés réduisent le chômage de quatre personnes et attirent une personne supplémentaire sur le marché du travail. Par exemple, la reprise de l'emploi en 1998-2000 a eu pour conséquence immédiate de faire baisser l'âge de fin d'études, ce qui montre que certains jeunes étaient en fait étudiants par défaut.

L'analyse sous-jacente à ce pronostic est que le chômage vient d'un manque d'emplois pour une population active donnée. Il s'agit donc d'une analyse purement keynésienne, laissant de côté les discussions sur les rigidités du marché du travail, l'adéquation de la formation des actifs aux caractéristiques des emplois disponibles, la mobilité de la main-d'œuvre ou la qualité de l'information. Certes, le chômage s'explique certainement pour une grande partie par l'insuffisance des recrutements, liée à la faible demande adressée aux entreprises. Mais l'expérience des périodes de reprise économique, à la fin des années 1980 et à la fin des années 1990, montre qu'une augmentation des besoins en travail des entreprises bute rapidement sur des pénuries de main-d'œuvre qualifiée dans de nombreux secteurs. Dans une certaine mesure, la formation en entreprise peut compenser, les employeurs recrutant des personnes moins conformes à leurs besoins et les formant, comme ils l'ont fait dans les années 1960. On peut cependant craindre que la pénurie de main-d'œuvre réduise la production et engendre une certaine inflation salariale. Par conséquent, l'augmentation des demandes de travail de la part des employeurs va aussi se traduire par un certain freinage de la production.

Ces remarques obligent à tempérer l'optimisme à propos du chômage. La hausse des départs en retraite favorise évidemment la réduction du chômage, elle ne le supprimera pas et la décrue sera lente.

L'évolution purement démographique se traduit par une hausse du ratio de dépendance, rapport du nombre de personnes âgées au nombre de personnes d'âge actif. La limite entre ces deux groupes peut être posée à 55, 60 ou 65 ans. Dans les trois cas, le ratio de dépendance augmente dans tous les pays développés et, en particulier, en Espagne, en Italie, en Allemagne et au Japon, pays où le vieillissement est le plus sensible. Ainsi, le rapport du nombre de personnes âgées de 60 ans et plus aux personnes âgées de 20 à 59 ans, qui est d'environ 40 % en 2000 dans les divers pays européens, passerait selon Eurostat à environ 65 % en France et au Royaume-Uni, 73 % en Allemagne et en Espagne et 85 % en Italie en 2035. C'est à partir de 2020 que ce ratio se détériore nettement.

Du fait d'une fécondité plus satisfaisante, la France connaît donc un déséquilibre moins prononcé que d'autres pays. Mais l'indicateur retenu est purement démographique : il prend en compte des classes d'âge, alors qu'il faudrait rapporter le nombre de personnes âgées au nombre d'actifs. L'OCDE calcule un rapport entre le nombre de 65 ans et plus et le nombre d'actifs, ce qui change beaucoup les choses : avec un ratio entre personnes âgées et personnes d'âge actif très proche de celui de la Suède, l'Italie a deux fois plus de retraités par actif, parce que son taux d'emploi est inférieur. La position relative de la France est également nettement moins favorable que pour le ratio purement démographique (figure 7). À supposer que seuls les plus de 64 ans perçoivent une pension de retraite, chaque actif devrait payer l'équivalent d'une demi-pension en 2020, contre un tiers aujourd'hui.

Figure 7 : Nombre de 65 ans et plus pour 100 actifs

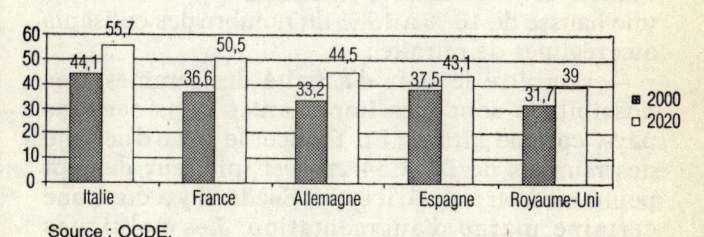

	2000	2020
Italie	44,1	55,7
France	36,6	50,5
Allemagne	33,2	44,5
Espagne	37,5	43,1
Royaume-Uni	31,7	39

Source : OCDE.

Cette évolution inquiétante pour la France s'explique par les faibles taux d'activité enregistrés en France chez les moins de 25 ans et, surtout, chez les 55 ans et plus. Ainsi, 15 % des hommes âgés de 60 à 64 ans sont actifs en France, contre 30 % en Allemagne ou en Italie et 50 % au Royaume-Uni. Même entre 55 et 59 ans, la France se signale par un moindre taux d'activité que les autres pays européens, principalement chez les hommes.

Ces résultats sont obtenus en projetant à l'horizon 2020 les comportements d'activité actuels. Il y a donc deux manières de les interpréter. Ils mettent bien en évidence que le maintien de la fécondité ne suffit pas. Mais ils montrent aussi qu'il existe des marges de manœuvre importantes, pour compenser le déséquilibre démographique par une hausse du taux d'emploi. Une telle hausse peut être obtenue en agissant dans plusieurs directions :

— réduire le chômage, ce qui permettrait d'augmenter considérablement le nombre des actifs. Le taux de chômage en France est d'environ 10 %. Il faut y ajouter les chômeurs découragés et, de manière générale, toutes les personnes susceptibles de se porter sur le marché du travail si leurs chances de trouver un emploi sont réelles. Au total, une situation de plein-emploi entraînerait probablement une hausse de 10 % à 15 % du nombre des cotisants aux régimes de retraite ;

— accroître le taux d'activité des femmes. Les possibilités sont très importantes dans certains pays, comme l'Italie. En France, le taux d'activité des femmes de 25 à 54 ans est inférieur de sept points environ à ce qu'il est en Suède. Il y a donc une certaine marge d'augmentation. Les politiques aidant à concilier vie professionnelle et vie familiale peuvent contribuer à cette augmentation. Il ne faut cependant pas oublier que ces actives supplémentaires seront aussi, plus tard, des retraitées supplémentaires ;

— accroître le taux d'activité des seniors. Beaucoup de gens cessent de travailler avant l'âge de la retraite, dès 55 ans en France. Ces personnes sont en préretraite, en invalidité, en longue maladie ou au chômage. Au total, 60 % environ des hommes et 45 % des femmes sont en emploi entre 55 et 59 ans, ce qui laisse d'importantes marges d'augmentation ;

— retarder le départ en retraite. Cette mesure est la plus efficace parce qu'elle joue à la fois sur le numérateur et le dénominateur du ratio de dépendance. Un recul de l'âge de départ effectif réduit le nombre de retraités et accroît le nombre de cotisants d'autant. Un recul d'un an de l'âge de départ réduit le ratio de dépendance d'environ trois points, ce qui est significatif.

Pour un pays où la natalité se maintient, comme la France, une combinaison de ces solutions donnerait une hausse importante du taux d'emploi. Accompagnée d'un relèvement limité de l'âge de départ, elle suffirait à régler les problèmes. Mais le taux d'activité peut difficilement augmenter si le chômage n'est pas d'abord réduit, puisque c'est justement le chômage qui entraîne la sous-activité des seniors et, en partie, des femmes, alors qu'il hypothèque le report des départs en retraite. D'autre part, il serait illusoire d'imaginer que le taux d'emploi des seniors va remonter dès que le chômage diminuera. Une gestion des âges qui a fait des préretraites un outil important de gestion de la main-d'œuvre doit pour cela être remise en cause, ce qui nécessitera du temps et de grands efforts (voir le chapitre 5). Plusieurs pays, notamment l'Espagne, l'Allemagne et le Royaume-Uni, ont déjà programmé des hausses de l'âge légal de départ en retraite autour de 67 ans à des horizons variés. Mais l'âge de départ réel dépend avant tout des politiques d'emploi des entreprises et de l'évolution des marchés du travail.

L'évolution démographique est donc un facteur de déséquilibre très sérieux pour les systèmes de retraite, même si ces problèmes peuvent être surmontés. La question se présente différemment dans le domaine de la santé.

Selon un raisonnement souvent entendu, les personnes âgées dépensant plus pour leur santé que les plus jeunes, le vieillissement provoquerait mécaniquement une augmentation des coûts (figure 8). L'affirmation est contestable, car elle repose implicitement sur l'idée que les dépenses de santé pour un certain âge demeureraient les mêmes. Sous cette hypothèse, comme les dépenses de santé augmentent avec l'âge, leur part dans le PIB progresserait d'environ un point à l'horizon 2020.

Cependant, si l'état de santé de la population s'améliore, les dépenses à chaque âge diminuent. En effet, pour un état de santé donné, on observe que les dépenses diminuent légèrement avec l'âge. D'autre part, si les dépenses de santé des personnes âgées sont élevées, c'est essentiellement à l'approche du décès : la dernière année de vie coûte cinq fois plus cher qu'une année de vie moyenne. La diminution de la mortalité à chaque âge réduit la dépense moyenne enregistrée.

Mais peut-on affirmer que l'état de santé à chaque âge s'améliore ? Certains affirment que les progrès

Figure 8 : Dépense totale de santé selon l'âge (base 1 la dépense moyenne)

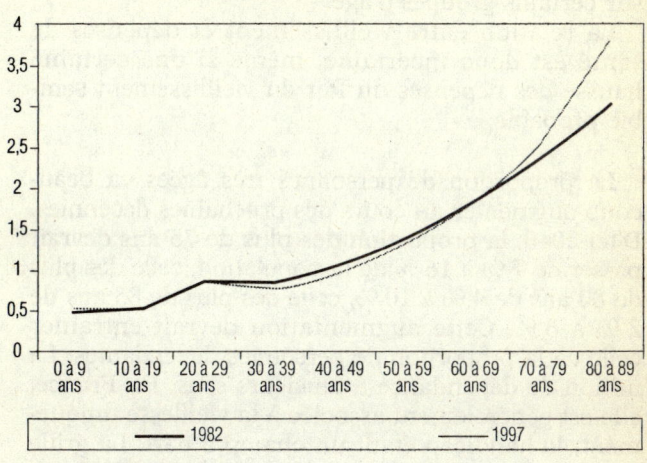

[Graphique montrant les dépenses par tranche d'âge de 0 à 89 ans, courbes 1982 et 1997]

Source : CREDES.

de la médecine servent essentiellement à prolonger la survie de personnes qui, confrontées aux mêmes pathologies, décédaient autrefois plus jeunes, sans améliorer pour autant l'état de santé de la population à chaque âge. Plutôt que de trancher entre ces deux hypothèses, une étude du CREDES[4] insiste sur la variabilité de la relation entre âge et dépense : les dépenses relatives consacrées aux plus âgés sont ainsi deux fois plus élevées au Japon qu'en Allemagne. De même, l'envolée des dépenses des octogénaires que présente la figure 8 viendrait surtout d'un fort investissement dans le traitement des pathologies du grand âge. Cette variabilité reflète les choix sociaux différents qui sont faits, l'accent mis par les politiques de santé sur certaines pathologies ou certains modes de prise en charge entraînant une plus ou moins grande concentration des dépenses sur certains groupes d'âge.

La relation entre vieillissement et dépenses de santé est donc incertaine, même si une certaine hausse des dépenses du fait du vieillissement semble probable.

La proportion de personnes très âgées va beaucoup augmenter au cours des prochaines décennies. D'ici 2040, la proportion des plus de 75 ans devrait passer de 7 % à 16 % de la population, celle des plus de 80 ans de 4 % à 10 %, celle des plus de 85 ans de 2 % à 6 %. Cette augmentation devrait entraîner celle de la proportion de personnes dépendantes. La notion de dépendance a plusieurs sens. En France, elle est généralement associée à la vieillesse uniquement, le handicap étant un champ à part. La grille de classification Colvez, la plus simple, distingue trois niveaux de dépendance : les personnes restant dans un lit ou un fauteuil, celles qui ont besoin d'aide pour leur toilette et pour s'habiller, celles qui ont besoin d'aide pour sortir. On estime aujourd'hui l'effectif de ces trois catégories à 200 000, 400 000 et 800 000 respectivement. Le principal problème concerne l'appréhension des troubles du comportement tels que la maladie d'Alzheimer, car les conséquences de cette affection peuvent évoluer rapidement, entraînant une dépendance plus ou moins sévère.

L'espérance de vie sans dépendance lourde (par quoi il faut entendre les deux premiers niveaux de la classification Colvez) augmente plus rapidement que l'espérance de vie brute, ce qui signifie que le nombre de personnes âgées dépendantes devrait augmenter moins vite que la simple projection des évolutions démographiques ne l'indique. Un travail de la DREES estime que la dépendance lourde pourrait augmenter de moitié d'ici 2040[5], sans tenir compte des troubles du comportement, à la prévalence trop difficile à évaluer. Mais il est certain que ces troubles comportementaux vont devenir une préoccupation essentielle à l'avenir. Le nombre de personnes âgées atteintes de la maladie d'Alzheimer ou de pathologies du même ordre augmente rapidement. Ces affections posent des problèmes spécifiques à l'entourage des personnes qui en sont atteintes, car ces personnes connaissent des phases imprévisibles de désorientation ou des pertes totales de la mémoire immédiate qui sont très pénalisantes dans la vie quotidienne. L'alternance entre ces périodes et des moments de parfaite autonomie est également difficile à gérer sur le plan psychologique pour les proches.

Il pourrait donc y avoir en France, d'ici une trentaine d'années, bien plus d'un million de personnes âgées lourdement dépendantes. Ce nombre pose un problème de prise en charge. Actuellement, celle-ci passe par le travail informel de la famille et par l'emploi de salariés à domicile, le placement en institution étant une solution de repli. Des difficultés vont se poser, car la dépendance interviendra de plus en plus tard, ce qui veut dire que les membres de la famille susceptibles d'aider la personne dépendante seront eux-mêmes plus âgés qu'ils ne le sont aujourd'hui et aussi moins nombreux, du fait de la baisse de la fécondité. D'autre part, l'aide à domicile est actuellement fournie par des femmes âgées de 40 à 49 ans, souvent en reprise d'activité. Ce gisement de main-d'œuvre se tarit. Le ratio du nombre d'aides potentielles au nombre de personnes dépendantes va baisser de manière très sensible.

Ces difficultés de prise en charge devraient inciter à faire évoluer l'organisation de l'aide à domicile et le statut des salariés qui s'en occupent.

LES TRANSFORMATIONS FAMILIALES

Autre transformation, sociale autant que **démographique**, les familles ont changé. Ce constat **d'évidence** est important, car la famille protège **les individus**. Cellule de base de la société, elle est le **premier** échelon de la protection collective. Cette **fonction** de la famille a beaucoup évolué ces dernières **décennies**. Malgré les transformations morphologiques qu'elle a connues, la famille joue toujours un rôle essentiel dans la protection de ses membres contre les aléas de l'existence. Mais la protection qu'elle apporte est devenue très variable d'une famille à l'autre.

Les transformations de la famille dessinent un tableau assez éclaté. Malgré le recul du mariage, la grande majorité des individus vivent en couple. Mais les unions non officielles ne présentent pas les mêmes garanties protectrices que le mariage ou le PACS : l'absence de répartition claire des biens en cas de séparation, le fait que le logement est souvent à un seul des deux noms, l'impossibilité d'étendre la protection santé dont bénéficie un actif à la personne avec laquelle il vit sont des éléments de fragilité. La santé est affectée par les ruptures familiales : une rupture telle que le veuvage, la séparation ou le divorce réduit le score de santé physique et mentale mesurée dans les enquêtes du Comité français d'éducation pour la santé. Par contre, si les enfants sont reconnus par leur père, le financement de leur éducation en cas de séparation est fixé par le juge dans des conditions qui sont à peu près les mêmes, qu'il y ait mariage ou non.

La famille s'est repliée depuis longtemps sur la cellule constituée des parents et des enfants. Il est devenu rare que trois générations cohabitent dans un même foyer. La généralisation du salariat signifie également que les différents membres d'une même famille travaillent rarement ensemble. Incontestablement, les liens au sein de la famille élargie, avec les oncles ou cousins, se sont relâchés. Par contre, les relations entre générations au sein de la lignée demeurent fortes. Les grands-parents prennent leur retraite plus tôt qu'avant. Ils sont en meilleure santé et ont des moyens financiers plus importants. De ce fait, ils aident beaucoup leurs petits-enfants. Une enquête de la CNAF montrait en 1992 la grande fréquence des aides matérielles (garde d'enfants, par exemple, ou hébergement pendant les vacances) comme des soutiens financiers. Ce lien ne se dément pas. En particulier, les anciens aident fréquemment les plus jeunes. Une étude américaine[6] indique que la balance des sommes données et reçues devient négative entre 45 et 54 ans. Elle est également très négative entre 65 et 74 ans. On peut imaginer que ces deux périodes de la vie sont celles où des personnes ayant certains moyens financiers sont en mesure d'aider leurs enfants, puis leurs petits-enfants. Cependant, les échanges dépendent étroitement de la situation financière personnelle, ce qui signifie que l'aide la plus constante et la plus forte est apportée dans les milieux les plus favorisés. Le soutien familial demeure donc très précieux, mais il renforce les inégalités sociales, car les plus favorisés sont aussi les plus protégés par les liens familiaux.

Un élément de fragilité plus fort est la multiplication des familles monoparentales, généralement constituées d'une mère et de ses enfants. Il y a en France environ 2 millions de familles monoparentales, soit 7 % environ des ménages et 15 % des ménages avec enfants. Cette proportion, proche de la moyenne européenne, est nettement inférieure à celle qui est observée au Royaume-Uni. Elle augmente continûment, mais lentement. Les familles monoparentales sont plus fréquemment pauvres que les autres ; le tableau 6 montre que le risque de pauvreté est très nettement plus élevé dans ce cas. La réussite scolaire des enfants vivant dans des familles monoparentales est moins élevée que la moyenne, spécialement dans les milieux les moins favorisés.

Tableau 6 : Pauvreté et morphologie des familles avec enfants (proportion de familles avec enfants ayant un revenu par personne inférieur à la moitié du revenu médian, au milieu des années 1990)

	2 adultes, 1 emploi	2 adultes, 2 emplois	1 adulte, sans emploi	1 adulte, avec emploi
Allemagne	5,6	1,3	49,5	32,5
États-Unis	30,5	7,3	67,0	38,6
France	//	//	45,1	13,3

	2 adultes, 1 emploi	2 adultes, 2 emplois	1 adulte, sans emploi	1 adulte, avec emploi
Italie	21,2	6,1	49,1	24,9
Suède	6,0	0,8	24,2	38,6

Source : OCDE in Christine Daniel et Bruno Palier (éd.), *La Protection sociale en Europe*, La Documentation française, 2001, p. 80.

La situation des familles monoparentales dépend fortement du milieu social. Après un divorce ayant confié la garde des enfants à la mère, ce qui demeure le cas général, les relations du père avec ses enfants sont maintenues d'autant plus fréquemment qu'il est de milieu favorisé. Les pensions alimentaires sont également plus souvent versées par les pères des catégories favorisées. Les prestations sociales représentent une part nettement plus élevée que la moyenne des ressources des familles monoparentales. La manière de traiter ces familles est l'objet de polémiques récurrentes aux États-Unis et au Royaume-Uni, où ces mères avec enfants sont souvent accusées de vivre de la seule assistance de l'État. Est en jeu la pauvreté des enfants, qui est souvent considérée comme un élément essentiel de l'inégalité des chances.

Conséquence de la massification scolaire, entre 1987 et 1997, l'âge médian de fin d'études est passé de 19 à 22 ans. Les débuts de carrière sont souvent à éclipse, le sociologue Olivier Galland estimant que c'est autour de 24 à 25 ans seulement que les jeunes ont aujourd'hui un emploi stable. De ce fait, les jeunes restent de plus en plus longtemps chez leurs parents. De ce point de vue, la France se situe dans une position intermédiaire entre les pays latins (en Italie ou en Espagne, la moitié des 25-29 ans vivent chez leurs parents, contre 17 % en France) et les pays de l'Europe du Nord. Cette position intermédiaire est très inconfortable pour les jeunes dans un contexte de précarité professionnelle durable. Au sud de l'Europe, il est considéré comme normal que les jeunes restent chez leurs parents tant que leurs revenus ne sont pas stabilisés. Le faible taux d'emploi des jeunes dans ces pays est évidemment un problème, mais ses conséquences sont limitées par cette solidarité familiale. Au Nord, le taux d'emploi des jeunes est élevé[7]. Dans les pays scandinaves, les étudiants bénéficient souvent d'une allocation publique. Les jeunes ont donc les moyens de leur autonomie financière.

En France, il n'est pas jugé normal que les enfants restent trop longtemps chez leurs parents et les uns comme les autres vivent souvent mal cette situation, perçue comme le signe d'un échec. Mais le faible taux d'emploi des jeunes, qui ont rarement le droit à des allocations de chômage, l'absence de RMI pour les moins de 25 ans et le coût toujours plus élevé de la vie étudiante[8] se conjuguent pour rendre difficile leur autonomie financière. Le retour dans la famille, parfois inévitable, n'est évidemment pas une solution d'ensemble.

La question est donc posée d'une aide publique qui permettrait aux jeunes de mieux démarrer leur existence d'adultes. Ces évolutions donnent aussi de nouvelles justifications aux politiques familiales. Traditionnellement, celles-ci ont surtout une visée nataliste. Leur efficacité dans ce domaine est d'ailleurs discutable. Ainsi, les aides importantes apportées aux familles en Allemagne n'empêchent pas la fécondité d'y être faible et il semble que les mesures les plus efficaces soient celles qui permettent aux femmes de concilier vie familiale et activité professionnelle. L'aide financière aux familles est surtout importante pour assurer que les enfants grandissent en bénéficiant le plus longtemps possible de conditions matérielles décentes.

L'impact de ces transformations sur la protection sociale est important. Dans une certaine mesure, une protection sociale incomplète peut être compensée par les réseaux de la solidarité familiale, selon le modèle de l'Europe du Sud. La fragilisation des liens familiaux accentue le besoin d'une protection socialisée. Dans le même temps, l'organisation de la protection sociale française, fondée sur le statut de salarié d'un chef de famille auquel est rattachée la protection de son conjoint et de ses enfants, est mal adaptée à l'éclatement des modèles familiaux : personnes non assurées en cas de rupture familiale, problèmes posés par le rattachement des enfants à d'autres salariés que les parents, etc. Ces transformations de la famille sont déstabilisantes pour la protection sociale.

Les changements de la population affectent donc la protection sociale de diverses manières. Les transformations de la famille remettent en cause le modèle français d'assurances sociales couvrant le salarié et sa famille. Le vieillissement a et aura des coûts. Il faut faire évoluer la protection sociale pour en tenir compte. Mais ces évolutions sont gérables. Elles ne sont pas de nature à faire voler en éclats le système de protection sociale, voire à rendre la Sécurité sociale impossible, car désormais trop coûteuse.

Le paradoxe est que le catastrophisme qui domine trop souvent l'examen de ces questions semble mener surtout à l'inaction. De fait, c'est d'abord en se persuadant qu'il est possible de maîtriser les conséquences des évolutions démographiques que les réformes qu'elles appellent deviendront possibles.

CHAPITRE TROIS

LA MONTÉE DES INÉGALITÉS

La création de la Sécurité sociale devait constituer un instrument de lutte contre les inégalités. Mais il n'a pas été possible d'unifier les régimes existants, de sorte que demeure un système très hétérogène, où les droits et les prélèvements varient considérablement d'un milieu professionnel à l'autre. Cette hétérogénéité conduit certains, on l'a vu lors du débat de 2003 sur les retraites, à s'interroger sur l'équité du système français.

Celle-ci est également mise en cause par les fortes inégalités qui règnent dans les domaines couverts par la protection sociale, en particulier la retraite et la santé : selon le milieu social, le revenu ou le diplôme, l'espérance de vie et l'état de santé varient fortement. C'est particulièrement vrai en France, notamment par comparaison avec les autres pays européens.

Ces inégalités ne s'atténuent pas avec le temps. Au contraire, elles semblent avoir été renforcées par les réformes récentes. Ainsi, les réformes des retraites touchent spécialement certaines catégories déjà peu favorisées, telles que les personnes (femmes, notamment) ayant fait des carrières courtes et les titulaires de bas salaires, relevant du minimum de pension. D'autre part, les risques d'inégalités nouvelles liées à la sélection des risques en matière de couverture santé ou au recours à des dispositifs facultatifs de retraite ou de santé souvent abondés par les (grandes) entreprises sont réels.

Ces constats n'enlèvent rien au rôle de la Sécurité sociale, qui réduit incontestablement les inégalités, comme le montre *a contrario* la situation dans les pays où elle est peu développée. Mais elle joue surtout sur le revenu des plus pauvres, le vaste mouvement de prélèvement et de redistribution des richesses modifiant assez peu la répartition initiale des autres revenus. De nombreuses critiques de la protection sociale sous l'angle des inégalités sont fondées, mais elles doivent conduire à la renforcer et non à la démanteler.

UN SYSTÈME DE RETRAITE HÉTÉROGÈNE

Les créateurs de la Sécurité sociale avaient formulé en 1945 le projet d'une caisse unique qui, tout en gardant une base professionnelle, couvrirait toute la population et donnerait à chacun les mêmes droits. Le terme de régime général traduit bien cette volonté. Mais ce projet s'est heurté à des résistances de la part des indépendants, qui préféraient demeurer séparés des salariés, et de la part des salariés du secteur public, qui bénéficiaient, parfois depuis longtemps, d'une protection de haut niveau et ne voulaient pas l'abandonner pour un système qui leur serait moins favorable. En matière de retraite, un décret de 1946 prend acte de cette division en listant les régimes qui demeurent en dehors du régime général. À titre d'illustration, le tableau 7 donne une idée du morcellement des régimes de retraite. Cependant, les règles de différents régimes sont parfois alignées les unes sur les autres. Par ailleurs, comme de très nombreuses professions ayant leur propre caisse connaissent une évolution démographique négative, comme les mineurs ou les agriculteurs, des transferts financiers entre régimes sont organisés, qui manifestent une solidarité interprofessionnelle. Le système français est donc d'une particulière complexité. C'est une cause importante d'inégalités, entre salariés et non salariés, entre gens du privé et du public, entre salariés des petites et des grandes entreprises. Il n'est pas possible de faire une comparaison exhaustive, prenant en compte la totalité des régimes et des risques. La signification de telles comparaisons est d'ailleurs ambiguë. On le montrera en développant une comparaison précise entre secteur privé et fonction publique.

Lors du débat sur la réforme des retraites de 2003, a fréquemment été utilisé l'argument de l'équité entre salariés travaillant dans le secteur privé et dans le secteur public. Il est vrai que les règles en matière de retraite étaient très différentes dans les deux secteurs. Même après le changement législatif, des différences demeurent (tableau 7). Les trois principales sont une meilleure prise en compte de la maternité dans le secteur privé, de plus grandes possibilités de départ anticipé dans le secteur privé et, au contraire, un salaire de référence pour le calcul de la pension nettement à l'avantage de la fonction publique. Par contre, les salariés des grandes entreprises publiques, principalement EDF, GDF et SNCF, gardent un régime plus favorable, qui n'a pas été réformé. Dans le cas d'EDF et GDF, en vue de l'ouverture du capital de ces entreprises, la gestion des retraites a été remise dans le régime général, une soulte de plusieurs milliards d'euros venant compenser financièrement le coût pour le régime général des avantages particuliers consentis aux salariés de ces entreprises.

Tableau 7 : Comparaison des règles relatives aux retraites

	Régime général	*Fonction publique*	*Grandes entreprises publiques*
Condition d'âge	60 ans révolus, sauf pour les personnes ayant eu des carrières longues (début avant 17 ans, nombre d'annuités élevé).	60 ans révolus ou 55 ans pour les agents ayant 15 ans au moins de service « actif » (mais les situations de service actif sont en extinction, à part les policiers et militaires). Bonification pour policiers et militaires.	60 ans, 55 ans ou 50 ans selon les personnels.
Âge de départ moyen	58,5 ans.	58 ans.	55 ans.
Âge de départ maximal	Si la convention collective le prévoit, l'employeur peut exiger le départ en retraite du salarié ayant une carrière complète après 60 ans. Obligation de partir à 65 ans. Possibilité de prolonger de dix trimestres si carrière incomplète.	Obligation de partir à 65 ans (sauf exceptions), de 55 ans à 65 ans selon les corps si service actif. Possibilité de prolonger de dix trimestres si carrière incomplète.	5 ans après l'âge normal.
Carrière complète	160 trimestres à partir de 2003. Allongement progressif entre 2008 et 2020.	Allongement progressif jusqu'à 160 trimestres en 2008. Par la suite, même évolution qu'au régime général. Pour les policiers, militaires et quelques autres professions, bonifications.	150 trimestres, avec bonification de 2 mois par an pour personnels à départ avant 60 ans.

	Régime général	Fonction publique	Grandes entreprises publiques
Base de calcul de la pension	Salaire annuel moyen des 25 dernières années, avec décote si carrière incomplète.	Traitement des six derniers mois hors primes et indemnités, avec décote si carrière incomplète.	Dernier salaire, primes et gratifications généralement comprises. Pas de décote.
Indexation des pensions	Sur les prix à la consommation. Coup de pouce possible.		Sur les salaires.
Prise en compte des enfants	Majoration de 8 trimestres par enfant de la pension de base.	Majoration de 4 trimestres par enfant né avant 2004, de 2 trimestres par enfant né après 2003.	Majoration de 4 trimestres par enfant.
Cessation anticipée d'activité	Nombreux dispositifs de préretraite. Statut de dispensé de recherche d'emploi (DRE)	Aucun dispositif. Les parents de trois enfants au moins peuvent avancer leur départ, mais leur carrière est alors très incomplète.	Dispositif spécifique pour les victimes de l'amiante.
Surcomplémentaires	Souvent abondées par l'employeur. Importants avantages fiscaux et sociaux.	Régime additionnel sur les primes cofinancé par l'employeur. Avantages fiscaux pour la PREFON et autres dispositifs individuels.	

En matière de santé, les règles sont les mêmes dans les secteurs privé et public, sauf pour les indemnités journalières, qui ne comportent pas de délai de carence et ne sont pas versées par la Sécurité sociale mais par l'employeur dans le cas de la fonction publique. Les complémentaires « santé » ne sont pas financées par l'État pour les fonctionnaires, alors qu'elles le sont fréquemment à hauteur de 30 % ou 50 % dans les grandes entreprises privées.

Bien entendu, la protection contre le chômage est bien différente dans les deux secteurs. La sécurité d'emploi des fonctionnaires est un avantage de leur situation devenu essentiel avec la montée du chômage, même si cet avantage ne relève pas de la protection sociale. Mais les employés de l'État ou des collectivités locales qui n'ont pas le statut de fonctionnaire sont de plus en plus nombreux, qu'il s'agisse de vacataires, contractuels ou d'auxiliaires. En 2003, la proportion de salariés précaires dans l'emploi total est même devenue pour la première fois plus élevée dans le secteur public que dans le privé. L'État se montre mauvais employeur à l'égard de ces salariés. Sont par exemple utilisés dans l'éducation nationale des vacataires automatiquement licenciés après qu'ils ont assuré 200 heures de cours… afin qu'ils ne puissent prétendre à une allocation de chômage. Cependant, dans l'ensemble, les conditions d'indemnisation du chômage des agents non titulaires de l'État sont très proches de celles que connaissent les salariés du secteur privé.

Enfin, les taux de cotisation ne sont pas les mêmes dans le privé et le public. Les fonctionnaires ne cotisent évidemment pas en vue du chômage, même s'ils payent une contribution de solidarité. Ils sont par ailleurs assujettis à des cotisations « retraite » nettement inférieures. Cependant, ces cotisations sont purement théoriques, dans la mesure où il n'y a aucun versement ou transfert de fonds, au moins dans le cas des fonctionnaires d'État, puisque leurs retraites ne sont pas gérées par une caisse mais payées par le budget général. L'État verse des traitements nets d'une part, des pensions d'autre part, et il n'y a aucune relation mécanique entre les deux. Les cotisations implicites qui figurent « pour information » sur les bulletins de paye sont donc virtuelles. Elles ramènent les sommes payées par l'État au titre des retraites au nombre de fonctionnaires en activité et à leur rémunération, ce qui signifie, par exemple, que la diminution du nombre de fonctionnaires se traduit par une hausse de ces cotisations implicites. Il est aussi absurde de prétendre que les fonctionnaires payent peu de cotisations, en omettant ces cotisations implicites, que de prétendre qu'ils payent de très lourdes cotisations, en les prenant en compte. Quant à l'idée selon laquelle les salariés du privé payeraient les retraites des fonctionnaires, elle est évidemment juste, mais cette situation n'a rien de choquant, puisque les agents de l'État sont rémunérés par les contribuables et que les retraites sont des salaires différés.

Au total, les fonctionnaires bénéficient d'une protection sociale souvent plus complète que les salariés du secteur privé, mais la différence est moins sensible que par le passé et probablement moins forte que la perception qu'en a l'opinion publique. Quant à savoir si ces inégalités sont injustes, il s'agit d'une question complexe. La protection sociale est un élément de la situation professionnelle. La seule comparaison significative doit porter sur l'ensemble des caractéristiques qui définissent l'emploi : rémunération, conditions de travail, possibilités de promotion, protection sociale, sécurité de l'emploi. Il ne serait pas logique de se focaliser sur un élément et d'oublier les autres, dans la mesure où l'organisation de la protection sociale se fait sur une base professionnelle.

Se peut-il que les fonctionnaires soient globalement privilégiés ? Dans une logique marchande, les secteurs qui fournissent les meilleures conditions globales devraient connaître un afflux de main-d'œuvre mettant les employeurs en position de force. Inversement, les secteurs les moins attractifs devraient proposer des améliorations pour éviter une pénurie de main-d'œuvre. Au final, les conditions prévalant dans divers secteurs pourraient refléter une préférence plus ou moins grande pour la rémunération, la sécurité ou le temps disponible, mais devraient être globalement équitables. Par exemple, le fait que les indépendants ont une moins bonne protection sociale que les salariés, mais payent moins de cotisations, peut s'analyser comme un choix collectif de ce groupe. Cette vision des choses repose sur une confiance excessive dans les mécanismes du marché. Les salariés de certains secteurs ont su, par leur organisation collective, imposer au fil du temps des rapports de force plus favorables que d'autres. D'autre part, les marchés du travail fonctionnent de manière très imparfaite : changer de secteur ou d'entreprise s'avère souvent long ou coûteux, de sorte qu'un salarié peut se trouver durablement bloqué dans une situation peu favorable.

Introduire les salaires dans la comparaison est nécessaire pour aller plus loin, mais délicat. Les comparaisons brutes entre salaires du privé et du public sont peu significatives, car la structure des qualifications n'est pas la même : les salariés du secteur public sont en moyenne plus qualifiés que ceux du privé, ce qui explique un salaire moyen un peu plus élevé. Une comparaison valable ne peut se faire qu'à niveau de qualification donné. D'autre part, on sait que les salaires des hommes et des femmes diffèrent nettement. Or, la proportion de femmes n'est pas la même dans le privé et dans le public, ce qui biaise les comparaisons. Enfin, les salaires évoluent avec l'âge et il n'est pas sûr que salariés du privé et du public aient la même répartition par âge. L'INSEE a réalisé des comparaisons tenant compte de ces éléments[1]. Elles révèlent une fonction publique moins inégalitaire que le secteur

La montée des inégalités

privé. Les rémunérations y sont en effet plus élevées que dans le privé jusqu'au niveau BEP-CAP pour les hommes et au niveau bac pour les femmes, moins élevées ensuite. Pour les qualifications les plus élevées, l'écart se creuse nettement avec l'âge en faveur du privé, ce qui est la conséquence de carrières plus figées dans la fonction publique et de la faiblesse des augmentations générales des traitements.

Du fait de rythmes différents d'évolution, le rapport entre salaires du privé et du public évolue nettement dans le temps. La dernière étude de l'INSEE comparant salaires du privé et du public tente de chiffrer les conséquences de ces fluctuations dans les écarts de salaires en étudiant leur impact sur la sélectivité des concours d'accès à la fonction publique, mesurée par le rapport entre le nombre de candidats effectivement présents et le nombre de postes. La conclusion est que les deux variables évoluent de concert. On pourrait en déduire que la fonction publique est moins attractive lorsque l'écart de salaires avec le privé se réduit. Mais il est plus probable que les deux variables dépendent d'une troisième : lorsque la conjoncture économique est mauvaise, comme en 1993-1996, le secteur privé recrute peu, ce qui pousse les salaires à la baisse et fait affluer les candidats vers les concours de la fonction publique. Cette observation est importante pour l'avenir : les travaux du Commissariat général du plan[2] ont mis en évidence que privé et public allaient se trouver en concurrence pour attirer un nombre de diplômés probablement inférieur aux besoins d'ici quelques années. La fonction publique aura alors intérêt à proposer une protection sociale attractive pour compenser son handicap salarial. Il n'est pas évident du tout qu'elle y parvienne.

Une autre inégalité importante oppose salariés des grandes et des petites entreprises, dans la mesure où les employeurs ont une responsabilité croissante dans la protection sociale. De manière générale, les salariés des grands groupes bénéficient d'avantages en matière de chômage, de maladie ou de retraite que n'ont pas les salariés des petites entreprises. En matière d'emploi, les obligations des grandes entreprises sont nettement plus importantes. Les licenciements économiques doivent faire l'objet d'un plan social, qui prévoit généralement des mesures de préretraite, des reclassements au sein du groupe, des primes de départ volontaire. La négociation des indemnités de licenciement est souvent plus favorable. Par ailleurs, les grandes firmes proposent généralement des assurances complémentaires « santé » intéressantes car bon marché et complètes, souvent par l'intermédiaire de contrats de groupe négociés par l'entreprise avec un assureur. Compte tenu de la tendance à la diminution de la couverture assurée par la Sécurité sociale, la qualité de la couverture complémentaire et son coût deviennent des variables importantes. Le mouvement qui se dessine est important, car une idée forte de la Sécurité sociale était que chacun devait avoir accès aux mêmes soins, alors que le rôle accru de complémentaires diversifiées creuse forcément l'inégalité d'accès aux soins.

Enfin, les salariés des grandes entreprises peuvent cesser de travailler plus tôt que ceux des petites entreprises, car ils bénéficient de mesures de préretraite, organisées par l'entreprise ou dans le cadre de dispositifs aidés et encadrés par l'État. Du fait de ces possibilités, l'âge de cessation définitive d'activité est plus précoce pour les salariés des grandes entreprises. Selon la DARES, les vendeurs, profession typique des petites entreprises, cessent leur activité à 60 ans, les cadres de la fonction publique à 59 ans, mais les cadres de la banque et de l'assurance partent à 57 ans et les informaticiens à 55,5 ans. Il faut souligner que ces départs anticipés se font dans des conditions financières souvent très favorables, particulièrement pour les cadres. Il n'est pas rare que ceux-ci partent en préretraite avec l'intégralité de leur ancien salaire. Cette diversification des niveaux de protection sociale selon l'entreprise est révélatrice de l'éclatement de la protection sociale et, plus généralement, du salariat. Elle ne peut qu'accroître les inégalités de santé et d'espérance de vie que l'on constate déjà.

DES INÉGALITÉS DE SANTÉ ET D'ESPÉRANCE DE VIE CONSIDÉRABLES

Le système de santé français est assez efficace et équitable. Dans un rapport qui a connu une grande publicité, l'OMS (Organisation mondiale de la santé) a classé la France en tête pour la performance globale de son système de santé, appréciée par l'espérance de vie sans incapacité rapportée aux dépenses engagées[3]. Ce classement tient également compte des inégalités d'espérance de vie et de la répartition du financement. Il repose sur des données de 1997. Toutefois, une analyse plus précise de ce rapport fait apparaître certains résultats étranges, qui invitent à une certaine prudence quant à la signification de l'indicateur global. Ainsi, le Maroc aurait un système globalement plus efficace que le Canada, ce qui est pour le moins discutable. D'autre part, l'état de santé de la population ne doit pas être confondu avec la performance du système de soins. Dans ce domaine, la position de la France est très moyenne : elle est classée 16e ou 17e, très loin des États-Unis, qui ont un système de soins très performant... mais un état de santé médiocre, avec par exemple une mortalité infantile deux fois plus élevée qu'au Japon, au même niveau que la Malaysia.

Surtout, les données de l'OMS font ressortir que les inégalités de santé sont très importantes en France : celle-ci est en effet classée 3e pour le niveau de santé de la population, mais seulement 12e pour ce que le rapport appelle la distribution du niveau de santé, c'est-à-dire l'inégalité devant la santé. Les inégalités de santé en France sont les plus fortes d'Europe occidentale. La France est également mal classée pour ce qui est de l'équité du financement de la santé, loin derrière l'Allemagne, le Royaume-Uni ou les pays scandinaves. La comparaison est évidemment plus favorable par rapport aux États-Unis, pays où les inégalités de santé sont considérables. Pour ne citer que cet exemple, la mortalité infantile des enfants noirs est double de celle des blancs.

Les inégalités sociales d'espérance de vie sont considérables en France. En raisonnant sur de grands groupes sociaux, l'écart entre cadres et ouvriers atteint 5,5 ans pour les hommes et 3 ans pour les femmes. Des données plus détaillées donnent des écarts encore plus importants, par exemple entre professeurs et ouvriers non qualifiés. Ces données concernent l'espérance de vie à 60 ans. Le tableau 8 met également en évidence une très forte surmortalité des hommes employés et ouvriers d'âge actif.

Tableau 8 : Des espérances de vie inégales

	Probabilité de décéder entre 35 et 60 ans		Espérance de vie à 60 ans	
	Hommes	Femmes	Hommes	Femmes
Cadres	8,5	4,5	22,5	26
Professions intermédiaires	10,5	4,5	19,5	25
Employés	15,5	5,5	19	24
Ouvriers	16	7	17	23
Ensemble	15	6,5	19	23,5

Source : INSEE *in* Conseil de l'orientation des retraites, *Fiches pour l'information et le débat* (données correspondant au suivi d'un échantillon entre 1982 et 1996).

Ces inégalités d'espérance de vie posent un problème d'équité à la protection sociale. L'idée de solidarité qui sous-tend les systèmes de retraite par répartition pose un sérieux problème : la mutualisation du risque rend invisibles les différences, ce qui n'est pas juste. Dans un système d'assurance classique, les primes tiennent compte des risques : les personnes âgées payent plus cher leur assurance vie, les jeunes conducteurs payent plus cher leur assurance automobile. L'assurance est fondée sur le calcul des risques, ce qui suppose de les connaître de façon précise, alors que la protection sociale traite chacun à l'identique, ce qui méconnaît les différences.

La situation est la plus choquante en matière de retraites, puisque nous avons vu que l'espérance de vie et, donc, l'espérance de retraite, varie beaucoup entre hommes et femmes ou entre groupes sociaux. Dans la mesure où ce sont les personnes les plus favorisées qui vivent le plus longtemps, un système qui traite également tous les assurés renforce les inégalités sociales, en redistribuant davantage aux plus riches. Il faut nuancer cette idée, car le taux de remplacement est plus faible pour les hauts revenus. Mais ce correctif ne suffit pas. Une première réponse est de permettre le départ avant l'âge normal de ceux qui ont une carrière complète, car ayant commencé à travailler très tôt, comme il a été décidé récemment. Cependant, bas salaire, espérance de vie courte et activité commençant tôt sont trois choses différentes et le lien entre les trois n'est pas simple. Ainsi, un ouvrier peut commencer à travailler à 16 ans, être promu contremaître et finir professeur de l'enseignement technique... ou au contraire être au chômage de façon intermittente jusqu'à 25 ans et n'avoir pas une carrière complète à 60 ans. Une autre réponse est de durcir les conditions d'accès à une pension à taux plein, ce qui a été fait. De la sorte, les personnes qui font des études longues sont contraintes de travailler plus tard que les autres pour un même taux de remplacement.

Faut-il aller plus loin, en tenant compte de l'espérance de vie de chaque groupe dans le calcul des cotisations ou des pensions ? Cela semble très difficile. L'espérance de vie diffère-t-elle d'un groupe social à l'autre ou entre hommes et femmes pour des raisons liées au travail, telles que son environnement ou sa pénibilité, mais aussi du fait de différences de mode de vie : consommation d'alcool et de tabac[4], comportement sur la route, alimentation, relation au corps, suivi médical. En ce qui concerne la première série de causes, la réponse la plus logique semble plutôt résider dans l'amélioration des conditions de travail que dans la compensation financière, par le biais de la retraite, de situations réduisant l'espérance de vie[5]. Pour ce qui est des différences de modes de vie, il serait paradoxal de pénaliser financièrement les conduites protégeant la santé et de servir des pensions moindres aux femmes au motif qu'elles boivent moins ou ont moins d'accidents de la route. Ce serait encourager financièrement des conduites néfastes à la société. C'est pourtant à quoi mène la logique de l'assurance. Ainsi, au Royaume-Uni, des assureurs proposent des tarifs très favorables pour des compléments de pension aux gros fumeurs.

Il semble donc peu souhaitable de déchirer totalement le voile d'ignorance qui nous dissimule certaines inégalités, ce qui n'empêche pas, bien entendu, d'agir pour les réduire. En matière de santé, cette conclusion est plus assurée encore. En demandant à chacun de payer des cotisations indépendantes de l'état de santé ou de l'âge, le système est défavorable aux bien-portants et favorable aux plus âgés ou aux personnes de santé fragile, ce qui réduit les inégalités.

L'origine de ces écarts d'espérance de vie est complexe. Elle mêle conditions de travail (question sur laquelle nous revenons dans le chapitre 5), modes de vie, mais aussi accès aux soins. D'une part, la gratuité n'est pas totale et le prix peut inciter certains à renoncer à se soigner ou à repousser des soins. Selon une enquête de la DREES (Direction des études du ministère de la Santé), un tiers des chômeurs et

18 % des ouvriers affirment renoncer parfois à se soigner pour des raisons financières. Ces renoncements concernent souvent les soins les moins bien pris en charge par la protection sociale, comme les soins dentaires. Les affections dentaires sont pourtant douloureuses et souvent susceptibles d'entraîner des problèmes sérieux si elles ne sont pas traitées.

Par ailleurs, le rapport aux médecins n'est évidemment pas aussi aisé selon le milieu social et le niveau d'instruction. La maîtrise d'un vocabulaire adapté, à commencer par le nom des spécialités médicales, qui peut empêcher certains patients de savoir quels spécialistes consulter, est un frein culturel. On observe ainsi que la fréquence de consultation des médecins généralistes varie très peu selon le milieu social, alors que les cadres consultent des médecins spécialistes deux fois plus souvent que les ouvriers non qualifiés[6].

Un autre facteur est le rapport au corps spécifique des classes populaires, principalement chez les hommes. Le dédain à l'égard de la douleur est cultivé comme signe de virilité, le corps-outil est négligé tant qu'il fonctionne[7]. Aller voir le médecin, c'est-à-dire montrer et parler de son corps, oblige à surmonter ces divers obstacles culturels. Il n'est pas étonnant, dans ces conditions, que les personnes les moins favorisées, financièrement et culturellement, consultent nettement moins que les plus favorisées (figure 9). Il est intéressant de remarquer que la consultation d'un gynécologue ou d'un dentiste dépend davantage du niveau de diplôme que du niveau de revenu, celui-ci étant néanmoins discriminant.

Les dépenses de santé n'augmentent pas avec le niveau de vie, mais elles se transforment. Comme le montre la figure 9, ce sont au contraire les ouvriers non qualifiés qui consomment le plus, loin devant les cadres ou les indépendants. Ceux-ci consomment nettement moins que les salariés, ce qui peut s'expliquer par le fait qu'ils n'ont pas à aller voir un médecin s'ils ont besoin d'un arrêt de travail, par l'absence de contrôles systématiques dans le cadre de la médecine du travail, par la faible proportion de femmes dans ces professions et, peut-être, par le fait qu'il leur est plus difficile, du fait de leurs horaires de travail, d'aller consulter. On peut également imaginer que les indépendants limitent le plus possible l'hospitalisation car elle leur coûte cher en manque à gagner.

Le plus frappant est peut-être le contraste entre les dépenses de médecine ambulatoire et les dépenses d'hospitalisation des salariés. Les cadres consultent plus que les autres salariés, mais l'effet du groupe socioprofessionnel est modéré. Par contre, les dépenses d'hospitalisation sont nettement plus importantes parmi les salariés les moins qualifiés : les ouvriers non qualifiés dépensent plus du double des cadres, par exemple. Les maladies professionnelles et les accidents du travail peuvent certainement expliquer une partie de cette surconsommation. Si on les prend en compte, la consommation de soins ambulatoires des ouvriers apparaît d'ailleurs faible. Mais les dépenses d'hospitalisation élevées sont aussi la contrepartie de moindres dépenses ambulatoires. Les consultations relèvent en effet souvent de la prévention. Elles consistent en contrôles et examens de routine et, plus généralement, permettent d'intervenir avant qu'un problème de santé ne devienne grave, rendant l'hospitalisation inévitable et longue. *A contrario*, il y a peu de différence dans le dépistage des cancers du sein et du côlon du fait de leur caractère assez systématique à partir d'un certain âge. Le dépistage systématique est important car il agit fortement sur les catégories sociales les plus rétives à venir consulter en l'absence de symptôme.

Également révélatrice est la différence de consommation d'antidépresseurs, deux fois plus fréquente chez les non diplômés que chez les plus diplômés. Cet écart traduit une vie plus difficile des moins diplômés, même s'il est difficile d'avancer une interprétation sûre de ce constat

Figure 9 : Dépenses de santé
selon le groupe social (moyenne = 100)

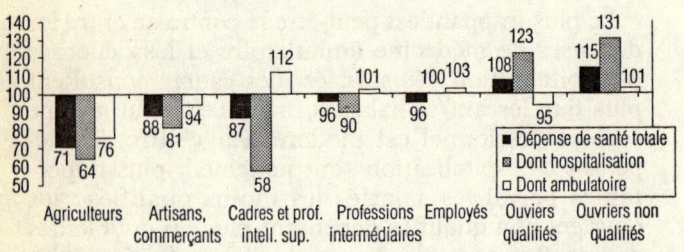

	Dépense de santé totale	Dont hospitalisation	Dont ambulatoire
Agriculteurs	71	64	76
Artisans, commerçants	88	81	94
Cadres et prof. intell. sup.	87	58	112
Professions intermédiaires	96	90	101
Employés	100	103	96
Ouvriers qualifiés	108	123	95
Ouvriers non qualifiés	115	131	101

Lecture : Les agriculteurs dépensent 71 pour leur santé. La moyenne étant de 100, ils dépensent donc 29 % de moins que la moyenne. Pour la médecine ambulatoire (consultations), ils sont à l'indice 76, ce qui signifie qu'ils dépensent 24 % de moins que la moyenne.

Source : DREES.

UNE PROTECTION SOCIALE
QUI RÉDUIT LES INÉGALITÉS

La protection sociale ne réduit pas les inégalités par nature. Elle accroît certes le revenu des retraités, des chômeurs ou des malades, mais, dans la mesure où le système français est, pour l'essentiel, un système d'assurances sociales, il faut comparer ses résultats avec ce que donneraient des assurances privées, obligatoires ou facultatives. Les objectifs de la protection sociale sont assez ambigus. Il s'agit de donner à chacun l'accès à des services jugés essentiels, comme les soins, mais aussi de fournir une garantie de revenu. Exprimant certaines formes de solidarité ou de lien social, le système de protection sociale joue aussi un rôle dans la réduction des inégalités très fortes qui découlent de la distribution des revenus et des fortunes par les mécanismes du marché. Les syndicalistes aiment rappeler le principe de la Sécurité sociale, selon lequel chacun reçoit selon ses besoins et paye selon ses moyens. C'est une formule importante, notamment parce qu'elle met bien en relief la différence qui sépare la Sécurité sociale de l'assurance ; mais elle est aussi d'une grande imprécision. Par exemple, « chacun selon ses moyens » signifie-t-il que le financement doit être proportionnel aux revenus ou qu'il doit être progressif, les taux de prélèvement augmentant avec les revenus ? « Chacun selon ses besoins » signifie-t-il que chacun doit recevoir les mêmes sommes en cas de chômage, par exemple, ou que les indemnités doivent dépendre du revenu d'activité antérieur, qui définirait les besoins ? La pratique de la Sécurité sociale française s'est en tout état de cause assez largement éloignée de ce principe. Ainsi, les cotisations sociales ne tiennent compte que des salaires et non de l'ensemble des revenus. Elles ont longtemps été nettement dégressives, les taux de cotisation diminuant pour les revenus les plus élevés. En 1980, le taux de cotisation était ainsi de 43 % au voisinage du SMIC et de 10 % pour un salaire très élevé du fait du plafonnement des cotisations, alors que les cotisations sont aujourd'hui progressives. Ce rappel devrait inciter à la prudence avant de mythifier un « âge d'or de la Sécu », correspondant en gros aux années 1960, qui n'a jamais existé, même si certaines règles étaient à l'époque plus favorables qu'aujourd'hui.

Néanmoins, la protection sociale réduit les inégalités de revenus. Mais elle le fait beaucoup moins par son financement que par les prestations versées. Le financement est constitué principalement par les cotisations sociales, pour les trois quarts, et par la CSG pour le reste. Les cotisations de retraite sont plafonnées (elles ne s'appliquent que jusqu'à un certain niveau de salaire) et sont donc dégressives. Les autres cotisations sociales sont proportionnelles aux salaires. Par contre, il n'y a pas de cotisations sur les revenus de la propriété (dividendes, intérêts, loyers...), dont on sait qu'ils concernent surtout les plus fortunés. Par conséquent, les cotisations sociales sont dégressives par rapport aux revenus, ce qui signifie que les inégalités de revenus sont plus fortes après versement des cotisations qu'avant. On peut se demander quel changement ont entraîné les baisses importantes de cotisations sociales sur les bas salaires. Du point de vue économique, la question est de savoir si le coût payé par l'employeur, somme du salaire net et des cotisations, diminue ou si le salaire net augmente. La réponse dépend du rapport de force entre employeurs et salariés. Les bas salaires n'ayant pas augmenté ces dernières années, il faut en conclure que les patrons ont pu récupérer cette baisse des cotisations, qui n'a donc pas modifié les inégalités de revenus.

L'autre source de financement essentielle, la CSG, est à taux unique et s'applique à la plupart des revenus, sauf les revenus sociaux les plus bas. Comme elle est en partie non déductible du revenu soumis à l'impôt sur le revenu, elle est légèrement progressive. Cet effet est cependant loin de compenser la dégressivité des cotisations, de telle sorte que le financement de la protection sociale ne réduit pas les inégalités et aurait même tendance à les accroître légèrement.

Certaines prestations sont proportionnelles aux salaires, comme les indemnités journalières en cas de maladie, les pensions de retraite ou les allocations de chômage. Elles ont donc peu d'effet sur les inégalités. D'autres prestations sont indépendantes du revenu, comme les allocations familiales ou le remboursement des frais médicaux. Dans ce cas, elles réduisent les inégalités. Comme ce résultat n'est pas très intuitif, un exemple n'est pas inutile : si deux familles ont des revenus de respectivement 1 500 et 15 000 euros par mois, le versement d'une allocation de 100 euros les fait passer à 1 600 et 15 100 euros ; le rapport des revenus baisse de 10 avant versement de l'allocation à 9,4 après. Enfin, certaines prestations sont versées sous condition de ressources. Elles réduisent alors nettement les inégalités, puisqu'elles ne profitent qu'aux plus démunis, comme l'allocation logement ou les minima sociaux.

Il faut toutefois distinguer l'impact des prestations uniformes et sous condition de ressources. Les prestations sous condition de ressources augmentent massivement les revenus les plus bas et laissent le reste de la distribution inchangé, alors que les prestations indépendantes du revenu ont un impact plus faible, mais jouent sur l'ensemble de la distribution des revenus. La figure 10 met bien en évidence ces impacts différents :

Figure 10 : Impact de quelques prestations sociales sur les inégalités en 2001

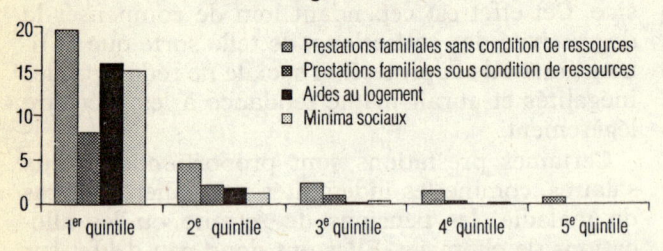

- Prestations familiales sans condition de ressources
- Prestations familiales sous condition de ressources
- Aides au logement
- Minima sociaux

Le premier quintile regroupe les 20 % de ménages dont les revenus sont les plus bas, le cinquième quintile les 20 % ayant les revenus les plus élevés. Les minima sociaux représentent 15 % du revenu des ménages du premier quintile et 0 pour ceux du cinquième quintile.

Source : INSEE, *France, portrait social 2004-2005*, INSEE, 2004, p. 84.

Ces importantes prestations ciblées sur les plus pauvres réduisent efficacement la pauvreté par comparaison avec ce qui s'observe à l'étranger. La figure 11 le montre bien : alors que le taux de pauvreté, défini par rapport au revenu médian, est très élevé en France avant transferts, il est dans la moyenne européenne après transferts.

Les inégalités ne séparent pas seulement hauts et bas revenus. Certaines prestations agissent sur d'autres inégalités. La politique familiale a pour effet de réduire le coût de l'enfant. Il s'agit à la fois de favoriser les naissances, en réduisant l'obstacle financier, et de promouvoir une forme d'égalité horizontale, entre ménages ayant le même revenu initial, mais pas le même nombre d'enfants. C'est la

Figure 11 : Impact des transferts
sur les taux de pauvreté

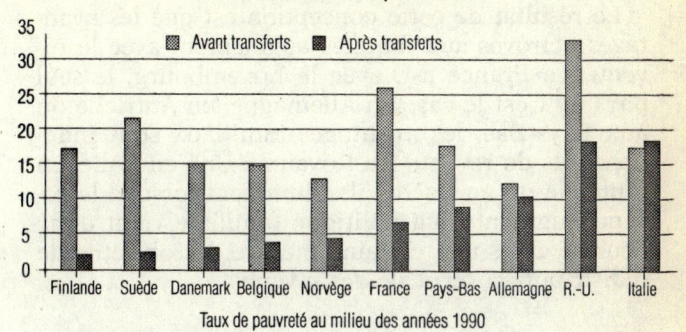

Taux de pauvreté au milieu des années 1990

Source : Christine Daniel et Bruno Palier (éd.), *La Protection sociale en Europe*, La Documentation française, 2001, p. 190.

justification du mécanisme contesté du quotient familial, qui consiste à aider les familles par le biais d'une « dépense fiscale », c'est-à-dire d'une économie d'impôt. Il existe de tels mécanismes dans la plupart des pays développés, mais le système français a pour particularité d'accroître nettement l'économie réalisée lorsque le revenu imposable augmente (et également de n'aider en rien les 45 % de ménages les plus modestes, qui ne payent pas d'impôt sur le revenu). Cette propriété étonnante s'explique parce que le quotient familial n'a pas pour objet de réduire les inégalités entre riches et pauvres, mais entre ménages de tailles différentes. Cet objectif n'apparaît pas nettement, du fait que le quotient familial est intégré à un impôt dont l'objet premier est la réduction des inégalités verticales, entre riches et pauvres. Pour la même raison, les allocations familiales ne sont pas réservées aux ménages modestes, même si elles représentent une aide généralement négligeable pour les ménages à haut revenu.

Le résultat de cette conception est que les avantages octroyés aux familles augmentent avec le revenu. La France est, avec le Luxembourg, le seul pays où c'est le cas. En Allemagne, en Autriche ou aux Pays-Bas, les avantages familiaux sont indépendants du revenu. Au Royaume-Uni, en Italie, en Finlande ou en Suède, ils diminuent lorsque le revenu augmente. La politique familiale vient donc heurter, dans une certaine mesure, les objectifs de redistribution verticale des revenus.

Incontestablement, les mesures prises réduisent le coût de l'enfant, c'est-à-dire l'écart de niveau de vie entre ménages de même revenu mais où le nombre d'enfants varie. Pour autant, ce coût n'est pas annulé et les statistiques de revenu confirment que le revenu moyen diminue lorsque le nombre des enfants augmente. Quant à la rumeur persistante selon laquelle certains ménages décideraient d'avoir des enfants afin de profiter d'allocations, elle semble douteuse, car il faudrait des circonstances bien particulières pour que ce calcul hypothétique se révèle juste.

La protection sociale agit encore sur l'inégalité entre les générations à travers le système de retraites. La question de l'impact des pensions de retraite et de leur financement sur les générations qui se succèdent est très complexe. Le plus difficile est sans doute de se fixer un objectif : qu'est-ce qui est juste en la matière ? La comptabilité générationnelle mise au point par les économistes vise à dresser le bilan de ce que chaque génération verse et reçoit, de façon à déterminer si certaines générations sont avantagées par rapport à d'autres. Mais si le bilan est neutre pour chaque génération, cela implique que l'amélioration du niveau de vie d'une génération à l'autre ne doit pas profiter aux générations précédentes encore en vie, ce qui justifie le niveau de vie moins élevé des retraités. C'est très discutable d'un point de vue moral, mais aussi d'un point de vue économique, dans la mesure où les actifs produisent grâce aux investissements en équipements, en recherche ou en formation réalisés par les générations précédentes. Une comptabilité générationnelle complète devrait donc tenir compte du coût de l'éducation reçue par chaque génération, des infrastructures mises en place, du capital de connaissances accumulées au fil du temps puisque, comme le disait Isaac Newton, « nous sommes des nains juchés sur les épaules de géants ». Bref, il faudrait mettre dans la balance l'héritage laissé par chaque génération. Il est probable qu'un tel calcul est hors de portée et un peu vain, une grande partie de notre dette étant à l'égard de générations depuis longtemps disparues.

Il est évidemment dangereux d'en rester à ce constat et de refuser toute évaluation. Certains économistes s'inquiètent du risque que la génération des 45-65 ans, généralement détentrice du pouvoir économique et politique, influe sur les règles du jeu à son avantage et au détriment des plus jeunes, par exemple par une protection sociale très généreuse mais non financée, qui sera à la charge des générations futures. On peut ainsi estimer que les règles d'accès à l'emploi et d'indemnisation du chômage font des jeunes arrivés sur le marché du travail entre 1980 et 2000 une « génération sacrifiée ». De la même façon, le lent passage en Italie de retraites coûteuses et généreuses à un système laissant une large place à l'épargne individuelle fait que, pendant la transition, les actifs doivent payer la coûteuse retraite de leurs aînés, ce qui leur enlève les moyens de financer la leur.

Mais en l'absence de critère incontestable de mesure de l'équité, seuls le débat public et la décision démocratique peuvent conduire à une solution acceptable. Dans ce débat, les calculs de comptabilité générationnelle ne sont qu'un argument parmi d'autres, représentatif d'une conception individualiste des relations entre générations. Refusant cette conception, la plupart des systèmes de retraite européens prévoyaient l'indexation des pensions sur les salaires moyens, ce qui était un moyen de faire profiter les retraités des gains de productivité réalisés après leur retrait de l'activité. Ces dispositions évitaient le creusement d'un écart de niveau de vie entre actifs et retraités, mais elles avaient aussi une grande portée symbolique. Leur modification au profit d'une simple indexation sur les prix, en France comme dans d'autres pays, va se traduire par des inégalités accrues entre les âges.

En résumé, l'effet global de la protection sociale et de son financement est pour l'instant de réduire nettement les inégalités sociales. Mais les évolutions récentes risquent de remettre en cause cette conclusion.

DES CHANGEMENTS INQUIÉTANTS

Devant la tendance au délitement de la protection sociale, il faut d'abord réaffirmer qu'elle est plus nécessaire que jamais. La sécurité professionnelle diminue du fait de la flexibilité accrue de la production, sans cesse réorganisée et adaptée à une demande elle-même plus variée et changeante que par le passé. Il est habituel de distinguer, à la suite de l'INSEE, des emplois « typiques » et des emplois « atypiques ». Les seconds sont les contrats à durée déterminée, l'intérim, le travail à temps partiel, les contrats nouvelle embauche ; bref, toutes les formes qui s'écartent du modèle de l'emploi salarié à temps plein, mensualisé et à durée indéterminée qui a caractérisé la période des Trente Glorieuses. Le choix du vocabulaire est intéressant, en ce qu'il pose cette forme d'emploi comme une norme de référence, qu'il serait à la fois souhaitable et logique de retrouver. Il y a pourtant quelques raisons d'être pessimiste à cet égard.

L'idée de société salariale est liée à la théorie de la régulation, développée en France autour de Michel Aglietta et de Robert Boyer. Il s'agit d'une société dans laquelle le statut de salarié est dominant et essentiel, en ce qu'il apporte une garantie de revenu et par ce biais l'accès à la consommation, une protection sociale pour le travailleur et sa famille, les avantages matériels du comité d'entreprise, une place dans la société et un réseau relationnel. Les théoriciens de la régulation font l'hypothèse qu'il existe des arrangements institutionnels particuliers qui définissent des variétés de capitalisme. Ces arrangements changent au fil du temps, entraînant la succession de modes de régulation différents. La société salariale, telle qu'elle vient d'être présentée en quelques mots, caractérise l'un de ces modes de régulation, que les auteurs ont baptisé fordisme. Elle en est même un élément central. Ce mode de régulation de l'économie triomphe dans les années 1960, mais se trouve confronté à des difficultés croissantes dans les années 1970, de sorte que de nouveaux arrangements des institutions (organisation des entreprises, monnaie et crédit, marché du travail, intervention de l'État, relations internationales,...) se mettent en place progressivement. Ils semblent avoir atteint un certain degré de cohérence aux États-Unis. Le mode de régulation ne s'appuie plus sur le salariat tel qu'il a été organisé à l'époque fordiste.

Si cette analyse est correcte, il n'y a aucune raison pour que les emplois « typiques » redeviennent la norme. Cela ne signifie pas pour autant que le chômage de masse va persister, mais plutôt que certaines formes de précarité et une forte différenciation des statuts et des situations professionnelles vont marquer la période à venir. L'un des éléments clés des changements en cours semble être l'émergence de ce que Michel Aglietta a appelé un capitalisme patrimonial, dans lequel le capital financier, assez largement diffusé, est un élément de la rémunération et une source de protection personnelle. Dans un tel contexte, il existe un risque sérieux de voir s'ouvrir un fossé entre une élite privilégiée, combinant une protection sociale de haut niveau largement financée par l'employeur et des compléments de retraite par capitalisation, et des salariés précarisés, mal couverts mais bénéficiant de prestations d'assistance minimales. En quelque sorte, la différenciation de la protection sociale viendrait renforcer les inégalités devant le chômage et la coupure entre emplois typiques et atypiques.

La protection sociale est également plus nécessaire que jamais face aux inégalités. Les inégalités de salaire et, plus encore, de revenu ont tendance à augmenter depuis une vingtaine d'années en France, une trentaine d'années aux États-Unis. Il est assez difficile de déterminer avec précision l'origine de cette augmentation : le progrès technique, la mondialisation et les transformations idéologiques sont parmi les causes les plus fréquemment évoquées. Il semble en particulier que les inégalités soient plus facilement acceptées que par le passé, la France se signalant comme étant le pays le plus hostile aux inégalités[8]. En tout état de cause, cette orientation semble durable. La redistribution des revenus par l'État, qui passe en grande partie par la protection sociale, joue donc un rôle plus important que précédemment pour limiter les inégalités. Le tableau 9 montre que l'inégalité des revenus distribués par les mécanismes du marché, après avoir diminué continûment pendant vingt ans, s'est remise à augmenter récemment. Mais la redistribution a permis de maintenir l'inégalité des revenus disponibles au même niveau que précédemment. Les pays où les inégalités ont le plus augmenté, comme la Nouvelle-Zélande ou les États-Unis, sont aussi ceux où l'État providence a perdu en grande partie son rôle niveleur.

Tableau 9 : Inégalités avant et après redistribution en France

Rapport D9 / D1	1970	1979	1990	1998
Revenu fiscal par unité de consommation	8,2	5,8	5,1	5,3
Revenu disponible par unité de consommation	4,8	3,8	3,4	3,4

Lecture : Le revenu au-dessus duquel se situent les 10 % de foyers les plus riches est 8,2 fois plus élevé que le revenu au-dessous duquel se situent les 10 % les plus pauvres en 1970.

Source : INSEE.

Pourtant, la protection sociale reflue, à la fois parce que son coût est difficile à assumer en période de croissance ralentie et parce que les gouvernements espèrent plus d'efficacité en transférant certaines missions au marché. Ainsi, la part des dépenses publiques dans les dépenses totales de santé est passée de 80 % à 76 % entre 1980 et 2002 en France, de 89 % à 83 % au Royaume-Uni, de 95 % à 85 % en Suède. Cette évolution récente vers plus de liberté dans l'organisation de la protection sociale creuse doublement les inégalités. Elle oriente la protection sociale vers la logique de l'assurance, c'est-à-dire la révélation et la prise en compte tarifaire de risques dont on sait qu'ils sont inégalement distribués dans l'espace social. Quand il s'agit de retraites, cette diversité croissante signifie que les inégalités entre retraités vont se creuser. En matière de santé, la tendance actuelle, en France, mais plus nettement encore aux Pays-Bas ou en Allemagne, est à la diminution de la couverture de base au profit des assurances complémentaires. Or, ces assurances traitent différemment leurs clients. Certaines d'entre elles pratiquent des tarifs différents selon l'âge de leurs clients. D'autres demandent un bilan de santé ou des détails concernant l'histoire médicale de leurs clients, leur poids ou des renseignements sur les conduites à risque. Aux Pays-Bas, les assureurs modulent les tarifs en fonction des profils de risque que présentent les assurés.

D'autre part, les complémentaires ne proposent pas toutes les mêmes prestations (dépenses prises en charge, taux de remboursement). Par exemple, en cas de congé de longue durée ou de longue maladie, certaines complémentaires prennent en charge le versement d'indemnités journalières si nécessaire, alors que d'autres ne le font pas. Afin d'illustrer cette diversité, le tableau 10 compare deux assurances, la première coûtant près de trois fois plus cher que la seconde.

Tableau 10 : Des garanties très inégales

	Une assurance haut de gamme	*Une assurance bas de gamme*
Prothèse dentaire	Acceptée ou refusée par la Sécurité sociale : 300 % avec un plafond par assuré et par an de 1 068 €.	Forfait par année d'assurance et par personne : 160 €.
Orthodontie	Acceptée par la Sécurité sociale : 250 %.	Forfait par année d'assurance et par personne : 160 € x 2.
Soins dentaires	250 %.	100 %.
Opticien verres	300 % et participation jusqu'à 160 €.	Forfait par année d'assurance et par personne : 160 € y compris lentilles refusées par la Sécurité sociale et traitement laser visant à corriger un défaut de la vue. Forfait commun au poste optique.
Lentilles	Acceptées ou refusées par la Sécurité sociale : participation jusqu'à 160 €.	
Montures	Acceptées ou refusées par la Sécurité sociale : participation jusqu'à 160 €.	
Médicaments	100 % des frais engagés pour les médicaments et homéopathie pris en charge par la Sécurité sociale.	Frais réels (partiellement remboursés par la Sécurité sociale).
Consultations, radiologie, analyses	250 %.	100 % pour les consultations, frais réels pour la radio et les analyses.

	Une assurance haut de gamme	*Une assurance bas de gamme*
Hôpital	250 %. Forfait hospitalier pris en charge intégralement. Chambre particulière payée jusqu'à 61 €/jour, lit accompagnant payé si enfant de moins de 12 ans.	Établissements conventionnés : frais réels, honoraires des praticiens conventionnés : 400 %. Établissements ou praticiens non conventionnés : remboursement limité au tarif retenu par la Sécurité sociale. Forfait hospitalier : frais réels.
Cures	305 € / an.	100 % pour les frais médicaux pris en charge par la Sécurité sociale.
Assistance	Prise en charge de la venue d'un proche, de garde d'enfants et d'animaux, de téléassistance, d'aide ménagère et psychologique si nécessaire.	En option.

Note : Les remboursements sont exprimés en pourcentage du tarif de convention de la Sécurité sociale en vigueur.

Source : Assurland.com

Bien entendu, les assurances les plus complètes sont souvent les plus chères. On pourrait alors se contenter de dire que chacun obtient la protection pour laquelle il paye et que ces différences de protection ne sont pas des inégalités mais des différences de choix individuel. C'est oublier qu'une grande partie de la population n'a pas les moyens financiers d'une protection complémentaire de haute qualité, ce qui signifie que les plus pauvres sont soumis à des risques plus importants lorsqu'un risque se matérialise. L'inégalité concerne également l'information. Des sites comparatifs tels que Direct assurance ou Assurland proposent de fournir gratuitement l'assurance la moins chère une fois connues les caractéristiques de la personne. Ces sites fournissent désormais des centaines de milliers de devis chaque année, ce qui illustre le désarroi croissant des assurés. Mais ils sont accusés de pratiques commerciales douteuses et la base de la comparaison de prix qu'ils disent faire est opaque.

Reste la question de ceux qui n'ont pas les moyens d'acheter une assurance complémentaire. La CMU a eu pour effet de réduire les inégalités de couverture maladie. 90 % des personnes ont une couverture complémentaire, dont 5 % la CMU. Mais celle-ci est la couverture complémentaire de 30 % des très bas revenus, 25 % des familles monoparentales, 20 % des chômeurs. Elle joue incontestablement un rôle positif. Aussi peut-il paraître étrange que cette réforme ait été critiquée par certains syndicats ou partis de gauche. La raison en est que la CMU favorise le transfert des dépenses vers les assurances complémentaires, sans réduire complètement les inégalités, puisque les prestations offertes par les complémentaires varient de plus en plus et que la CMU fournit des prestations moindres que de nombreuses mutuelles ou assurances privées. Il aurait par ailleurs été possible d'obtenir le même résultat que la CMU, c'est-à-dire donner aux plus pauvres une couverture santé élargie, en augmentant la couverture de base fournie par la Sécurité sociale, ce qui aurait réglé la question de l'inégalité entre complémentaires. Une telle solution est parfois critiquée comme utopique. Pourtant, elle s'applique en Alsace-Moselle, qui a conservé le système mis en place alors que cette région était sous contrôle allemand, avant 1918. Surprise : on n'y constate ni inflation des dépenses ni gaspillages éhontés, ce qui devrait faire réfléchir.

Incontestablement, des forces économiques puissantes poussent vers plus d'inégalités dans nos sociétés. Elles rendent plus nécessaire que jamais une protection sociale publique large. Celle-ci n'est pas pour autant exempte de critiques, y compris sur le terrain des inégalités. En France, notamment, un terme générique, « la Sécu », dissimule une grande variété de situations. Il est possible de faire mieux, à deux conditions : une plus grande transparence, qui permette de connaître l'état des lieux et son évolution ; une politique active de lutte contre les inégalités, en particulier en matière de santé.

Mais une protection sociale égalitaire se heurte aussi à des obstacles idéologiques. Il est certain que la tentation de la privatisation, que nous examinons dans le chapitre suivant, n'est pas sans incidence sur la question des inégalités.

CHAPITRE QUATRE

ENJEUX ET RISQUES DE LA PRIVATISATION

Le recours au secteur privé est souvent présenté comme une solution aux difficultés que rencontre la protection sociale, car la gestion dans le cadre du marché serait par nature plus efficace. Il peut s'agir d'une privatisation totale, comme le propose le président Bush pour les retraites américaines ; mais, le plus souvent, la privatisation est présentée comme complétant des systèmes publics aux moyens limités, tout en apportant des garanties de bonne gestion grâce à la concurrence. Cependant, il n'est pas évident que ce complément ait l'efficacité qu'on lui prête, car les domaines de la protection sociale se prêtent souvent mal à la mise en œuvre des mécanismes du marché, d'où des frais de gestion élevés, des risques difficiles à assurer, pour un impact de la démographie identique. Dans le même temps, on peut craindre que ces protections privées ne détériorent sérieusement la situation des régimes publics, tout en accroissant les inégalités entre situations individuelles. La logique de l'assurance est en effet difficilement compatible avec celle de la solidarité. Sauf dans le cas où il s'agirait d'assurances facultatives auxquelles ne serait apporté aucun avantage particulier, il est donc préférable de réfléchir sérieusement avant de s'engager dans cette voie.

LA TENTATION DE LA PRIVATISATION

Face au coût croissant de la protection sociale, il est tentant de la privatiser en partie, de manière à en réduire le coût pour les finances publiques tout en bénéficiant de la gestion, supposée forcément plus efficace, d'entreprises concurrentielles. Ce mouvement s'appuie sur une forte tendance au chacun pour soi.

Le système de protection sociale mis en place en 1945 est de type corporatif ; c'est-à-dire qu'il couvre, dans la logique bismarckienne, les travailleurs et leurs familles. Dans l'ensemble, les droits des assurés sont les mêmes quelle que soit leur position sociale. Mais la persistance d'un chômage touchant plus d'un actif sur dix met à mal ce système, car beaucoup de gens n'ont plus de droits sociaux. Cette situation contraint l'État à mettre en place des dispositifs tels que le RMI ou la CMU[1], qui relèvent d'une autre logique, résiduelle[2]. Il s'agit en effet de prestations versées sous conditions de ressources, réservées aux plus démunis, sur le modèle anglo-saxon. Ces dispositifs concernent un nombre croissant de personnes (le RMI touchait 300 000 personnes à ses débuts, contre 1 200 000 en 2005) et il faut y ajouter tous ceux qui n'ont droit qu'à des prestations minimum, du fait du durcissement des règles et de la précarité du travail. La proportion de salariés du secteur privé relevant de la pension de retraite minimum, appelée minimum contributif, augmente rapidement ; elle deviendra bientôt majoritaire. Le raccourcissement de la durée d'indemnisation fait tomber plus de chômeurs dans le régime de l'Allocation de solidarité spécifique (ASS) ou ne leur laisse que le RMI. Dans le même temps, les réformes visant à réduire les dépenses publiques réduisent les prestations versées aux assurés sociaux.

Se dessine donc une protection sociale à deux vitesses : d'un côté, les classes moyennes restent dans le régime d'assurances sociales, mais la protection offerte par ce régime est moindre que précédemment ; de l'autre, les plus fragiles se voient offrir une assistance minimale financée par l'État. Cette double évolution sépare les intérêts jusque-là solidaires des groupes sociaux, qui ont chacun de bonnes raisons de se détacher du système de protection sociale : les plus pauvres dépendent de l'assistance de l'État, les classes moyennes ne peuvent plus en attendre une protection suffisante. Fort logiquement, les classes moyennes vont donc se détourner de la Sécurité sociale et se tourner vers des compléments d'assurance mutualistes ou, le plus souvent, privés, d'autant que les lois récentes organisent ces compléments, incitent les employeurs à les cofinancer et leur assurent une fiscalité privilégiée. C'est vrai en matière de santé comme de retraite.

Comme les ménages, les entreprises sont tentées de se détacher de la protection sociale. Historiquement, la Sécurité sociale est à leur avantage, parce qu'il s'agit d'un élément essentiel du compromis keynésien des « Trente Glorieuses », centré sur le soutien de la demande intérieure. Les entreprises peuvent investir, développer leurs capacités de production sans risque dans un environnement stabilisé par les politiques publiques, notamment par la protection sociale, qui assure aux salariés-consommateurs un revenu régulier et prévisible. Les consommateurs peuvent réduire leur épargne et accéder au crédit, ce qui ouvre la voie à la vente massive d'automobiles, de réfrigérateurs ou de téléviseurs. Par ailleurs, les entreprises ont intérêt à ce que leurs salariés soient en bonne santé et cessent de travailler avant que leur productivité ne décline. Plus généralement, les entreprises sont partie prenante de la communauté : leur situation financière particulière est liée à la situation économique et sociale d'ensemble du pays.

Les choses changent avec la mondialisation de l'économie : le marché intérieur n'est qu'un élément du marché auquel s'intéressent les grands groupes, la concurrence entre établissements situés dans des pays différents devient concurrence entre systèmes sociaux. Le salaire, qui était la principale composante de la demande, redevient d'abord un coût, comme il l'était au XIXe siècle, et les cotisations sociales en sont un élément important. Leur stratégie devient donc de minimiser le coût du travail, sans considération particulière pour l'économie nationale, puisque le pays n'est plus qu'un territoire en concurrence avec d'autres pour attirer les capitaux. Les entreprises ne voient donc que des avantages à la privatisation d'un système coûteux.

Il faut ajouter que les difficultés financières de la Sécurité sociale jettent un doute sur la gestion publique, dans un climat où le privé est souvent considéré comme une garantie de gestion transparente et efficace. Ce doute est particulièrement lourd de conséquences en matière de retraite. Jusqu'ici, en effet, les règles étaient assez simples : une personne qui avait accompli une carrière complète, cas le plus général, savait qu'elle toucherait à peu près les trois quarts de son salaire de fin de carrière. Les réformes Balladur-Fillon modifient radicalement cette perception : les règles du jeu peuvent changer très vite et deviennent très complexes. Les enquêtes réalisées pour le compte du Conseil d'orientation des retraites montrent que la majorité des salariés ne savent pas quel niveau de pension ils peuvent espérer obtenir. Et, même si un système d'information rénové donnait cette information régulièrement aux assurés, il n'y a plus aucune garantie concernant la stabilité des règles, donc le niveau des pensions.

La privatisation s'appuie également sur une autre logique, financière celle-là. Les fonds de pension qui gèrent l'épargne retraite des travailleurs américains ou britanniques sont devenus des acteurs majeurs sur les marchés financiers. Ils apportent des capitaux aux entreprises et détiennent une proportion significative du capital des grandes entreprises françaises. Dans le contexte d'une financiarisation croissante de l'économie, une double crainte s'exprime alors : que les entreprises françaises n'aient pas accès aux mêmes possibilités de financement que les autres ; et que leur capital tombe peu à peu entre des mains étrangères. Ce mouvement est d'ailleurs bien engagé, la part des fonds de pension étrangers dans la capitalisation des grandes sociétés françaises atteignant souvent 40 %. Des fonds de pension français auraient ainsi une justification économique et financière totalement étrangère au sort des retraités.

Notons pourtant que cet argument financier ne conduit pas nécessairement à la privatisation. Un fonds de réserve des retraites a été créé en 1999 et a commencé à fonctionner en 2001. Ce fonds doit servir à lisser les besoins de financement, accumulant des réserves en période d'excédent des régimes et les reversant en période de déficit. Ces réserves doivent être placées sur les marchés financiers, ce qui aurait pu aboutir à faire du fonds de réserve le premier actionnaire de nombreuses entreprises. Il n'a cependant accumulé que 16 milliards d'euros en 2004 et les excédents vont bientôt se tarir. Le fonds de réserve devrait donc rester un acteur marginal pour être apparu trop tard et n'avoir pas été suffisamment abondé. Le régime additionnel sur les primes de la fonction publique (RAFP), qui est un régime en répartition provisionné, ce qui est très proche de la capitalisation, accumule également des actifs financiers[3] tout en étant purement public. Le débat sur la capitalisation, comme alternative aux régimes par répartition, ne se confond donc que partiellement avec le débat sur le recours au privé.

Tableau 11 : Part des dépenses de retraite dans le PIB en 2000

	Retraites publiques	*Retraites privées*	*Total*
Allemagne	11,3 %	1 %	12,3 %
Italie	15,4 %	//	15,4 %
Pays-Bas	5,9 %	5 %	10,9 %
Royaume-Uni	6,4 %	5,9 %	12,3 %
États-Unis	4,4 %	3,9 %	8,3 %

Source : Conseil d'orientation des retraites, *Retraites : les réformes en France et à l'étranger ; le droit à l'information*, La Documentation française, 2004, p. 194.

La privatisation est également portée par la tendance générale de la société à l'individualisme, sur le mode du libre choix. Au lieu du régime unique, le privé facultatif permet de faire varier sa couverture maladie, de partir en retraite au moment où on le souhaite, en fonction de sa situation personnelle et familiale. La question de l'âge de départ en retraite est un bon exemple de cette évolution. Cet âge, passage essentiel dans une vie à trois temps (la jeunesse, l'activité, la retraite), était jusqu'ici considéré comme un repère collectif fort, renforçant la solidarité des individus par la similarité de leur situation, et certains insistent sur la nécessité pour l'unité de la société de maintenir de tels repères. Depuis quelques années, les assureurs ou le syndicat CFDT portent au contraire l'idée d'une retraite « à la carte », système dans lequel l'individu aurait la possibilité d'arbitrer entre départ précoce avec une faible pension et départ tardif avec une pension plus élevée. À l'évidence, ce discours rencontre des aspirations fréquentes, particulièrement dans les classes moyennes. Par ailleurs, la multiplication des situations dérogatoires, notamment des préretraites, a ôté une partie de sa signification au seuil des 60 ans[4].

Pour l'instant, la place du privé dans les retraites en France est modeste. La loi de 2003 élargit nettement les possibilités en ce domaine (voir encadré p. 153), mais il est un peu tôt pour savoir si les épargnants seront intéressés par les produits prévus par la loi et les incitations fiscales qui les accompagnent. L'affaiblissement progressif des pensions délivrées par le système traditionnel par répartition devrait accélérer le mouvement, mais les turbulences boursières peuvent le freiner.

La privatisation des retraites américaines

Contrairement à l'image qui est souvent donnée de la société américaine, les États-Unis ont, depuis les années 1930, un système de retraite public par répartition non négligeable, puisqu'il sert des pensions représentant 35 % à 40 % de l'ancien salaire, selon le niveau de revenu (contre 50 % pour la retraite de la Sécurité sociale en France). Le président Bush a lancé un projet qui aboutirait à remplacer progressivement ce système par un mécanisme de comptes d'épargne individuels gérés par des institutions financières. Ce projet prétend « sauver les retraites » mises en péril par le vieillissement, bien que, selon les actuelles projections, l'équilibre financier du régime soit assuré jusqu'en... 2042. Mais l'idée qui séduit le président est surtout de faire des États-Unis une société de propriétaires (*ownership society*). Le problème est qu'il est impossible aux actifs de cotiser pour payer les pensions des retraités et d'épargner en même temps pour leurs vieux jours. L'État prendrait donc à sa charge le financement des pensions par répartition pendant la (longue) période transitoire, les moins de 45 ans basculant dans le nouveau régime. Inutile de dire qu'il s'agit là d'une dépense conséquente, estimée autour de 200 milliards de dollars par an pendant plus de vingt ans. Cette somme viendrait s'ajouter à un déficit public déjà très élevé du fait des baisses d'impôt et de la guerre en Irak.

Malgré la réélection triomphale du président, ce projet se heurte à de fortes résistances. Les conservateurs soucieux de l'équilibre des finances publiques estiment que cette réforme n'est pas une priorité. La puissante association des retraités américains (AARP), forte de 35 millions d'adhérents, a, de son côté, immédiatement affirmé son opposition résolue à un projet qui brise la solidarité entre générations, et finance des campagnes de publicité pour alerter l'opinion. Les syndicats et le parti démocrates ne sont évidemment pas en reste. Il ne serait donc pas étonnant que ce projet soit abandonné. Il a au moins le mérite de clarifier le projet libéral pour les retraites.

LA PRIVATISATION, FAUSSE SOLUTION

La tentation de la privatisation s'appuie sur de nombreux arguments. En matière de retraites, elle permettrait de faire face aux déséquilibres démographiques, traiterait mieux les générations peu nombreuses, assurerait un meilleur rendement et garantirait une meilleure gestion. Ces arguments ne résistent pourtant pas à l'analyse.

Les retraites publiques sont généralement organisées selon le principe de la répartition : les cotisations versées par les actifs sont immédiatement réparties entre les pensionnés. Le vieillissement de la population, présenté dans le chapitre 3, déséquilibre ce système, car il accroît le nombre de pensionnés, alors que le nombre d'actifs stagne ou décroît. Les actifs d'aujourd'hui ne sont donc pas sûrs d'obtenir, demain, une pension équivalente à la valeur actualisée[5] de leurs cotisations. Au contraire, les retraites privées sont généralement organisées par capitalisation, les cotisations versées par les actifs étant capitalisées, placées et reversées à leur propriétaire au moment de la retraite. En apparence, chaque pensionné semble donc tirer son revenu de son épargne préalable, ce qui immuniserait ce système contre les déséquilibres démographiques.

Ce raisonnement est trompeur, car il donne l'illusion que le niveau de vie des retraités pourrait être indépendant du nombre des actifs. Or, pour qu'une personne consomme, il faut que quelqu'un produise. Le niveau de vie des retraités est donc toujours, nécessairement, conditionné par le travail des actifs. C'est particulièrement vrai des services, qui sont consommés en même temps qu'ils sont produits. Plus concrètement, dans un régime de retraites privées par capitalisation, les retraités tirent leur revenu du rendement ou de la vente de titres qu'ils ont préalablement acquis. Or, la valeur des titres est affectée par la démographie : les actifs achètent des titres pour leur future retraite, les pensionnés vendent des titres pour financer leur consommation. L'augmentation du rapport entre le nombre de pensionnés et le nombre de cotisants, appelé taux de dépendance, a pour effet, dans un tel système, d'accroître les prélèvements opérés sur les revenus du capital : les profits des entreprises ne sont plus réinvestis mais consommés. Surtout, du fait, précisément, du déséquilibre démographique, les ventes massives de titres destinées à financer les pensions dépassent largement les achats, ce qui fait chuter les cours. La valeur du patrimoine capitalisé en vue de la retraite diminue alors.

La capitalisation ne permet donc pas plus que la répartition de maintenir la valeur actualisée des sommes versées en vue de la retraite. Est-il possible d'échapper à cette baisse en période de vieillissement ? Il est en théorie possible de placer ses capitaux dans des régions qui ne seront affectées que plus tard par le vieillissement, parce qu'elles ont commencé plus tard que la France leur transition démographique. En pratique, cependant, toutes les régions développées sont frappées par le vieillissement, souvent avec plus de virulence qu'en France. Certains pays en développement, comme la Chine, ont connu un ralentissement des naissances précoce et l'espérance de vie y augmente rapidement, de sorte qu'ils vont connaître les mêmes problèmes que l'Europe à quelques années de distance. Ne restent que des pays encore peu développés, par exemple l'Inde, où les marchés financiers ne devraient pas être affectés par le vieillissement avant longtemps. Mais qui est prêt à détenir les bases de sa future pension de retraite en titres indiens ou brésiliens ? Les risques de change, les incertitudes politiques, l'étroitesse des marchés financiers et l'insuffisance de l'information sur de tels pays émergents est de nature à décourager les tentatives de diversification.

Cependant, le recours au privé pourrait malgré tout se justifier si la capitalisation donnait un meilleur rendement des sommes placées. Pendant les années 1980-1990, les marchés financiers ont réalisé des performances remarquables. De fait, on a pu calculer que le placement en actions des cotisations sociales versées à partir de 1960 aurait permis de partir en 2000 avec une pension supérieure au salaire de fin de carrière. Confondant cette bonne conjoncture avec une loi générale, certains observateurs se sont laissés aller à en déduire que le rendement de la capitalisation était supérieur à celui de la répartition[6], ce qui semble illogique. Dans un système de retraites par répartition, les recettes dépendent des cotisations, qui dépendent des salaires. En longue période, les salaires augmentent à peu près au rythme du PIB. On ne voit pas comment les placements capitalisés pourraient faire mieux. Le rendement d'un placement obligataire est égal au taux d'intérêt et la théorie économique enseigne que le taux d'intérêt est égal, à long terme, au taux de croissance du PIB. En France, la croissance d'un portefeuille investi en obligations en 1913, repère statistique le plus ancien, est inférieure de moitié à la croissance économique[7]. Depuis cinquante ans, le rendement réel d'un portefeuille d'obligations a été négatif (– 1,3 %). Actuellement, le rendement des obligations, en France comme aux États-Unis, est de l'ordre de 2 % à 3 % par an.

Pour faire mieux, il faut donc se tourner vers les actions. À très long terme, le rendement des actions est proche de la croissance économique, même si, sur la période 1967-1990, leur rendement a été de 9,4 % par an en moyenne en France, contre 4 % de hausse des revenus. Mais, si les actions rapportent plus que les obligations, c'est qu'elles sont plus risquées. Selon la date d'entrée sur le marché du travail et la date de départ en retraite, des écarts considérables de niveau des pensions se créent. Une étude de la Banque mondiale montre, à partir de données chiliennes, que des écarts de 35 % du niveau des pensions selon l'année d'entrée dans le fonds se produisent[8] !

Les déboires des salariés d'Enron ou de Maxwell comme les infortunes des victimes du krach de 2000 ont attiré l'attention sur les dangers qui attendent ceux qui accepteraient de jouer leur retraite en Bourse. En même temps que les rendements des actions augmentaient, la volatilité s'est elle aussi accrue. Un portefeuille diversifié, constitué avec pour souci de limiter les risques, doit donc donner une place significative aux valeurs à revenu fixe, ce qui l'empêche de dégager un rendement aussi élevé qu'un portefeuille uniquement composé d'actions[9]. En fait, la capitalisation ne peut donner un meilleur rendement que la répartition que si le partage du revenu national entre revenus du travail et du capital se déplace en faveur du capital. On a observé un tel déplacement en France dans les années 1980. Cependant, en très longue période, le partage du revenu est stable[10] et il ne peut en être autrement, car l'équilibre économique en dépend. Par conséquent, combiner capitalisation et répartition pour neutraliser l'influence du partage du revenu peut avoir un sens, sans que cela implique pour autant privatisation, même partielle, du système.

Un autre argument part de l'observation que les jeunes d'aujourd'hui, générations un peu moins nombreuses que celles des quinquagénaires, paieront des cotisations élevées pour financer les retraites de leurs aînés, alors qu'eux-mêmes risquent de recevoir de faibles pensions si les générations à venir sont moins nombreuses. La répartition serait donc à l'origine d'une inégalité de traitement entre les générations. L'argument n'est pas faux, mais ce désavantage est compensé par le fait que les générations peu nombreuses ont l'avantage de recevoir des salaires plus élevés (puisque l'offre de travail est moindre). Dans un régime par capitalisation, les choses ne sont d'ailleurs pas plus justes, car le rendement de l'épargne varie selon la taille des générations[11].

Il est également possible de justifier la création de fonds de pension français comme élément d'une stratégie économique. Ces fonds pourraient faire pièce aux fonds étrangers et éviter un transfert de propriété vers des entités étrangères. On peut néanmoins s'interroger sur l'intérêt de la manœuvre. Certes, la gestion des fonds de pension est critiquable. Malgré des déclarations d'intention de ces fonds affirmant qu'ils sont avant tout intéressés par la valeur de long terme des actifs qu'ils achètent et qu'ils sont des investisseurs patients et fidèles, la réalité est que la rotation des titres dans les portefeuilles des fonds de pension est très rapide, les titres étant en moyenne détenus six mois. Ces fonds opèrent en effet dans un contexte de concurrence exacerbée et sont jugés selon leurs résultats mensuels. Ils sont contraints de se fixer un horizon de gestion très court, donc d'exiger des résultats immédiats des entreprises dont ils détiennent des titres, ce qui n'est pas favorable au développement à long terme de ces sociétés.

Mais on ne voit pas pourquoi des fonds de pension français agiraient différemment. Leurs clients n'auraient en effet aucune raison d'accepter, même à court terme, des rendements inférieurs à ceux des fonds étrangers et, de toute façon, le marché du complément de retraite privé serait ouvert à la concurrence mondiale en vertu des règles du libre-échange, ce qui contraindrait les fonds français à s'aligner sur les méthodes de leurs concurrents. Au-delà des intérêts privés des institutions financières et des assureurs, pour lesquelles l'ouverture de ces nouveaux marchés représenterait une remarquable opportunité de croissance, l'intérêt économique de la privatisation est donc pour le moins discutable.

Au final, aucun des arguments techniques examinés ne résiste à l'analyse. Reste l'argument politique de la liberté : une retraite complémentaire facultative privée donnerait à chacun la liberté de souscrire ou non selon qu'il est propriétaire ou locataire, l'âge et le nombre de ses enfants ou tout autre paramètre. Il n'y a évidemment rien à redire à cela, l'épargne relevant d'un choix personnel. Il faut seulement préciser que l'État n'a pas de raison d'influer sur ce choix en accordant aux personnes qui veulent placer leur argent en épargne retraite des avantages fiscaux particuliers.

Les arguments en faveur de la privatisation de l'assurance maladie sont-ils plus convaincants ? Il est vrai que la régulation des systèmes publics est difficile. Lorsque les services de santé sont publics, les autorités sont tentées de limiter l'offre pour contenir les dépenses. C'est ce qui s'est produit au Royaume-Uni à partir de la fin des années 1970, lorsque la diminution des prélèvements obligatoires et de l'intervention publique est devenue une priorité politique. Le résultat est une dégradation du service rendu à la population. Il est toutefois possible de réduire ce risque par la décentralisation du système, qui accroît l'influence des usagers, sur le modèle des pays scandinaves. Le système français est évidemment différent, puisque l'offre est partiellement privée en matière d'hospitalisation et principalement privée pour la médecine ambulatoire, le médicament ou les analyses médicales. Le problème de la régulation est que le vendeur est aussi l'ordonnateur des dépenses. Obéissant, comme tout entrepreneur, à un motif de profit, il a intérêt à maximiser les dépenses des consommateurs. Ceux-ci, par manque de maîtrise technique et parce que les questions de santé ont une forte charge psychologique[12], sont incapables de s'opposer aux prescriptions des médecins. C'est encore plus vrai lorsque la dépense est socialisée. Un système dans lequel les vendeurs ont intérêt à favoriser les dépenses, alors que les acheteurs n'ont pas d'intérêt à les freiner, peut difficilement être bien régulé. D'où l'idée de « responsabiliser » les patients par une privatisation partielle ou totale des dépenses.

Commençons par une observation factuelle : les États-Unis, pays dans lequel l'offre de soins est totalement privée et où les dépenses sont essentiellement privées, sont aussi le pays qui dépense le plus pour la santé (plus de 15 % du PIB, contre 10 % en France). Certes, le système de soins américain est de qualité et la qualité se paye. Il n'en demeure pas moins que le paiement privé se montre impuissant à freiner les dépenses. Le fonctionnement marchand est même à l'origine de coûts spécifiques croissants. Ainsi, les dépenses de publicité de l'industrie pharmaceutique sont passées de 5 à 17 milliards de dollars entre 1996 et 2004. L'essentiel de ces dépenses est dirigé vers les médecins. Ne serait-il pas plus efficace que ceux-ci reçoivent une information indépendante, comme celle que fournit la revue *Prescrire* en France[13] ? Les milliards dépensés se retrouvent en effet forcément dans les prix, sans pour autant fournir une information de qualité.

En France, une « expérience naturelle » (pour reprendre le langage des économistes) fort intéressante est fournie par les départements d'Alsace-Moselle dans lesquels, parce qu'ils faisaient partie de l'Allemagne bismarckienne au moment où l'assurance maladie socialisée y a été introduite, la couverture des dépenses est nettement plus élevée qu'ailleurs. Selon l'argument de la responsabilisation, les dépenses devraient croître plus vite qu'ailleurs dans cette région. Or, il n'en est rien. Les données comparatives ne viennent donc pas appuyer l'argument de la responsabilisation. Pourquoi ?

La première raison, assez évidente, est que la privatisation accroît le pouvoir de prescription des médecins, c'est-à-dire des vendeurs. Il faudrait faire preuve d'une grande naïveté pour imaginer que ceux-ci prescrivent sans tenir compte le moins du monde de leur intérêt. Des études comparatives ont montré que la fréquence des interventions chirurgicales pour traiter certaines pathologies variait selon la densité de médecins, par exemple.

Les dépenses de santé sont des dépenses assez particulières. Un consommateur qui peut, sans bourse délier, augmenter sa consommation d'automobiles, de voyages touristiques ou de disques profitera évidemment de l'aubaine. Mais il n'en est pas de même en matière de santé : aller chez le dentiste ou se faire opérer n'apporte en général qu'un plaisir très limité. Il n'est donc pas logique de traiter la santé comme n'importe quel service. Bien sûr, certains patients consultent plusieurs médecins pour un même problème, au lieu de se contenter d'un seul avis. Parmi eux, une petite fraction multiplie inutilement les consultations. Mais la grande majorité de ces « doubles consultations » n'est pas critiquable : dans quel domaine accepterait-on que des décisions importantes, parfois vitales, soient prises par une seule personne et en un temps très limité quand c'est évitable ? Les médecins eux-mêmes présentent généralement leur discipline comme un art plutôt que comme une science, ce qui indique bien que le diagnostic médical ne relève pas de la simple mécanique. En allant solliciter un second avis, l'assuré social au genou douloureux à qui un premier praticien a proposé de lui enlever un ménisque dès le lendemain fera peut-être économiser de l'argent à la Sécurité sociale. Par conséquent, l'idée de responsabiliser les consommateurs en les faisant payer apparaît mal fondée dans la grande majorité des cas.

Il y a plus grave. Les partisans des systèmes publics font valoir qu'un système privé produit des soins et non de la santé. Les entreprises propriétaires de réseaux de cliniques ou les médecins libéraux gagnent leur vie en vendant des soins. Or, la meilleure façon d'être en bonne santé, on le sait, n'est pas d'être bien soigné mais de ne pas tomber malade. Observons à cet égard que les États-Unis ont le meilleur système de soins au monde... mais des indicateurs de santé publique très médiocres. Ainsi, l'espérance de vie à la naissance est de 77 ans aux États-Unis contre 78,9 ans en France et 81,5 ans au Japon ; la mortalité infantile est de 6,8 ‰ aux États-Unis, contre 4,4 ‰ en France et 3,3 ‰ au Japon. Les bons résultats en matière de santé viennent largement, en effet, de la prévention et non des soins. Or, la prévention n'est pas financièrement rentable et risque donc d'être ignorée ou sous-développée dans un système privé. Certes, un organisme privé tel qu'une compagnie d'assurance peut inciter les assurés à des examens médicaux préventifs, voire les rendre obligatoires. Mais l'éducation à la santé, la diététique, la lutte contre les maladies professionnelles et les accidents du travail relèvent nécessairement d'une action d'ensemble des pouvoirs publics.

Cependant, la régulation des dépenses dans un cadre privé n'aurait-elle pas au moins l'avantage d'éviter les mesures parfois autoritaires des systèmes publics ? L'expérience des entreprises spécialisées chargées de cette tâche par les assureurs aux États-Unis (Health Maintenance Organizations ou HMO) infirme cette idée. Il n'y a certes pas de rationnement quantitatif des soins pour qui peut payer. Mais les HMO sélectionnent des listes de médicaments très restreintes pour chaque pathologie, limitant la liberté de prescription des médecins. Elles passent des accords avec des réseaux d'établissements de soins ou des praticiens libéraux, ce qui réduit la liberté de choix de son médecin. Les durées d'hospitalisation sont réduites au minimum pour réduire les coûts, ce qui entraîne de nombreuses protestations.

D'autres arguments sont d'ordre plus général et concernent tous les domaines. Il est ainsi avancé que des régimes privés seraient mieux gérés que les caisses actuelles. En règle générale, il est vrai que la concurrence est plus efficace que le monopole. Mais opposer le monopole public à la concurrence privée est un peu court dans ce domaine. Comme les banques le savent bien, dans une activité telle que la gestion de comptes et d'importantes masses financières, les économies d'échelle sont appréciables : un organisme de grande taille est plus efficace. En second lieu, la gestion d'un régime par répartition est nettement plus simple que celle d'un régime par capitalisation. Dans le premier cas, il s'agit en effet uniquement de collecter les cotisations, de les redistribuer et de maintenir à jour les droits. La capitalisation implique par contre d'acheter des actifs et de les vendre en fonction des besoins prévisibles. Même si la gestion financière est sous-traitée, c'est une activité complexe. Enfin, les entreprises privées en situation de concurrence supportent d'importants frais de marketing et de publicité. Dans ces conditions, il n'est pas étonnant de constater que les frais de gestion sont généralement plus élevés dans les régimes privés que dans les régimes publics.

Argument plus radical, il serait désormais impossible aux pouvoirs publics d'assumer le coût de la protection sociale. Privatiser serait inévitable, voire même la seule solution permettant de « sauver » la Sécurité sociale, comme on l'a beaucoup entendu dans les débats relatifs au projet Douste-Blazy. Plus précisément, le problème résulte du ralentissement de la croissance et de l'emploi, qui alourdit la charge socio-fiscale pesant sur les salaires ou les profits, dans un contexte de concurrence mondiale exacerbée. Une protection sociale complète aurait donc pour effet de défavoriser les biens et services réalisés en France par rapport aux autres et, ainsi, de peser négativement sur la croissance et l'emploi. La seule solution serait de réduire le plus possible les impôts et cotisations, donc la protection sociale.

Mais le transfert à des agents privés des dépenses afférentes à l'assurance maladie ou aux retraites ne supprime pas ces dépenses. Il faut bien qu'elles soient financées, par les employeurs ou par les ménages. Dans le premier cas, les entreprises subissent directement des charges supplémentaires. On ne voit donc pas en quoi cette situation leur serait plus profitable que le financement public de la protection sociale. Au contraire, les retraites d'entreprise posent des problèmes de gestion très délicats (voir *infra*). Dans la période récente, elles se sont même révélées très piégeuses pour les entreprises qui les pratiquent, essentiellement dans les pays anglo-saxons. Le financement par les ménages n'est pas non plus un avantage. En effet, sauf à réduire le niveau des pensions, des rémunérations plus élevées sont nécessaires afin de donner aux salariés les moyens de payer leur contribution aux régimes privés. Ainsi, le déremboursement de certains médicaments et la hausse du forfait hospitalier en 2004 entraînent en 2005 une hausse substantielle des tarifs des mutuelles et des assureurs privés. Cette hausse n'est pas intégrée dans les prélèvements obligatoires, car la complémentaire santé est, pour le moment, optionnelle... mais ça ne fait aucune différence pour l'assuré. Observons par ailleurs que les salaires nets sont effectivement plus élevés dans les pays où le degré de protection sociale publique est faible. La privatisation n'est donc pas créatrice d'avantages concurrentiels. L'argument de la compétitivité semble utilisé dans le but de justifier une diminution du degré de protection sociale, qui est une modalité de la diminution des salaires, recherchée par les entreprises dans un contexte de concurrence mondiale.

Les difficultés de l'assistance aux États-Unis

Le système résiduel n'est pas non plus forcément tenable. Aux États-Unis, les difficultés s'accumulent dans le domaine de la santé. Le programme Medicaid, qui offre une couverture minimale gratuite aux plus défavorisés, enfle démesurément. Il couvrait 8,4 % de la population en 1987, contre 12,9 % en 2004, pour un coût estimé à 330 milliards de dollars en 2005, partagé entre l'État fédéral et les États. Cette hausse s'explique en grande partie par l'augmentation rapide du prix des assurances privées : après des hausses de prix de l'ordre de 10 % par an ces dernières années, la police familiale moyenne coûte plus de 10 000 dollars par an. De ce fait, les PME renoncent de plus en plus à assurer leurs salariés, alors que les ménages à revenu faible ou moyen ne peuvent acheter une assurance par leurs propres moyens.

Du fait que Medicaid est réservé aux personnes à faible revenu, une hausse de salaire peut priver un salarié modeste du bénéfice de cette assurance. Compte tenu du coût des assurances privées, le jeu n'en vaut pas la chandelle. Medicaid est donc à l'origine d'une trappe à pauvreté. Cet effet de seuil ne concerne pas que les revenus. Dans certains États, l'éligibilité dépend aussi du patrimoine, de telle sorte qu'acheter une voiture en bon état peut faire perdre ses droits. C'est absurde, mais inévitable dans un système résiduel, où les droits sont conditionnés à des seuils.

Au-dessus de ces seuils, nombre d'Américains ne sont pas assurés. 46 millions de personnes environ n'étaient pas assurées en 2004, mais près de 60 millions ont été sans assurance à un moment ou l'autre durant l'année. C'est une situation très délicate, car ces personnes limitent au minimum leurs dépenses de médecine préventive, les examens permettant un diagnostic ou les soins post-opératoires. De ce fait, elles risquent fort d'être en mauvaise santé, donc limitées quant à leur possibilité de trouver un travail, ce qui est à la fois l'origine de souffrances personnelles graves et de gâchis pour la collectivité. Faute de prévention et d'accès aux soins, ces personnes sans assurance risquent nettement plus souvent que les autres d'être hospitalisées, ce qui accroît les dépenses de santé. Le plus souvent, elles sont alors dans l'incapacité de payer des frais médicaux élevés et se retrouvent endettées pour longtemps, à moins que leurs dettes soient prises en charge par les administrations locales. Dans les deux cas, parce qu'il est impossible dans un pays riche de laisser les gens sans soins en cas d'urgence par manque d'argent, les personnes non assurées finissent quand même par coûter cher aux hôpitaux publics ou aux collectivités locales.

Actuellement, les dépenses de Medicaid augmentent en fonction des besoins. Mais l'administration Bush a proposé de modifier le statut budgétaire de ce programme pour définir *a priori* les montants alloués. Dans ce cas, une dégradation de la situation économique ou une hausse du prix des assurances santé entraînerait une augmentation du nombre des personnes à faibles revenus sans assurance santé. Ces projets sont reportés du fait de l'écho médiatique entraîné par la tempête tropicale Katrina, qui a fait découvrir à l'ensemble de l'opinion la situation des personnes pauvres.

La privatisation des retraites dans les pays en développement

Dans de nombreux pays en développement, la gabegie et la corruption sont telles que les frais de gestion peuvent atteindre des niveaux très élevés : 28 % des prestations servies en moyenne en Amérique latine, par exemple, contre 3 % en moyenne dans les pays développés. Aussi la Banque mondiale préconise-t-elle depuis 1994 la création de retraites privées, sous forme d'une épargne individuelle gérée par des fonds de pension. Cependant, dès cette époque, cette solution pose certaines questions : « Si les gouvernements ont mal géré les systèmes de retraite publics, comment peut-on leur faire confiance pour réguler efficacement des fonds privés ? Si l'État régule et garantit les plans, ne finira-t-il pas par contrôler les fonds de pensions ? Autrement dit, y a-t-il vraiment une différence entre gestion privée et publique des fonds[14] ? »

Malgré ces interrogations, la Banque mondiale a continué de favoriser un système à trois piliers (retraite de base publique par répartition, retraite complémentaire privée, épargne facultative) faisant la part belle aux fonds de pension. Toutefois, le bilan des privatisations l'incite à modérer ses appels à la privatisation. En effet, les fonds de pension ont des frais de gestion très élevés (en moyenne 15 % en Amérique latine, véritable laboratoire de la privatisation) et requièrent des cotisations élevées pour des rendements aléatoires. De ce fait, à part au Chili, où les fonds de pension couvrent la moitié de la population, seuls 20 % environ des actifs sont couverts. Compte tenu de la baisse de la couverture offerte par les systèmes publics par répartition (qui fonctionnaient de toute façon fort mal), les réformes soutenues par la Banque mondiale n'ont rien apporté aux classes populaires. D'autre part, les fonds de pension argentins ou péruviens qui avaient acheté des titres d'État ont subi des pertes catastrophiques.

LA PRIVATISATION, SOURCE D'INÉGALITÉS

Il faut pour commencer rappeler la différence entre les principes de gestion de la Sécurité sociale et d'assurances privées. La première obéit à une logique de solidarité, les secondes à une logique d'assurance. La solidarité implique le partage des risques, l'assurance est la sélection des risques ; ce qui pose nécessairement la question des « mauvais » risques. De même que les jeunes ou les mauvais conducteurs payent plus cher que les autres leur assurance automobile car ils occasionnent en moyenne davantage d'accidents, les mauvais risques sociaux, dans une logique d'assurance, doivent payer plus... lorsqu'ils trouvent un assureur. Aux États-Unis, où l'assurance maladie est pour l'essentiel privée, des personnes ne trouvent pas d'assureur parce qu'elles souffrent d'une maladie chronique potentiellement coûteuse. Les arguties juridiques destinées à limiter les dépenses sont également monnaie courante, comme l'illustre l'anecdote suivante : une salariée d'une petite entreprise, qui n'avait jamais eu de problème jusque-là avec son assurance santé, la prévient qu'un test vient de révéler qu'elle est séropositive. Le service juridique de l'assureur examine alors son dossier dans les moindres détails, découvre qu'elle a omis d'avertir l'assureur qu'elle avait subi une intervention chirurgicale bénigne vingt ans auparavant et utilise cet oubli pour résilier son contrat. Elle se retrouve sans assurance santé au moment où elle va devoir affronter de grosses dépenses, donc sans guère de chance de trouver un autre assureur. Certains assureurs se réservent d'ailleurs le droit d'augmenter les primes dues lorsqu'un patient est affecté de pathologies coûteuses. Des assurés séropositifs se sont ainsi vu soudainement imposer un quintuplement de leur cotisation maladie.

La logique de l'assurance privée appliquée à l'assurance chômage impliquerait de faire payer des primes plus élevées aux moins diplômés et aux plus jeunes, c'est-à-dire à ceux dont les salaires sont généralement les plus bas, car leur risque de perte d'emploi est plus fort que la moyenne. Appliquée aux retraites, cette logique de l'assurance a des effets paradoxaux. En effet, les « bons » risques sont, pour l'assureur, les personnes dont l'espérance de vie est courte, puisqu'elles touchent une pension moins longtemps que la moyenne. Il convient alors d'accorder des tarifs préférentiels aux gros fumeurs ou aux obèses. C'est ce que font certaines compagnies d'assurances au Royaume-Uni, qui proposent des contrats privilégiés aux gros fumeurs. Pour les pouvoirs publics, cette perspective est difficilement acceptable, puisqu'elle revient à encourager financièrement les comportements à risque. Dans certains pays, l'utilisation de tables de mortalité différentielle pour discriminer les primes est d'ailleurs interdite.

Par définition, dans un système de sécurité sociale, le risque est mutualisé. Comme on le voit, dans un système d'assurance privé, la question du risque, théoriquement réglée par contrat, est en fait toujours posée par suite du souci de chaque acteur de transférer les risques sur d'autres. L'évolution des régimes de retraite d'entreprise est un cas exemplaire de cette lutte pour transférer les risques sur d'autres. Ces régimes sont difficiles à gérer pour les entreprises. En effet, contrairement aux cotisations sociales, dont le paiement s'arrête quand cesse le contrat de travail, les retraites représentent des engagements de long terme pour les entreprises. Si elles réduisent leur activité, par exemple, ces engagements peuvent devenir insupportables, à moins qu'ils n'aient été intégralement provisionnés, ce qui est rarement le cas. Par ailleurs, ces engagements financiers à l'égard des anciens salariés sont des dettes sociales, prises en compte par les agences de notation, ce qui pèse sur les conditions de crédit faites aux entreprises[15]. Enfin, lors des phases de baisse des marchés financiers, la diminution de la valeur des placements faits par les entreprises pour payer les retraites de leurs salariés accroît brutalement la valeur réelle de ces dettes. À la suite du krach boursier enregistré en 2000-2001, les engagements de certaines entreprises en matière de retraite de leurs salariés ont d'ailleurs entraîné leur faillite.

Aux États-Unis, la Pension Benefit Guaranty Corporation (PBGC), fonds alimenté par des cotisations des employeurs, vient se substituer aux entreprises défaillantes. Mais les entreprises à la gestion prudente renâclent de plus en plus à financer les risques excessifs pris par d'autres firmes. Après le krach boursier de 2001, la multiplication des défauts de paiement a rendu la situation de ce fonds très précaire : il prend actuellement en charge les retraites d'un million de personnes et son déficit pour 2005 a été de 22,8 milliards de dollars. Le fonds a officiellement déclaré redouter des pertes de 108 milliards, d'autant qu'un juge a autorisé United Airlines à cesser de payer les retraites de ses 120 000 anciens salariés ! En dernier recours, ce fonds reçoit la garantie de l'État, qui pourrait donc être contraint d'intervenir. De ce fait, l'État impose des obligations de provisionnement et le Sénat vient de décider d'une hausse des contributions des entreprises. Au Royaume-Uni, le PBGC connaît un déficit record de 20 milliards d'euros, rendant probable un sauvetage par l'État. Le système est dans tous les cas adossé à l'État, qui a donc son mot à dire sur les règles de gestion. La privatisation est illusoire.

On le voit, l'organisation des retraites par les entreprises pose donc de redoutables problèmes à ces dernières. Deux évolutions se sont produites : dans le secteur privé, à l'exception des grandes entreprises à forte présence syndicale, les retraites d'entreprise ont souvent été supprimées, au moins aux États-Unis, où elles couvrent 23 % des salariés du secteur privé, contre 44 % au milieu des années 1970. D'autres entreprises tentent de transférer les risques associés aux placements financiers vers les salariés. Traditionnellement, les retraites d'entreprise fonctionnent à prestations définies : les cotisations sont ajustées en fonction du rendement des placements pour assurer la rente ou le capital versé, qui sont garantis. Le risque lié à la volatilité des marchés financiers est donc assumé par l'entreprise[16]. Cependant, de plus en plus de régimes sont à cotisations définies : seul le niveau des cotisations est garanti, la pension dépendant des rendements sur les marchés financiers. En cas de krach boursier, les pensions servies baissent, exactement comme si un individu décidait de financer sa future retraite par une épargne personnelle placée en Bourse.

D'autre part, les plans d'épargne retraite individuels ou collectifs qui viennent se substituer à des régimes à prestations définies ou, comme en France, à la répartition sont à contributions définies.

Le risque porté par la retraite, qui est le transfert de revenus dans le temps, est donc transféré sur les ménages. Cette évolution leur est évidemment défavorable. La privatisation partielle des régimes éloigne donc de l'objectif de la protection sociale, qui est de sécuriser les revenus.

La privatisation est également, le plus **souvent**, source d'accroissement des inégalités. L'accès à l'information varie selon les milieux sociaux. Les régimes privés proposent une grande variété de produits entre lesquels il est difficile de choisir. Au Royaume-Uni, de nombreux assurés ont ainsi été convaincus par les campagnes publicitaires et l'information partielle et partiale donnée par les assureurs et les banquiers d'abandonner leur régime d'entreprise ou leur complémentaire publique en faveur de plans individuels d'épargne retraite. Après une phase de grand succès commercial, la réalité des frais de gestion élevés de ces plans est apparue et l'opération a tourné au scandale financier, les épargnants spoliés se tournant vers les tribunaux pour obtenir réparation. En matière de complémentaire santé, également, l'information est une difficulté, les assurés choisissant souvent l'assureur le moins cher ou le plus efficace pour quelques cas visibles (soins dentaires, lunettes), sans prendre en compte la totalité des prestations. De manière générale, des compléments privés obligent à faire des choix auxquels les assurés ne sont pas préparés. En Suède, une grande partie des gens n'ont pas choisi entre les trois possibilités que leur offre la réforme de 1994 et l'une des modalités leur a été attribuée par défaut.

Les compléments de retraite facultatifs ne sont accessibles qu'à condition de pouvoir dégager des marges d'épargne. Les pays européens qui ont lancé ce type de compléments, comme l'Allemagne et l'Italie, ont d'ailleurs obtenu des résultats très décevants. En particulier, les salariés modestes n'entrent pas dans ces dispositifs, qui paraissent surtout destinés aux classes moyennes supérieures. En soi, cette orientation n'est pas un problème dans le cas français : les cadres ayant les taux de remplacement les plus bas, il est légitime qu'ils cherchent à maintenir leur revenu après la retraite par une épargne supplémentaire qui paraît moins nécessaire aux ouvriers ou employés, dont le taux de remplacement est plus élevé[17]. Il est cependant nécessaire d'avoir ces données à l'esprit. Elles impliquent en effet qu'il est impossible de tabler sur un complément individuel facultatif pour compléter une pension de base insuffisante. C'est pourtant le rôle que de nombreuses réformes, notamment en France, entendent leur faire jouer.

La kyrielle d'avantages sociaux et fiscaux attachés à l'épargne retraite est donc doublement inégale et injuste. Comme il vient d'être montré, cette épargne est essentiellement le fait des titulaires de revenus relativement élevés. Ces derniers sont donc les seuls à bénéficier de ces avantages. De plus, le principal avantage fiscal est la déductibilité des sommes épargnées du revenu imposable. Cet avantage est d'autant plus grand que le taux marginal d'imposition est élevé. Là encore, les titulaires de hauts revenus sont favorisés. Pour l'essentiel, ces avantages fiscaux sont un cadeau fait aux classes moyennes supérieures. Ils sont généralement justifiés par les pouvoirs publics par la crainte de la myopie des agents, incapables de pondérer à leur juste valeur des événements trop éloignés dans le temps. Cette hypothèse de myopie est probablement justifiée[18]. Elle implique qu'il faut obliger les individus à s'assurer, mais ne rend nullement nécessaire d'aider des personnes déjà couvertes par une pension de base confortable à épargner davantage.

Ces avantages fiscaux sont également contestables du point de vue de l'efficacité économique. Aux États-Unis, l'encouragement à l'épargne retraite est justifié par l'insuffisance criante de l'épargne nationale en général et de l'épargne des ménages en particulier. Mais le raisonnement n'est pas transposable à la France. L'épargne nationale est suffisante et le taux d'épargne des ménages généralement jugé excessif, dans la mesure où il pénalise la consommation, qui manque de dynamisme[19]. Alors que les pouvoirs publics prennent des mesures destinées à encourager la consommation et la désépargne, il est paradoxal qu'ils encouragent l'épargne.

La création de compléments de protection sociale privés est souvent présentée comme une décision relevant du choix individuel de chaque assuré social, puisque sans conséquence pour la collectivité. Cette présentation est incorrecte du fait des aides fiscales accordées à ces dispositifs, en particulier en matière de retraite. Un rapport officiel a établi en 2000 que chaque euro d'épargne salariale faisait perdre 0,45 euro à la Sécu et 0,12 euro au budget de l'État par rapport à 1 euro de salaire du fait des exonérations dont bénéficie l'épargne salariale[20]. Les chiffres devraient être identiques pour le PERCO, qui reprend les mêmes mécanismes. Le glissement de la rémunération du salaire vers les plans de retraite privés réduisant les recettes de la Sécurité sociale, celle-ci doit réduire ses prestations, ce qui incite les assurés à se tourner vers l'épargne retraite, solution au problème... qu'elle a elle-même créé. Le problème va se poser dans les mêmes termes pour l'assurance maladie. La diminution de la couverture offerte par le régime de base implique le développement des assurances complémentaires. Or, celles-ci bénéficient de divers types d'exonérations sociales et fiscales, dont le coût va donc augmenter, alors qu'un crédit d'impôt a été créé pour aider ceux qui, faute de revenus suffisants, ne peuvent se payer aujourd'hui une complémentaire. L'enchaînement est donc le même que pour les retraites : les difficultés financières entraînent la baisse des remboursements, qui causent le développement des complémentaires, ce qui réduit les recettes du fait des exonérations et des aides aux plus pauvres, d'où un nouveau creusement du déficit.

Comme complément de la répartition publique, la capitalisation privée a l'avantage d'équilibrer les rendements dans les périodes de hausse du taux de marge. Mais elle doit être obligatoire et très encadrée, sur le modèle terriblement complexe mis en place en Suède, qui ne lui laisse d'ailleurs qu'une place très restreinte[21]. Par contre, il ne semble pas qu'elle puisse constituer une alternative crédible aux retraites publiques par répartition.

Dans le domaine de la santé, le mouvement vers la privatisation est étrangement porté par la nécessité de mieux réguler les dépenses, alors que les systèmes appuyés sur une offre publique sont les moins onéreux. La privatisation du financement ne semble pas non plus susceptible d'améliorer les choses.

L'encouragement à la capitalisation dans la loi Fillon

La loi du 21 août 2003 réformant les retraites prévoit deux mécanismes d'épargne retraite privée, un produit d'épargne retraite individuel et un mécanisme collectif reposant sur l'épargne salariale :

— le PERP (Plan d'épargne retraite populaire) : le souscripteur est libre de choisir un assureur et d'en changer. Il verse plus ou moins régulièrement des cotisations, qui donnent droit à une rente complétant la retraite. Les droits acquis sont transférables (au conjoint uniquement) en cas de décès. Une rente d'invalidité peut également être prévue par le contrat. Les sommes versées sont déductibles du revenu imposable dans la limite de 10 % du revenu imposable. Les rentes sont imposées dans les mêmes conditions que les pensions de retraite. Malgré ces avantages, ce produit financier va entrer en concurrence avec l'assurance vie et d'autres produits défiscalisés, ce qui rend son succès incertain ;

— le Perco (Plan d'épargne pour la retraite collectif) : les versements des salariés viennent à la fois de cotisations volontaires et des sommes reçues aux titres de l'intéressement et de la participation. Ces versements sont complétés par un financement de l'employeur, limité à 4 600 euros par an. Les gestionnaires ne peuvent investir en titres de l'entreprise ou de ses filiales au-delà de 5 %, afin d'éviter des situations de ruine des salariés, comme il s'en est produit dans le groupe

Maxwell au Royaume-Uni, par exemple. Les sommes versées par l'employeur sont déductibles de son bénéfice imposable et exonérées d'impôt sur le revenu pour le souscripteur. Il s'agit donc d'une forme de rémunération entièrement défiscalisée. Si les placements réalisés dégagent des plus-values, celles-ci échapperont à l'impôt. Les prélèvements sociaux sont réduits : l'employeur ne verse qu'une taxe de 8,2 % au profit du fonds de solidarité vieillesse et le salarié a une franchise de cotisations sociales sur les versements liés à l'intéressement ou à la participation.

CHAPITRE CINQ

LE TRAVAIL, OUBLIÉ DES RÉFORMES

Il est difficile de résoudre les problèmes posés à notre système de protection sociale sans prendre en compte le travail et les conditions de travail, donc sans associer les employeurs au changement, ce qui n'a pas été fait jusqu'ici.

En matière de retraite, la relation entre âge et travail, totalement oubliée dans les réformes françaises, est décisive, dans la mesure où la voie de réforme choisie a préservé le droit de partir à 60 ans. Les départs précoces jouent aujourd'hui un rôle fondamental dans la gestion des salariés et, au-delà de la question (forte) du chômage, semblent très difficiles à remettre en cause.

Dans le domaine de la santé, la prévention doit faire une large place aux conditions de travail, qui jouent un rôle important mais sous-estimé dans l'explication des inégalités sociales de santé et d'espérance de vie. Il faudrait pour cela passer d'une logique de soin axée sur la réparation à une logique de santé axée sur la prévention, ce qui n'est pas une mince affaire.

En matière d'emploi, le chômage de masse a totalement changé le contexte, mais les adaptations de la protection sociale se sont faites au coup par coup et sont aujourd'hui très critiquées.

ÂGE ET TRAVAIL, LES RAISONS D'UN BLOCAGE

La réforme des retraites repose sur une formidable hypocrisie, qui consiste à affirmer un objectif (il faut travailler plus longtemps) sans rien faire pour l'atteindre. L'attitude du patronat au début des années 2000 illustre à merveille cette apparente contradiction : d'un côté, le MEDEF propose qu'il faille cotiser quarante-cinq ans pour avoir droit à une pension à taux plein. D'un autre côté, les employeurs n'embauchent pas les jeunes et licencient les seniors. Dans ces conditions, le financement des retraites sera amélioré par la seule baisse des pensions, ce qui est peut-être l'objectif mais ne peut être dit à haute voix. Il est vrai que la solution raisonnable qui consisterait à retarder les départs sera longue et difficile à mettre en œuvre.

Il est possible de jouer sur trois variables pour maintenir l'équilibre financier des régimes de retraite, compromis par l'évolution démographique : augmenter les cotisations, réduire les pensions versées, repousser l'âge de départ[1]. La réforme française des retraites part de l'idée que les prélèvements ne peuvent pas être augmentés et qu'il faut donc repousser l'âge de départ en retraite. Mais la possibilité de partir à 60 ans a été maintenue[2]. L'incitation au décalage des départs vient du durcissement des règles de calcul de la pension présenté au chapitre premier, qui contraint beaucoup de gens à différer leur départ s'ils souhaitent bénéficier d'une pension convenable. Le problème est que les départs ne seront guère différés sans une action énergique qui n'a pour l'instant pas été engagée. Les projections officielles à l'horizon 2015 supposent un décalage de neuf mois seulement de l'âge moyen de départ en retraite : trois mois du fait que les générations concernées auront commencé à travailler plus tard que les précédentes ; trois mois parce que la baisse attendue du chômage devrait réduire le volume de départs anticipés ; et trois mois du fait des mesures prévues par la réforme Fillon, dont on voit ainsi le faible impact sur l'âge de départ.

Ces projections décevantes interrogent. On peut en rendre compte par le fait que la France, comme d'autres pays, a développé ce que A.-M. Guillemard appelle une culture du départ précoce. Le terme de culture est particulièrement significatif. Il indique qu'il s'agit d'une vision des temps de la vie profondément ancrée dans les mentalités. Il est très difficile de changer cette culture pour quatre raisons : le niveau élevé du chômage, les conditions de travail, le rôle des départs précoces dans la gestion des ressources humaines et la représentation des âges.

Le chômage a joué un rôle important dans la décision, prise en 1982, de porter l'âge de départ légal en retraite de 65 ans à 60 ans. Cette décision a abaissé l'âge de départ effectif, même si celui-ci était depuis longtemps inférieur à 65 ans. En effet, à compter de ce moment se sont développées les préretraites pour les moins de 60 ans. Historiquement, le premier dispositif de préretraite naît en 1972. Les préretraites sont une réponse aux sureffectifs qui apparaissent à la fin des années 1970 et au début des années 1980, principalement dans les grandes entreprises de l'industrie. Du point de vue des salariés concernés comme de la direction, il s'agit d'une bonne solution à un problème difficile, nettement préférable à des licenciements sans accompagnement. Il n'est donc pas étonnant que la montée du chômage s'accompagne de plans de préretraite nombreux. Certains dispositifs lient même explicitement l'octroi d'une préretraite à l'embauche. C'est le cas de l'ARPE (allocation de remplacement pour l'emploi) dans le secteur privé et du CFA (congé de fin d'activité) dans la fonction publique. Dans le discours des salariés, l'idée qu'il faudrait « laisser la place aux jeunes » est d'ailleurs solidement ancrée.

Faut-il en déduire qu'il serait impossible de repousser l'âge de départ sans une décrue préalable du chômage ? Il pourrait sembler paradoxal de contraindre certains à travailler plus longtemps pendant que plusieurs millions de personnes attendent un emploi. La relation entre âge de départ et chômage a pourtant été contestée, avec deux arguments. Le premier est que les emplois occupés par les personnes susceptibles de partir en retraite ne correspondent pas aux qualifications des chômeurs, ce qui mettrait ces derniers dans l'incapacité de remplacer les partants. En réalité, il est moins question de remplacement poste pour poste que de glissement de nombreuses personnes vers les postes libérés par les partants, ce qui devrait bien, logiquement, libérer des emplois. En fait, l'argument suppose implicitement que le chômage est d'origine structurelle, lié notamment au mauvais ajustement, qualifié par les économistes de *mismatch*, entre les emplois et les qualifications. La très forte diminution du chômage entre 1998 et 2000, lorsque la croissance est revenue, plaide contre cette interprétation[3].

L'autre argument est empirique : certains pays, où les départs en retraite sont tardifs, sont proches du plein-emploi. C'est le cas aux États-Unis, dans une certaine mesure en Suède. Par conséquent, des départs en retraite tardifs ne nuiraient en rien à la possibilité de vaincre le chômage. Là encore, l'argument n'emporte pas l'adhésion, car il est facile de le retourner : n'est-ce pas d'abord parce qu'ils sont proches du plein-emploi que ces pays ont la possibilité de maintenir un départ en retraite tardif ?

En résumé, il ne paraît pas raisonnable d'envisager le chômage et l'âge de départ en retraite comme deux variables totalement déconnectées l'une de l'autre. La décrue du chômage est un préalable à tout report significatif de l'âge de départ. Mais le lien existe aussi dans l'autre sens. Certes, il est excessif d'imaginer que le chômage va disparaître de lui-même avec le départ en retraite des générations du baby-boom. Les questions d'adéquation des qualifications sont réelles et la croissance demeure lente, inférieure au potentiel de l'économie. Néanmoins, on peut espérer que le chômage diminue avec l'augmentation des flux de départs en retraite, ce qui permettrait d'allonger les carrières.

La question des conditions de travail est assez nouvelle. Les changements intervenus dans le travail comme dans l'état de santé de la population ont pu entraîner un certain optimisme. L'exode agricole puis la désindustrialisation ont considérablement réduit la proportion d'actifs exerçant une profession manuelle, exigeant de la force, des efforts intenses ou répétés. La mécanisation de la production rend également le travail manuel moins pénible physiquement. L'environnement de travail a profité de cette évolution : l'exposition au froid, à la chaleur, l'humidité, les poussières, les bruit, devraient être moins fréquents avec la tertiarisation. La législation encadrant les conditions de travail a aussi tendance à devenir plus exigeante, donc plus protectrice. Parallèlement à cette amélioration apparente des conditions de travail, la santé des travailleurs âgés semble meilleure aujourd'hui que par le passé, même s'il est difficile de disposer de mesures précises de l'état de santé[4].

Les conditions semblent donc réunies pour qu'il soit possible de travailler plus longtemps. Cependant, l'évolution n'est pas si linéaire. Certaines enquêtes semblent au contraire révéler une augmentation des cas de souffrance au travail. Les services comptent de nombreuses tâches engendrant des contraintes physiques. Avec l'âge, peut également s'installer un décalage entre les compétences ou les façons de faire de la personne et les attentes de son emploi. Les seniors n'ont quasiment aucun accès à la formation professionnelle alors que les procédures et les contextes de travail évoluent de plus en plus rapidement.

Ces observations impliquent que les travailleurs âgés vivent souvent mal leur vie professionnelle, sont fréquemment fatigués, dorment mal, sont anxieux ; et ils le sont d'autant plus qu'ils avancent en âge, la souffrance au travail étant en partie cumulative. Une retraite précoce ne se justifie pas pour autant comme réponse adaptée à toutes ces situations. Mais cet ensemble de symptômes divers, que nous pouvons résumer sous l'appellation de souffrance au travail, pose problème, car il pousse de très nombreux travailleurs à abréger leur vie professionnelle parce qu'ils ne la supportent plus. Il est donc nécessaire d'agir sur les trajectoires professionnelles et sur les conditions de travail de manière à rendre le travail plus supportable en fin de carrière. La diversification des carrières, le développement de la formation continue, l'adaptation des postes sont nécessaires. Malgré quelques expériences prometteuses, peu de choses ont été faites en France dans ces directions.

Le troisième obstacle à des départs plus tardifs est sans doute le plus redoutable. Les départs précoces sont devenus un instrument essentiel de gestion des ressources humaines dans les entreprises. Créées pour résorber des sureffectifs sans licencier, les préretraites et autres modalités de départ anticipé servent aujourd'hui des objectifs très divers :

— mettre des seniors en préretraite permet d'alléger la masse salariale. En moyenne, un trentenaire coûte 11 % de moins qu'un quinquagénaire. Cette différence de coût est souvent supérieure à la participation de l'employeur au financement des préretraites[5] ;

— les départs précoces sont également un moyen d'éviter d'avoir à former du personnel. Lorsqu'un changement de méthode de production intervient, il est souvent plus simple d'engager des jeunes que de former des seniors, d'autant que le niveau de formation initiale de ces derniers est faible (70 % des quinquagénaires n'ont pas le baccalauréat). Dans l'informatique, par exemple, le changement des langages de programmation, plus généralement le progrès technique, oblige à des adaptations rapides. Selon la DARES, l'âge de cessation d'activité moyen pour les informaticiens est de l'ordre de 55 ans, le plus précoce parmi les cadres ;

— les départs précoces facilitent les restructurations. Les entreprises changent de plus en plus souvent leur organisation, qu'il s'agisse de l'implantation géographique, de l'organisation du travail, de la définition des postes. Ces changements d'organisation viennent buter sur les habitudes individuelles et la culture de l'entreprise. Il faut expliquer, justifier, convaincre. C'est un processus long, parfois douloureux. Même s'il ne faut pas sous-estimer les difficultés des recrutements, il est évidemment plus simple de trouver des personnes adaptées à la nouvelle organisation ;

— lorsque les entreprises recrutent peu, les départs précoces aident à rééquilibrer la pyramide des âges. L'industrie automobile est un bon exemple de cette situation. Il est en effet dangereux que tous les salariés soient concentrés sur une seule tranche d'âge, parce qu'ils vont partir tous en même temps et que l'entreprise a besoin de continuité ;

— enfin, les départs précoces libèrent des postes souvent situés en haut de la hiérarchie accessible pour un certain niveau de qualification. Ils donnent ainsi des possibilités de promotion plus importante ou rapide pour tout le monde, ce qui est essentiel pour fluidifier la gestion des ressources humaines, recruter et retenir de bons éléments, motiver le personnel.

On comprend donc qu'une remise en cause des départs précoces aurait des conséquences sévères sur la gestion des ressources humaines.

Enfin, l'emploi des seniors bute sur la représentation des âges et des rythmes dans la société. Lorsque les premières préretraites ont été créées, certains des ouvriers concernés pleuraient, envahis par un puissant sentiment de dévalorisation sociale, de n'être plus bons à rien, mis au rebut. Le même phénomène s'est retrouvé, accentué, lorsque les préretraites ont commencé à concerner des cadres, dans la mesure où les enjeux identitaires associés au statut professionnel sont très importants dans ce groupe. Aujourd'hui, certains salariés développent au contraire des stratégies destinées à leur permettre de bénéficier de préretraites et commencent dès le début de la cinquantaine à réduire leur investissement professionnel.

Comment expliquer ce changement d'attitude, de perception des âges ? D'abord par le changement du rapport au travail. Celui-ci contribue moins que par le passé à la définition sociale de l'individu, même s'il faudrait certainement introduire des nuances dans cette affirmation. La coupure entre vie personnelle et vie professionnelle est devenue une stratégie fréquente. C'est peut-être une conséquence du changement dans la relation liant l'individu et son employeur : la mobilité est aujourd'hui plus valorisée que la fidélité, la précarité des relations est devenue habituelle. L'entreprise protectrice, voire paternaliste, a cédé la place à un rassemblement provisoire de facteurs de production, taillant dans les effectifs quand le besoin s'en fait sentir. Il y a donc prise de distance de la part de salariés qui se construisent en dehors de leur emploi et peuvent le quitter plus aisément.

Les départs précoces se sont banalisés et, ce faisant, sont devenus légitimes. Analysant le malaise de cadres en préretraite par le biais d'entretiens, un sociologue entend plusieurs fois ses interlocuteurs s'exclamer : « Vivement la retraite ! » Ce qu'ils supportaient mal n'était pas de ne plus travailler mais de n'avoir pas de statut légitime. Ce comportement a pratiquement disparu et, au contraire, les partants peuvent sans arrière-pensée envisager leur départ comme une juste récompense après des années d'effort ou exprimer leur soulagement d'échapper à une situation de salarié dégradée, de plus en plus incertaine.

Il faut aussi constater que l'image des seniors dans l'emploi n'est pas bonne. La France est, plus que d'autres pays, affectée en ce domaine de « jeunisme ». Dans une société valorisant la nouveauté et la jeunesse, de nombreux préjugés entourent les salariés âgés, quasiment absents de fonctions aussi variées qu'hôtesse de l'air, policier ou caissière d'hypermarché. La proportion de quinquagénaires recrutés en CDD est devenue plus importante que pour les 30-49 ans, ce qui indique qu'ils sont considérés comme une main-d'œuvre de complément. Selon une étude de la DARES de septembre 2003, 42 % des chefs d'entreprise considèrent que la présence trop nombreuse de seniors aurait des « effets négatifs sur l'introduction de nouvelles technologies », ce qui témoigne de solides préjugés de la part de responsables qu'on aurait pu imaginer mieux informés. Inversement, l'image des « jeunes retraités » est très positive. La jeunesse se définit souvent comme espace de liberté, parce que l'individu est dans un intervalle entre sa famille d'origine et celle qu'il va fonder, entre l'école et l'emploi. De la même façon, mais plus récemment, la retraite prise tôt ouvre un espace de liberté entre contraintes professionnelles et familiales des actifs chargés de famille et contraintes de santé du grand âge.

Pour toutes ces raisons, l'âge auquel il est socialement légitime de s'arrêter de travailler s'est abaissé. C'est une évolution de fond, sur laquelle il sera forcément long de revenir.

Si l'âge de départ ne change pas, les pensions vont baisser, sans que l'équilibre financier soit maintenu pour autant. Mais ce qui précède montre qu'il ne suffit pas de décréter que l'âge de départ doit s'élever pour obtenir un résultat. Or, les réformes françaises sont très discrètes sur cette question. Les exemples de quelques pays européens suggèrent qu'il est possible d'agir efficacement, mais qu'il y faut du temps et beaucoup d'implication.

Le cas finlandais est le plus intéressant car le plus systématique[6]. La question de la représentation des âges a été traitée par une campagne nationale d'information, en particulier en direction des employeurs. L'adaptation des postes de travail aux seniors a fait l'objet d'interventions d'experts dans les entreprises, permettant une hausse de la productivité du travail. D'importantes dépenses publiques de formation des travailleurs de 45 ans et plus ont été consenties. Des fins de carrière souples, à temps partiel ou valorisant les reprises d'emplois des retraités, ont conduit à un certain allongement des carrières. Toutes ces mesures ont donné lieu à des évaluations indépendantes. Le seul échec du programme finlandais concerne les mesures de retour à l'emploi des chômeurs âgés, qui ont donné peu de résultats. Ce programme national a permis de retarder l'âge de sortie définitive du marché du travail de plus d'un an et d'accroître de 12 points le taux d'emploi des 55-59 ans. Mais Anne-Marie Guillemard insiste surtout sur l'aspect qualitatif et symbolique en posant les travailleurs âgés en source de croissance et de productivité.

Les Pays-Bas ont également engagé un programme destiné à inverser la tendance à la sortie précoce du marché du travail. Comme les Finlandais, ils ont responsabilisé les employeurs en transférant sur eux le coût des sorties précoces, notamment pour invalidité. Les failles de leur programme, dont les premiers résultats ont été mitigés, les ont amenés récemment à adopter une loi anti-discrimination. L'exemple néerlandais illustre la nécessité de concevoir un plan global pour traiter cette question.

La difficulté essentielle d'un programme visant à faciliter l'allongement des carrières est qu'il nécessite une collaboration étroite des employeurs. Comment est-il possible de les impliquer ? Une première piste est de les obliger à garder leurs salariés âgés. Au-delà de 60 ans, les employeurs pouvaient interrompre unilatéralement le contrat de travail, puisque le salarié avait le droit de partir en retraite. En théorie, la loi Fillon a changé cela, l'accord du salarié concerné devenant indispensable. Mais une disposition prévoit que, si un accord collectif de branche le précise, il est possible de déroger à cette obligation. De nombreuses branches professionnelles[7] ont aussitôt négocié un tel accord, accepté par certaines organisations syndicales car elles obtenaient en contrepartie pour les salariés un dédommagement financier au moment de la rupture du contrat. Après avoir examiné des centaines de décisions de justice, deux universitaires sollicitées par le Conseil d'orientation des retraites concluent qu'un certain durcissement de la législation a entraîné une diminution des ruptures de contrat de travail du fait de l'âge. Cette diminution a conduit à substituer d'autres motifs de rupture à l'âge, mais n'a rien changé à l'élimination des salariés âgés. Le plus fréquent est le licenciement pour faute grave, l'accord du salarié concerné étant obtenu par une compensation financière. La faute grave évite à l'employeur de payer une pénalité, la contribution Delalande (voir ci-dessous), et donne au salarié le statut de chômeur dispensé de recherche d'emploi (DRE), auquel il n'aurait pas droit en cas de départ volontaire. Ce détournement manifeste de la loi montre que l'interdiction est une réponse inefficace lorsqu'il existe une forte conjonction d'intérêts de la part des acteurs sociaux.

Figure 12 : Dispositifs de préretraites publiques en France (milliers de personnes concernées)

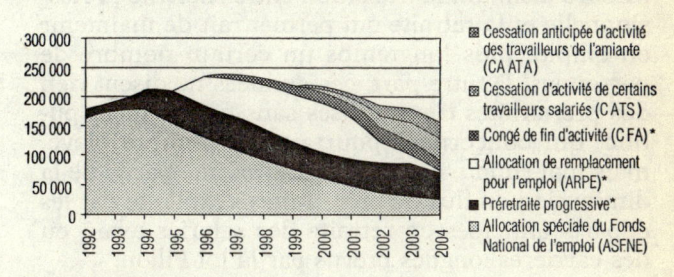

- Cessation anticipée d'activité des travailleurs de l'amiante (CAATA)
- Cessation d'activité de certains travailleurs salariés (CATS)
- Congé de fin d'activité (CFA)*
- Allocation de remplacement pour l'emploi (ARPE)*
- Préretraite progressive*
- Allocation spéciale du Fonds National de l'emploi (ASFNE)

* Dispositifs en extinction.
Source : DARES.

La même mécanique se retrouve dans le cas des préretraites. Les pouvoirs publics ont pensé pouvoir supprimer ces préretraites ; mais chaque suppression d'un mécanisme de préretraite a été suivie de la création d'un mécanisme proche, sous la pression des employeurs et des statistiques de chômage.

Comme le montre la figure 12, les conventions d'ASFNE (allocation spéciale du Fonds national de l'emploi) cèdent progressivement la place à l'ARPE (allocation de remplacement pour l'emploi, créée en 1995), puis à la CATS (cessation anticipée d'activité de certains travailleurs salariés, créée en 2000). Au total, les entrées en préretraite passent de 50 000 en 1992 à 100 000 en 1996, avant de revenir à 60 000 en 2000. Apparemment, la mise en œuvre de la réforme Fillon marque un coup d'arrêt, puisque le nombre d'entrées dans les divers dispositifs ne serait que de 35 000 en 2004. Mais il n'est pas certain que la volonté politique affichée résiste à l'épreuve du temps. Il est d'ailleurs étrange que les préretraites progressives aient été supprimées par la loi Fillon, dans la mesure où il s'agit précisément du type de mesure facilitant la transition entre l'activité professionnelle et la retraite qui permettrait de maintenir en emploi plus longtemps un certain nombre de personnes. D'autre part, ces données ne disent rien des préretraites d'entreprises sans financement public, qui concernent pourtant un nombre élevé, mais mal connu, de salariés. Enfin, une partie de la diminution du flux de préretraites s'explique par les départs anticipés en retraite des salariés ayant eu des carrières longues prévus par la loi Fillon.

La tendance à la baisse des préretraites est donc incertaine. En tout état de cause, supprimer ou décourager les préretraites sans qu'existent par ailleurs des possibilités satisfaisantes de maintenir les seniors en emploi risque de reporter ces derniers vers d'autres dispositifs, éventuellement moins avantageux. La figure 13 montre que la diminution des entrées en préretraite à partir de 2000 a eu pour contrepartie une hausse rapide du nombre de chômeurs DRE, dont le statut et la rémunération sont généralement moins avantageux que ceux des préretraités[8]. Un autre risque est celui du détournement de certaines mesures afin de compenser la raréfaction des préretraites. Il n'est pas certain du tout que le dispositif CAATA soit utilisé uniquement pour les salariés auxquels il est destiné. Surtout, un nombre croissant de départs définitifs de l'emploi se fait pour raisons de santé. En quelques années, ce nombre est passé de 45 000 par an environ à 70 000, soit plus que les préretraites. Le ministère de la Santé s'est beaucoup plaint auprès des entreprises de la multiplication des congés de longue maladie et des déclarations d'inaptitude en fin de carrière et de la pression que les employeurs font peser sur les médecins du travail. Mais rien n'a été fait concrètement pour faire cesser cette pratique. Ces départs pour raisons de santé sont cependant fort loin d'être tous artificiels. Selon la DARES, 42 % des quinquagénaires sortis prématurément de l'emploi déclarent souffrir d'une affection limitant leur capacité de travail, cette proportion montant à 52 % parmi les ouvriers. Les préretraites servent aussi à se séparer dans de bonnes conditions de ces salariés fragiles, et limiter leur nombre fait apparaître le problème au grand jour.

Une autre piste est de faire payer aux employeurs le coût du non-emploi des seniors. Avant 60 ans, un dispositif connu sous le nom de contribution Delalande impose une pénalité financière, variable selon l'âge et pouvant atteindre un an de salaire, aux entreprises qui licencient un salarié de plus de 50 ans. Ce dispositif créé en 1987 a été retouché à de multiples reprises car il ne donnait pas satisfaction. En effet, il dissuade les employeurs d'embaucher des

Figure 13 : Entrées en préretraite et en chômage

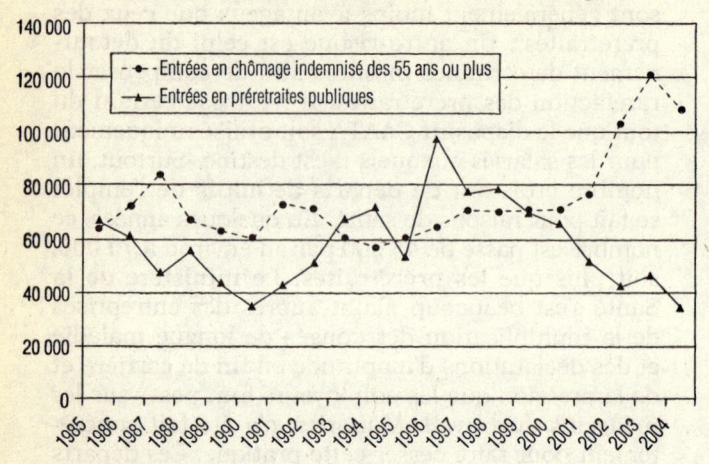

- - ◆ - - Entrées en chômage indemnisé des 55 ans ou plus
— ▲ — Entrées en préretraites publiques

* Hors congé de fin d'activité (Fonction publique).

Source : DARES.

salariés âgés et il les pousse parfois à licencier avant 50 ans afin d'échapper au risque d'avoir à payer la contribution. Pour neutraliser ce dernier risque, la contribution ne concerne plus les salariés embauchés après 45 ans. Le dispositif demeure néanmoins peu efficace. Selon une étude de l'INSEE[9], les entreprises ajustent leur main-d'œuvre principalement par l'intermédiaire des embauches, ne recourant au licenciement qu'en dernier ressort. Par conséquent, la pénalisation financière des licenciements influe peu sur les comportements, alors que l'effet dissuasif à l'embauche est réel. Il faut également remarquer que la contribution Delalande ne concerne que les licenciements et non les autres façons de se séparer d'un salarié âgé, du congé de longue maladie à la préretraite. Si le dispositif était efficace, il est donc probable que les employeurs changeraient simplement de façon de se séparer de leurs salariés âgés. Ce bilan très mitigé indique bien l'origine du problème : il n'est pas efficace de contraindre les employeurs. Outre la rigidité qui en découle pour la gestion des ressources humaines, l'obligation implique contrôle, contournement et dissuade finalement d'embaucher. Le gouvernement, prenant acte de ce bilan, envisage d'ailleurs de supprimer la contribution Delalande, qui rapporte néanmoins 1,2 milliard d'euros par an, en principe destinés à financer le reclassement des salariés âgés. Un dispositif comparable existe en Finlande, où il subit les mêmes critiques.

Les gouvernements successifs ont également cherché à jouer sur le coût des préretraites. Jusqu'ici, bien souvent, les administrations prennent en charge ce coût en cofinançant les préretraites. D'un dispositif à l'autre, la participation financière de l'État a par ailleurs baissé, l'État espérant ainsi décourager les entreprises d'y recourir. La loi Fillon assujettit également les préretraites d'entreprise à une contribution spécifique de 23,85 % affectée au Fonds de réserve pour les retraites (FRR). Le financement public des préretraites coûte 1,5 milliard d'euros par an environ, somme en baisse mais qui demeure conséquente. On peut évidemment envisager d'interrompre totalement ce financement. Mais, comme nous l'avons montré, les possibilités de substitution d'un dispositif à l'autre sont grandes, ce qui amène à la conclusion qu'il faut adopter une politique globale, traitant à la fois le chômage des seniors, les préretraites, les conditions de travail des salariés âgés, les carrières et la représentation des âges.

Il faut aussi changer le regard que portent les employeurs et la population en général sur les seniors. La moitié des responsables du recrutement interrogés par la DARES en 2001 affirmaient qu'ils ne recruteraient pas davantage de personnes de plus de 50 ans, même en cas de difficultés à pourvoir les postes de travail. De fait, lors de la reprise de l'emploi, entre 1998 et 2001, les embauches de seniors ont peu augmenté, alors qu'ils ont été les premières victimes des réductions d'effectifs de 2002-2004. Pour modifier les représentations et faire que les seniors soient considérés à l'égal des autres salariés, des textes de loi plus précis interdisant la discrimination par l'âge, comme il en existe aux États-Unis, auraient un impact immédiat. Il est également possible de recourir à la publicité, sur le modèle des campagnes d'information lancées en Finlande.

Les préjugés relatifs à l'efficacité des seniors ou à leurs capacités à intégrer les nouvelles techniques sont en effet largement infondés, comme le montrent les études réalisées en entreprises par les ergonomes. Ils s'expliquent en partie par le fait que les salariés âgés sont souvent peu qualifiés, ce qui n'est pas une question d'âge mais de date d'entrée dans la vie active. Le niveau moyen de formation a en effet beaucoup progressé au fil du temps. On constate d'ailleurs que le taux d'activité des 55-59 ans augmente avec le niveau de formation. C'est en France et en Allemagne que cette relation est la plus nette[10]. L'autre face de la réhabilitation des seniors est donc la formation, qui doit intervenir tout au long de la vie, pour reprendre un beau slogan, pour l'instant vide de contenu.

On le voit, le chantier est immense et nécessite une forte mobilisation. Il faut bien constater que cet effort n'a pas commencé en France malgré les rapports remis aux pouvoirs publics par le Conseil d'orientation des retraites. Il est impossible en ce domaine d'obtenir des résultats rapides. Les politiques à engager sont nécessairement de long terme. Or, l'horizon des pouvoirs publics comme celui des entreprises semblent de plus en plus courts ; ce qui n'incite pas à l'optimisme.

TRAVAIL ET SANTÉ

En matière de santé, l'importance du travail est également négligée. Parce que le danger au travail était identifié à l'usine, on a longtemps pensé que la désindustrialisation et la montée corrélative des activités de service allaient régler la question des risques professionnels de santé. Cette idée n'est pas entièrement dépourvue de fondements. Ainsi, le nombre d'accidents du travail mortels a été divisé par 2,5 environ depuis 1950. Les autres accidents du travail sont également en nette baisse, malgré une remontée depuis 1997. D'autres statistiques sont moins encourageantes et le travail est aujourd'hui « rendu responsable d'un problème de santé sur cinq »[11].

Par contre, le nombre de maladies professionnelles déclarées augmente de façon importante, ce qui traduit en partie leur meilleure reconnaissance, mais aussi le maintien de conditions de travail pesant sur la santé. Sur les dernières années, il est même permis de parler d'explosion en France : 7 500 cas en 1991, 39 750 dix ans plus tard. L'industrie utilise des matériaux de plus en plus dangereux, mais leur dangerosité est toujours reconnue trop tard et à l'issue de difficiles conflits. Le cas de l'amiante est aujourd'hui bien connu ; mais la première étude scientifique montrant les dangers de l'utilisation de ce matériau date de 1961, la reconnaissance officielle du problème intervient en France en 1977 et il faut attendre 1997 pour que l'amiante soit interdite. La même histoire semble se reproduire aujourd'hui avec les nanotubes. Les premières études toxicologiques montrent que ces matériaux sont toxiques, notamment pour les poumons, même présents en quantité inférieure aux normes, et que la protection offerte par les masques, gants et lunettes est inefficace. Cette industrie connaît pourtant un développement échevelé, y compris dans les industries cosmétique et chimique.

Dans des domaines tels que les troubles musculo-squelettiques, la hausse constatée par les médecins en France ou aux États-Unis est incontestable. Depuis le début des années 1990, les contraintes physiques telles que le port de charges lourdes, les cadences rapides ou les postures pénibles sont plus fréquentes dans la plupart des pays européens et les pathologies telles que les douleurs dorsales ou les maux de tête sont en augmentation. Une raison importante de cette augmentation est que de nombreux services sont pathogènes. Ainsi, derrière le commerce électronique « en quelques clics », il y a des opérations de manutention, de transport et d'emballage. Soulever les malades est source de douleurs dorsales. Écrire au tableau provoque des tendinites de l'épaule et des problèmes de canal carpien. Les caissières de supermarché sont très souvent atteintes de problèmes articulaires (cou, poignet). Or, les entreprises de services n'ont pas la même culture de prévention et d'attention aux risques de santé que les grandes entreprises de l'industrie. Les syndicats y sont moins présents, les comités d'hygiène et de sécurité moins actifs, les maladies professionnelles moins bien documentées.

Le travail de nuit concerne aujourd'hui 19 % des salariés en Europe. Cette proportion a eu tendance à augmenter avec l'extension des horaires d'ouverture des magasins ou des centres d'appel, l'augmentation des relations économiques avec d'autres parties du monde et la réorganisation du travail. En France, le passage aux 35 heures a été l'occasion de passer au travail posté en deux équipes dans de nombreux établissements. Or, le travail de nuit a des conséquences négatives sur la santé. Les troubles du sommeil sont beaucoup plus fréquents parmi les travailleurs de nuit. Ces troubles entraînent fatigue chronique et dépression. De même, l'obésité et le tabagisme, les troubles intestinaux et cardio-vasculaires semblent plus fréquents chez eux : selon une étude suisse, supprimer le travail de nuit réduirait de 7 % les maladies cardio-vasculaires. Enfin, le travail de nuit accélère le vieillissement, les retraités ayant travaillé de nuit étant plus souvent sujets à des maladies cardio-vasculaires, respiratoires et du système digestif. Il faut souligner que les problèmes de santé apparaissent surtout pour le travail de nuit régulier, sans alternance, ce qui concerne plus l'hôtellerie ou l'hôpital que l'industrie.

Un phénomène essentiel est le développement du stress et de tous les symptômes qui l'accompagnent, comme la fatigue permanente, les crises d'angoisse, les dépressions nerveuses. Le stress est souvent assimilé à la pression que subissent les agents dans leur travail, ce qui est trop général, car englobant à la fois ce qu'on qualifie de stress positif, c'est-à-dire stimulant, et le stress générateur d'anxiété et de troubles de santé. Le stress est devenu une source de souffrance au travail importante, lorsque la situation est telle que la personne ne peut pas agir sur la situation à laquelle elle fait face ou atteindre l'objectif qui lui est assigné par l'organisation, comme le résume le modèle de Karasek présenté dans le tableau 12, qui désigne sous le terme de travail surchargé les situations stressantes.

Tableau 12 : Le modèle de Karasek

		Demande psychologique	
		Faible	*Élevée*
Latitude décisionnelle	Faible	Travail passif	Travail surchargé
	Élevée	Travail détendu	Travail dynamique

La transformation des méthodes de gestion, combinée à la recherche systématique des gains de productivité, a entraîné une nette accentuation de la charge mentale associée au travail. Les salariés sont de manière croissante en contact avec une clientèle qui exerce une pression élevée, mal vécue lorsqu'il est impossible de répondre à cette pression. Le technicien dans un centre d'appel ne peut dépanner les clients furieux parce que le problème ne vient pas d'une erreur de manipulation mais d'un matériel défectueux. La standardiste voit revenir vers elle les correspondants qu'elle a correctement aiguillés sur un poste téléphonique que le destinataire de l'appel néglige obstinément de décrocher. La fabrication doit tenir les délais intenables promis par le commercial pour obtenir un marché. L'enseignant doit faire acquérir la maîtrise d'un programme à certains élèves qui n'auraient pas dû se trouver dans sa classe. Contrairement au mythe du « stress du cadre », le stress est présent parmi les salariés d'exécution plus que chez les décideurs, car ces derniers ont une forte capacité d'action sur les problèmes qu'ils doivent résoudre, alors que les premiers n'ont souvent pas les moyens de régler les problèmes.

Surtout, de nombreux emplois cumulent aujourd'hui les contraintes. Ainsi, beaucoup de postes de travail ouvriers ajoutent à une pénibilité physique telle que le port de charges lourdes une charge mentale élevée liée au respect des objectifs de production ou au contrôle de la qualité.

Une interprétation de ce tableau assez négatif est le développement d'un « nouveau productivisme », selon l'expression de Philippe Askénazy[12]. Les organisations flexibles pilotées par l'aval, c'est-à-dire par la demande exprimée par le client, se révèlent source d'intensification du travail et de cumul des contraintes pour les salariés. Est-ce à dire qu'il s'agit d'une tendance inévitable liée au changement technique et économique ? Dans son ouvrage, Philippe Askénazy affirme au contraire, en s'appuyant sur l'exemple américain, qu'il est possible de réduire l'impact du travail sur la santé. Selon lui, l'amélioration nette des conditions de travail aux États-Unis depuis une quinzaine d'années s'explique par l'intervention de professionnels (ergonomes, médecins du travail, sociologues) chargés de former les salariés et de modifier l'organisation du travail, en favorisant l'alternance entre les divers types de contraintes et en agissant sur le poste de travail lui-même. Naturellement, ces changements ont un coût élevé, même s'ils ne semblent pas freiner la productivité. Les entreprises s'y sont néanmoins résolues parce que le coût des accidents du travail (170 milliards de dollars par an) devenait très élevé et pesait sur leurs primes d'assurance (2,4 % du coût du travail), sans compter les risques de procès et les amendes élevées, car la législation du travail est mieux appliquée aux États-Unis qu'en France. La publicité donnée aux sanctions pèse également, car les entreprises ne veulent pas donner une mauvaise image d'elles-mêmes. Par contre, les pressions exercées par les syndicats en vue de renforcer la législation ont échoué.

Les leçons de l'exemple américain sont intéressantes. Il montre, pour commencer, que des améliorations sont possibles. Il met également en évidence les différentes composantes d'une politique de prévention en matière de santé : rôle des partenaires sociaux, incitations financières, publicité, législation appliquée. Inversement, les mauvaises performances enregistrées en France peuvent s'expliquer par une gestion inefficace de la branche « accidents du travail et maladies professionnelles » (ATMP) de l'assurance maladie. Le fait que les prestations soient versées par la Sécurité sociale exonère les entreprises dangereuses des conséquences financières de leur politique. Certes, depuis 1995, les grandes entreprises payent en principe une cotisation dépendant des frais qu'elles occasionnent. Mais la sous-déclaration des accidents du travail est forte (de l'ordre de 20 %) et un important décalage dans le temps entre les accidents et leur impact sur le barème des cotisations rend le mécanisme peu incitatif. Comme les petites entreprises en sont exonérées, les grandes firmes ont tendance à sous-traiter leurs activités dangereuses à de petites structures. La gestion paritaire de la branche ATMP a également été stigmatisée par la Cour des comptes dans son rapport de 2002. Les relations très conflictuelles entraînent de longs blocages, en particulier dans la reconnaissance des maladies professionnelles. Le paritarisme montre ici ses limites : la définition des maladies professionnelles doit-elle résulter d'un compromis politique entre employeurs et salariés ou de spécialistes indépendants ?

Que faire des travailleurs en mauvaise santé ou handicapés ? Certains pays, comme le Royaume-Uni ou les Pays-Bas, ont opté pour de larges possibilités de se retirer du marché du travail en bénéficiant d'un statut et d'une allocation. La frontière est alors mince entre le handicap et la faible employabilité, entre l'inactivité et le chômage. Il est certain que de nombreux chômeurs ont été conduits à accepter un classement comme handicapés ou comme malades chroniques alors qu'ils pouvaient encore travailler à certaines conditions, parce qu'ils ne trouvaient pas de travail.

La France penche pour une prise en compte de la pénibilité dans le calcul des retraites, en permettant un départ anticipé. Mais les négociations sur ce point, prévues par la loi Fillon de 2003, n'avancent guère. Surtout, il faut prendre garde que la réparation ne vienne pas se substituer à la prévention : si les conditions de travail réduisent l'espérance de vie sans incapacité, il faut, comme le propose le rapport Struillou[13], permettre aux personnes concernées de partir plus tôt. Mais il faut surtout changer les conditions de travail qui produisent de telles conséquences, ce qui suppose une action collective. Or, il n'y a pas de prise de conscience en France de l'ampleur des conséquences pathogènes du travail et de leur coût pour la collectivité, d'autant que la diffusion des statistiques dans ces domaines est très confidentielle. La reconnaissance de l'origine professionnelle des pathologies est très longue et difficile, comme la longue bataille de l'amiante l'a montré. Sur 170 000 opérations du canal carpien chaque année, 10 000 à peine sont reconnues comme résultant de l'activité professionnelle. Une étude dirigée par l'Institut de veille sanitaire de la région Pays de Loire montre pourtant que les risques sont très liés à la profession. L'ergonomie et les rythmes de travail doivent tenir compte de ce que les ouvriers agricoles, mais aussi les ouvriers de la manutention ou les employés de bureau sont soumis à des risques de syndrome du canal carpien nettement plus élevés que la moyenne. De la même façon, le nombre de cancers liés à l'environnement professionnel est probablement très supérieur au nombre des cancers reconnus officiellement comme liés à l'emploi.

La reconnaissance du lien entre santé et travail est impossible sans qu'augmente le nombre des médecins du travail. Compte tenu du nombre de départs en retraite attendus dans cette profession et de la pénurie de médecins du travail, il faudrait en recruter près de 5 000 au cours des dix prochaines années. Or, parmi les spécialités médicales, 56 places seulement sont prévues chaque année. Du fait de cette mauvaise reconnaissance, rien n'est fait pour substituer la prévention à la réparation, qui coûte fort cher. Il s'agit de ce que les économistes appellent une externalité négative, qui devrait être internalisée en étant supportée par les employeurs, ce qui aurait pour effet de les inciter à incorporer ce coût pour la collectivité dans leurs calculs économiques et à chercher les moyens d'éviter ces problèmes de santé.

DU DROIT À L'EMPLOI
AUX POLITIQUES D'EMPLOI

Dans le domaine de l'emploi, la protection sociale a d'abord pour fonction de fournir un revenu de substitution aux personnes sans travail. Mais la protection sociale a aussi un impact sur l'emploi. Le rapport Beveridge, qui est à l'origine du modèle anglais de protection sociale, répondait au souci d'empêcher que se reproduise jamais la situation sociale désastreuse qu'avait entraînée la crise de 1929. Dans cette perspective, les recommandations du rapport insistaient à la fois sur la nécessité de fournir un revenu aux chômeurs et sur le soutien à la demande que permettrait la protection sociale. Même si la problématique a changé, le lien entre protection sociale et emploi demeure. Une troisième dimension est celle des politiques d'emploi. Il ne s'agit plus seulement d'agir sur le niveau global de la demande pour maintenir le plein-emploi, mais de mener des politiques de l'emploi pour lutter contre des formes de chômage spécifiques.

La montée d'un chômage massif et durable en Europe a totalement bouleversé les objectifs de l'action publique en matière d'emploi. Pour commencer, le chômage a remis en cause la protection sociale et son financement. Tant que les entreprises sont restées fortement liées à un territoire national pour leurs ventes et leur production, l'État providence a été un facteur de la croissance et du plein-emploi. Il offrait des garanties de revenu dynamisant la consommation et faisait reposer sur toute la collectivité la prise en charge des personnes inaptes à un travail efficace pour raisons d'âge ou de santé. Comme son nom l'indique, la protection sociale apportait la sécurité, directement et aussi indirectement, en contribuant au plein-emploi. Le droit à l'emploi est du reste inscrit dans la Constitution française depuis 1946 et figure dans la Déclaration universelle des droits de l'homme de 1948. Certes, ce droit n'a jamais été lu comme impliquant l'obligation pour l'État de fournir un emploi à chacun en toute circonstance, mais il a orienté les politiques publiques.

L'exacerbation de la concurrence internationale change fondamentalement les données du problème. Les entreprises mettent en concurrence les territoires. Alors que leur problème était de partager le fardeau de l'assurance de leurs salariés en matière de vieillesse, santé et chômage, il est aujourd'hui de réduire le coût du travail le plus possible. Une protection sociale complète coûte cher et les cotisations sociales alourdissent le coût du travail. Le phénomène peut même être cumulatif : le chômage entraîne la hausse des prélèvements obligatoires, qui provoque la hausse du coût du travail, [...] dre des parts de marché, ce qui accroît [...] Ainsi, les dépenses publiques d'indem[...] du chômage et de soutien aux préretraites représentent 1,8 % du PIB en France, 2,1 % en Allemagne, mais seulement 0,4 % au Royaume-Uni, proche du plein-emploi[14].

On peut certes discuter ce raisonnement. Par rapport aux pays émergents, le coût de la protection sociale ne change pas grand-chose aux données du problème : que le coût du travail soit dix ou douze fois plus élevé en France qu'en Chine importe peu. Au Japon ou aux États-Unis, le coût du travail inclut comme en Europe le financement des retraites et des dépenses de santé et de chômage, même si ce coût prend des formes différentes selon les pays, de la taxe sur les licenciements imposée dans certains États américains aux fonds de pension. Les éventuelles variations de coût salarial dues à la protection sociale entre ces régions peuvent d'ailleurs facilement être corrigées par les mouvements du taux de change[15]. Au sein de l'Union européenne, les échanges sont libres et intenses et les niveaux de salaire relativement proches, même si l'élargissement a accru les écarts. C'est donc là que le coût de la protection sociale peut être source de chômage et tout accroissement de la concurrence en Europe renforce ce raisonnement.

Remarquons cependant que, si tous les pays européens décident en même temps de réduire le niveau de la protection sociale pour réduire le coût du travail dans l'espoir d'augmenter leurs ventes et d'exporter leur chômage... il ne se passera rien. Pratiquée par un nombre limité de pays, cette politique fait des gagnants et des perdants ; mais, pratiquée par tous, elle ne fait que des perdants. Dès lors, il serait sans doute plus productif pour les pays européens de s'accorder pour éviter d'utiliser la baisse de la protection sociale comme arme dans la concurrence[16]. En pratique, toutefois, la question est délicate. Selon les traités, la protection sociale ne fait pas partie des sujets pour lesquels l'Union européenne est compétente ; et le renforcement des attributions de l'Europe n'est pas à l'ordre du jour. D'autre part, compte tenu de l'hétérogénéité des niveaux de vie et de protection sociale depuis l'élargissement à vingt-cinq, il est difficile de fixer un niveau de protection minimal ou de se mettre d'accord pour ne pas réduire les cotisations sociales.

Par ailleurs, le chômage peut être dû en partie à un coût du travail trop élevé rendant l'embauche non rentable. La question est source depuis Keynes de discussions passionnées. Très schématiquement, le chômage peut en effet venir d'un niveau de production insuffisant pour qu'il y ait du travail pour chacun ou d'un coût du travail supérieur à celui qui permettrait le plein-emploi. La première explication est avancée par les économistes keynésiens depuis la crise de 1929. La seconde est défendue par les classiques et néoclassiques depuis le XIXe siècle. Elle s'appuie sur l'idée qu'une production trouve toujours une demande. Ces deux types de chômage peuvent coexister, ce qui est probablement le cas aujourd'hui. La question est alors de savoir quelle part du chômage vient de problèmes d'offre.

Dans la mesure où les keynésiens admettent généralement que l'insuffisance de la demande est un phénomène provisoire, les économistes ont tenté de séparer un chômage durable, structurel, qui naîtrait de l'inadéquation de l'offre de travail, et un chômage conjoncturel, lié à l'insuffisance de la demande. Certains économistes concluent que le chômage est intégralement structurel, mais le recul du chômage d'un tiers lorsque la croissance est brièvement revenue à la fin des années 1990 rend cette conclusion hautement improbable ; ce qui ne devrait pas empêcher d'essayer de réduire les problèmes d'offre.

Ces problèmes sont variés. Le premier est l'écart entre les qualifications des chômeurs et les besoins des employeurs. Cette difficulté a de sérieuses conséquences économiques, mais son impact sur le chômage est souvent surestimé. Il est parfois affirmé que 500 000 offres d'emploi déposées par les employeurs ne trouveraient pas preneur. Ce nombre, très supérieur à ce qui se déduit des statistiques de l'ANPE, paraît élevé. Il s'agit principalement d'emplois précaires de l'hôtellerie-restauration, du transport routier ou du bâtiment, secteurs qui éprouvent traditionnellement des difficultés de recrutement. Surtout, il semble que l'origine des emplois non pourvus est leur faible attrait et non l'absence de chômeurs disposant des compétences nécessaires pour les occuper.

Il est exact que les chômeurs ont souvent une faible qualification. Mais, si le nombre d'emplois disponibles est constant, requalifier les chômeurs accroît la concurrence pour occuper les emplois disponibles, mais ne réduit pas le nombre global des chômeurs. Leur intérêt est principalement d'éviter aux chômeurs d'être durablement coupés du monde du travail. Le chômage de longue durée est en effet celui qui a les plus lourdes conséquences sociales et humaines. L'expérience des pays qui pratiquent une politique énergique de formation des chômeurs ne porte pas à l'optimisme. Certes, les chômeurs ayant suivi des stages de formation accroissent leurs chances de sortir du chômage, mais cet accroissement est très limité. Ces résultats mitigés ne doivent pas conduire à renoncer à des politiques de requalification de la main-d'œuvre. Mais ils mettent en évidence le rôle de la formation initiale et continue : il est difficile de tirer bénéfice de stages de formation sans un niveau de formation initiale suffisant[17], alors que ce sont souvent les salariés les plus âgés et les moins qualifiés qui ont le moins d'accès à la formation continue.

Un autre problème est le niveau élevé du coût du travail, qui pourrait dissuader les entreprises d'embaucher. Dans une grande entreprise industrielle, une telle hypothèse est peu vraisemblable, car le coût du travail ne représente qu'une fraction du coût total et parce qu'une petite augmentation du prix de vente n'a guère d'effet sur les ventes. Ainsi, on imagine mal Peugeot ou Volkswagen décider de ne pas embaucher et de limiter leur production volontairement parce que le salaire des personnels à recruter serait trop élevé. En dehors de la question de la compétition internationale et de l'attractivité du territoire, qui a été examinée plus haut, un coût du travail élevé a peu d'impact sur le niveau de l'emploi de ce type de firme.

La question se pose différemment dans le cas des entreprises de services aux ménages, car le coût du travail y pèse lourd et parce qu'il existe souvent une alternative au travail salarié, qu'il s'agisse d'automatisation ou de travail domestique. Par exemple, un ménage arbitrant entre se faire livrer le journal ou aller le chercher chez le marchand de journaux sera très sensible au prix de ce service, lui-même très sensible au coût du travail. Aux caisses des supermarchés, dans les agences bancaires ou dans les stations-service, il est possible d'automatiser et de demander aux clients de se débrouiller seuls ou, au contraire, d'embaucher du personnel spécialisé, en fonction du coût du travail. Le service supplémentaire sera apprécié s'il n'est pas trop coûteux. Ce qui importe ici est donc la comparaison entre le coût du travail pour ces services peu qualifiés et le pouvoir d'achat du consommateur moyen. La question est donc largement celle des inégalités : dans une société très inégalitaire, les classes moyennes et supérieures auront les moyens d'acheter de grandes quantités de travail des classes populaires.

En France, le coût du travail peu qualifié est élevé en proportion de celui des couches moyennes, même si ne figurent pas sur la figure 14 certains des pays les plus égalitaires, notamment en Europe du Nord. Il n'est donc pas étonnant que les emplois de service aux personnes y soient peu développés. Il a souvent été fait remarquer qu'il y avait peu d'emplois dans la restauration ou le commerce en France par comparaison avec d'autres pays développés. Le coût du travail, c'est-à-dire à la fois le niveau des salaires et des cotisations sociales, en est une explication essentielle. Un rapport officiel a montré que l'emploi dans ces secteurs d'une main-d'œuvre jeune cherchant un revenu provisoire, dans un contexte de salaire minimum bas, expliquait l'abondance de ce type d'emplois aux États-Unis et au Japon[18].

Ce constat a alimenté les politiques de réduction des cotisations sociales aux alentours du SMIC, qui visent explicitement à encourager les services à la personne, même si elles s'appliquent à tous les em-

Protection sociale : le défi

4 : Coût du travail au salaire minimum dans divers pays (charges comprises, en % du coût salarial moyen)

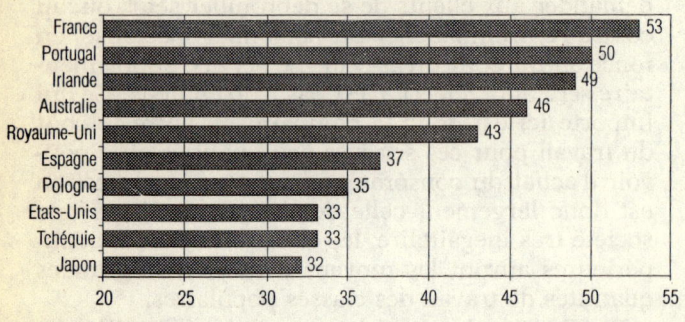

Pays	%
France	53
Portugal	50
Irlande	49
Australie	46
Royaume-Uni	43
Espagne	37
Pologne	35
Etats-Unis	33
Tchéquie	33
Japon	32

Source : DARES.

plois à bas salaire, ce qui réduit évidemment leur efficacité. Le vrai problème que posent ces politiques d'emploi est qu'elles se fondent sur d'importantes inégalités de revenu et qu'elles renforcent, dans une certaine mesure, ces inégalités. La figure 15 met en évidence une relation nette entre le degré de développement de ces services aux particuliers et les inégalités.

Est-ce à dire qu'il faudrait choisir entre chômage et inégalités ? C'est ce que sous-entendent les discours sur un supposé « modèle » français, certes égalitaire mais inefficace et source de chômage. D'autres solutions existent pourtant, explorées par les pays scandinaves, en particulier la promotion de services sociaux de qualité aux ménages (aide apportée aux personnes dépendantes, crèches, encadrement des enfants) employant du personnel qualifié.

Figure 15 : Services aux particuliers et inégalités

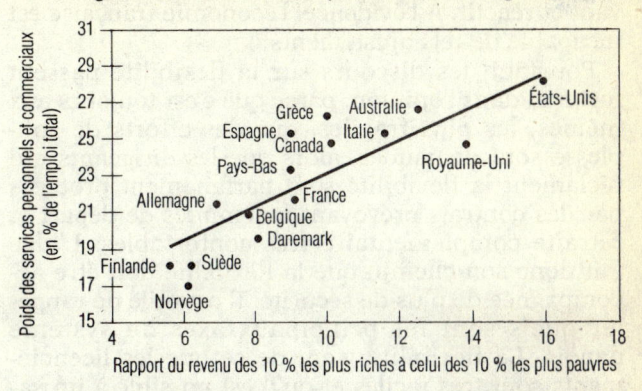

Poids des services personnels et commerciaux (en % de l'emploi total) / Rapport du revenu des 10 % les plus riches à celui des 10 % les plus pauvres

Source : Jean Gadrey, « Le leurre américain des emplois de services », *Alternatives économiques*, n° 231, décembre 2004.

La relation entre protection sociale et politiques de l'emploi peut également être articulée différemment, en pensant simultanément les question de flexibilité, de qualification et d'indemnisation. Le modèle danois de « flexicurité » est souvent invoqué à ce sujet. À l'origine des discussions à ce sujet se trouve le constat de certains blocages sur le marché du travail en France ou en Allemagne. Le diagnostic de rigidité choque, car les embauches se font de plus en plus par des contrats précaires, en particulier pour les jeunes. Il est pourtant fondé. En effet, il existe un important contraste entre une main-d'œuvre mal protégée, sur laquelle reposent tous les ajustements, et des salariés installés, assez bien protégés contre le chômage ou la baisse de leur rémunération et qui, de ce fait, hésitent beaucoup à bouger. C'est un problème, car les changements techniques très rapides que subissent les économies nécessitent l'adaptation permanente d'un tissu économique vivant et réactif. À l'évidence, l'économie française est incapable de tels ajustements[19].

Pourtant, les discours sur la flexibilité passent fort mal dans l'opinion, parce que c'est toujours aux mêmes, les plus fragiles, que des efforts de souplesse sont demandés, alors que les dirigeants qui réclament la flexibilité sont parfaitement protégés par des contrats prévoyant indemnités de départ et retraite complémentaire très confortables. L'idée fait donc son chemin que la flexibilité doit être accompagnée de plus de sécurité. Il est utile de rappeler quels sont les principaux axes du système danois. La flexibilité vient de ce que les licenciements sont très faciles et qu'il est possible à un salarié de prendre un congé parental ou de formation de six à dix-huit mois en étant remplacé. Pour ces remplacements, l'État incite financièrement les employeurs à choisir des chômeurs. Dans un cas sur deux, les remplaçants restent ensuite dans l'entreprise, ce qui en fait un dispositif d'insertion performant. En contrepartie de la facilité à licencier, l'indemnisation du chômage est très bonne : de 60 % à 90 % du salaire pendant quatre ans, selon le niveau de salaire antérieur. D'autre part, les sommes consacrées à la formation des chômeurs sont considérables et il est banal d'être en formation, puisque 15 % de la population active reçoivent une formation chaque année. En conséquence, le sentiment de sécurité domine, qui explique que les salariés n'hésitent pas à quitter leur emploi pour changer d'entreprise ou de poste.

Trois remarques doivent être faites sur ce modèle. Ses divers éléments sont solidaires : la liberté de licencier ne va pas sans une bonne indemnisation du chômage, par exemple. Il faut donc impor-

Le travail, oublié des réformes

ter l'ensemble ou faire autre chose ; mais le m est tout d'une pièce. Par ailleurs, ce modèle est adapté aux caractéristiques du Danemark, comme la prédominance des PME ou un taux de syndicalisation proche de 90 %, soit dix fois plus qu'en France. Il n'est pas certain qu'il soit possible de transposer ce modèle dans un pays aux caractéristiques très différentes. Enfin, il y a une opposition nette entre les mesures constituant le modèle danois et l'idée que l'indemnisation du chômage pousse les individus à l'oisiveté. Dans la logique danoise, on peut au contraire soutenir que la mauvaise indemnisation du chômage nuit à la flexibilité, car elle pousse les salariés à refuser le risque du changement.

Le lecteur l'aura compris, ces remarques sont autant de critiques de pratiques françaises dépourvues de vision d'ensemble, car hésitant entre une forte intervention de l'État dans l'indemnisation, mais aussi la formation et la réglementation des licenciements, et des mesures libérales inspirées des pays anglo-saxons. Le débat français sur les politiques de l'emploi est donc très pauvre, car souvent limité à l'opposition stérile entre libéralisme et étatisme.

Ce chapitre a donc mis en évidence un vrai paradoxe de la protection sociale française, fondée sur le travail et qui pourtant l'ignore très largement. Il est vrai que le monde du travail est d'abord celui des partenaires sociaux, auxquels l'État a tendance, de manière croissante, à se substituer, en partie par suite de leur faiblesse et de leurs divisions. C'est pourtant en agissant sur le travail qu'il sera possible de retarder les départs en retraite ou de réduire les dépenses de santé.

CHAPITRE SIX

COMMENT LUTTER CONTRE LA PAUVRETÉ ?

La question de la pauvreté a pris une importance cruciale depuis une vingtaine d'années car elle est devenue plus visible. Contrairement à une opinion répandue, en effet, le nombre de pauvres ne semble pas avoir augmenté, au moins en France. Mais les pauvres ne sont plus les mêmes : actifs, plus jeunes, habitant les villes, ils bénéficient moins souvent que par le passé de la solidarité de la famille ou du voisinage. Face à ces nouvelles figures de la pauvreté, la protection sociale fondée sur l'assurance est mal armée. De nouvelles prestations, non contributives, ont été mises en place, de façon à assurer un revenu minimum à chacun.

Ces dispositifs posent le problème du retour à l'emploi des personnes assistées : l'État providence ne produit-il pas des trappes à pauvreté, par des aides qui rendent le retour à l'emploi financièrement coûteux et moins désirable ? Même si l'existence de telles trappes est douteuse, des efforts importants ont été faits pour que l'emploi apporte en toute circonstance un revenu plus élevé. Dans la mesure où les bas salaires se multiplient, c'est un exercice de plus en plus difficile et aucune solution n'emporte pleinement l'adhésion.

Se pose enfin la question du coût du travail, dans la mesure où certains économistes estiment qu'il s'agit là d'un obstacle sérieux à l'embauche. Étant entendu qu'il n'est pas souhaitable de réduire les salaires, la diminution des charges sociales augmentant le coût du travail a été décidée. Ce chapitre examine cette politique, dont les résultats semblent très discutables.

PAUVRETÉ ET MINIMA SOCIAUX

La pauvreté est difficile à définir et à mesurer. La notion la plus souvent utilisée et mesurée dans les pays développés est celle de pauvreté relative : est pauvre celui dont les ressources, tenant compte de la taille du ménage, sont inférieures à une certaine proportion du revenu médian, c'est-à-dire du revenu tel que la moitié de la population gagne moins et l'autre moitié gagne plus. Les seuils les plus souvent retenus sont de 50 % du revenu médian en France et de 60 % en Europe. Il est forcément arbitraire de fixer un seuil précis et beaucoup de spécialistes considèrent que la solution la plus sûre pour bien décrire le phénomène est de relever le nombre de pauvres à divers seuils et son évolution dans le temps. Le tableau 12 donne les niveaux de revenu correspondant aux différents seuils en France. Selon que la définition retenue est à 50 % ou à 60 % du revenu médian, le nombre de personnes pauvres double, passant de 3,5 à 7,1 millions. Le tableau donne deux valeurs pour chacun des seuils, car le nombre retenu par l'INSEE est fondé sur l'enquête

« Revenus fiscaux des ménages » qui sous-estime certains revenus, en particulier ceux de la propriété. Pierre Concialdi, chercheur à l'IRES, propose des seuils plus élevés, car reposant sur une estimation plus complète du revenu médian.

Tableau 13 : La pauvreté à différents seuils en France (pour une personne seule, en euros par mois)

Seuil (en % du revenu médian)	Seuil de pauvreté		Nombre de personnes pauvres (en milliers) en 2001
	Enquête INSEE 2001	Revenus réels 2004	
50 %	602	940	3 557
60 %	722	1130	7 167
70 %	843	1320	12 088

Source : Rapport de l'Observatoire national de la pauvreté, Pierre Concialdi, « Pauvreté, bas salaires et minima sociaux : pour des réformes structurelles », *L'Économie politique*, n° 26, 2005.

D'autres estimations du nombre de pauvres peuvent être obtenues en utilisant les enquêtes de l'Observatoire de la pauvreté, selon lesquelles, en 2003, 13 % des personnes n'ont pas les moyens de se chauffer correctement, 8,4 % ne peuvent acheter de vêtements neufs, 30,3 % ne peuvent remplacer des meubles. La pauvreté est beaucoup plus visible aujourd'hui. Âgés et ruraux autrefois, les pauvres sont aujourd'hui nettement plus jeunes et actifs. Ainsi, en 1970, 27 % des retraités et 4 % des salariés étaient pauvres, alors que ces proportions sont aujourd'hui de 4 % et 5 % respectivement.

Le système français d'assurances sociales ne peut pas protéger tout le monde, puisqu'il repose sur des droits liés à l'emploi. Pour lutter contre la pauvreté, la protection sociale utilise donc des prestations d'assistance, auxquelles ont droit les personnes dont les ressources sont inférieures à un certain niveau. Depuis longtemps, des minima sociaux ont été mis en place pour des situations précises. La montée du chômage et de la précarité, la fragilité croissante des familles ont entraîné la multiplication des minima. Plutôt que d'étendre à des populations nouvelles les minima existants, les pouvoirs publics ont en effet créé des dispositifs spécifiques pour chaque public, ce qui aboutit à une situation complexe, que résume brièvement le tableau 14. La fixation de minima différents est souvent difficile à justifier : pourquoi une veuve n'a-t-elle pas droit à la même somme qu'une retraitée, par exemple ? Il faut ajouter que les différentes allocations ne sont pas réévaluées de la même façon en fonction de la hausse des prix. En outre, le RMI et l'API sont des allocations différentielles : elles viennent compléter le revenu existant jusqu'au niveau correspondant au montant maximal de l'allocation. Ainsi, une personne seule bénéficiant d'une rente de 120 euros par mois aura droit à un RMI de 425,4 — 120 = 305,4 euros. Par contre, les autres minima peuvent être cumulés avec d'autres ressources jusqu'à un plafond supérieur au montant de l'allocation. Enfin, les ressources prises en compte pour savoir si une personne a droit à une allocation ne sont pas les mêmes d'un minimum à l'autre. Par exemple, les allocations familiales ne sont pas prises en compte dans les ressources pour le droit à l'AAH, mais le sont dans le cas du RMI ; les pensions alimentaires ne sont pas prises en compte dans le cas de l'ASS mais le sont dans le cas du RMI, bien que ces deux minima soient proches. Il faudrait également tenir compte de ce que ces ménages sont exonérés d'un certain nombre d'impôts et taxes, en particulier la taxe d'habitation, la CSG (sauf pour l'ASS et l'AI, ce qui n'est pas logique) et, dans certaines conditions, la redevance audiovisuelle, surtout que celle-ci est désormais couplée à la taxe d'habitation. Par contre, certains minima sociaux sont supérieurs au plafond donnant droit à la CMU (couverture maladie universelle).

Au total, l'enchevêtrement des règles relatives à ces prestations est spécialement compliqué.

Tableau 14 : Les minima sociaux en France

	Public	Montant mensuel*	Nombre d'allocataires**
Allocation d'insertion (AI)	Détenus libérés, personnes en attente de réinsertion, rapatriés, réfugiés et demandeurs d'asile	299,9	46 700
Revenu minimum d'insertion (RMI)	Toute personne de 25 ans et plus	425,40 (638,1 pour un couple)	998 645
Allocation de solidarité spécifique (ASS)	Chômeurs en fin de droits justifiant d'au moins cinq années d'activité salariée au cours des dix dernières années précédant la rupture de leur contrat de travail.	425,83	348 600
Allocation veuvage	Conjoints survivants d'assurés sociaux décédés.	529,84	12 300
Allocation de parent isolé (API)	Personnes isolées assumant seules la charge d'un ou plusieurs enfants.	722,75 (1 enfant) 903,44 (2 enfants) 1084,13 (3 enfants)	170 052
Allocation supplémentaire d'invalidité	Personnes de moins de 60 ans, titulaires d'une pension d'invalidité de très faible montant.	599,5	111 200
Allocation aux adultes handicapés (AAH)	Personnes handicapées qui ne peuvent prétendre ni à un avantage invalidité, ni à une rente d'accident du travail.	599,5	741 354

	Public	Montant mensuel*	Nombre d'allocataires**
Allocation supplémentaire vieillesse (minimum vieillesse)	Personnes âgées de plus de 65 ans (60 ans en cas d'inaptitude au travail) disposant de droits très faibles ou nuls à l'assurance vieillesse.	599,5	557 600
Allocation équivalent retraite (AER)	Chômeurs de moins de 60 ans totalisant déjà 160 trimestres de cotisation à l'assurance vieillesse.	919	26 700

* En 2005, en euros.
** En 2003 en métropole. Il faut ajouter à ces 3 013 151 personnes 301 042 résidents des DOM.

Source : Sénat.

Les minima sociaux concernent 3 millions d'allocataires et, compte tenu des personnes à charge, plus de 6 millions de personnes, soient 10 % de la population totale de la France. Il faut souligner la situation très particulière des départements d'outre-mer, où les minima sociaux sont une ressource pour plus du tiers de la population et même la moitié à la Réunion, où un quart de la population dépend du seul RMI. Les minima sont assez nettement inférieurs au seuil de pauvreté. Mais, s'ils sont la première ressource des ménages les plus pauvres, ceux-ci bénéficient d'autres aides publiques. En additionnant le RMI et l'allocation logement, dont les allocataires du RMI sont automatiquement bénéficiaires, on atteint un niveau de revenu de l'ordre de 600 euros par mois, donc proche du seuil de pauvreté calculé par l'INSEE au niveau de 50 % du revenu médian, mais encore loin de mesures plus larges du seuil de pauvreté. Au total, les prestations sociales représentent plus de la moitié du revenu des 10 % les plus pauvres de la population (tableau 15).

Tableau 15 : Poids des prestations sociales dans le revenu

En euros par mois	Ensemble de la population	10 % les plus pauvres	10 % suivants
Prestations familiales	41	107	70
Aides à la scolarité et à la garde d'enfants	10	17	11
Allocation logement (locataires)	21	98	49
Minima sociaux	18	119	26
Total prestations	90	341	155
Revenu disponible par UC* et par mois	1480	634	799

UC = unité de consommation.

Source : INSEE.

Dans les années 1950, l'objectif était de permettre à des inactifs, invalides ou retraités, de compléter des droits très faibles dans les premières années de la Sécurité sociale pour atteindre un niveau de vie décent. Ces allocations sont donc différentielles. L'allocation adulte handicapé, créée en 1975, est au contraire destinée à des personnes qui n'ont généralement jamais travaillé. Un changement d'optique apparaît en 1976 avec l'allocation parent isolé, qui tire les conséquences de l'augmentation du nombre des familles monoparentales. L'allocation veuvage est également une réaction à la fragilité croissante des liens familiaux. L'allocation de solidarité spécifique (ASS) répond à la montée du chômage de longue durée. Par contre, le RMI répond à une grande variété de situations, même s'il est certain que sa création, en 1989, a permis aux partenaires sociaux de limiter plus strictement dans le temps les droits à allocations.

Les dispositifs de lutte contre la pauvreté sont donc nombreux, complexes et parfois injustes. Mais ils ont le mérite de réduire assez efficacement la pauvreté. Une comparaison avec les autres pays européens place la France en bonne position (tableau 16) : la distribution des revenus par le marché laisse 26 % de pauvres, proportion qui se situe dans la moyenne européenne, mais les transferts sociaux permettent de limiter le taux de pauvreté à 12 %, ce qui est un bon résultat.

Tableau 16 : Pauvreté et redistribution en Europe

	Taux de pauvreté avant transferts*	Taux de pauvreté après transfert		Taux de pauvreté avant transferts*	Taux de pauvreté après transfert
Allemagne	24	15	Finlande	28	11
Autriche	24	13	France	26	12
Belgique	30	16	Irlande	31	21
Danemark	32	12	Italie	22	19
Espagne	22	19	Royaume-Uni	26	18

* Proportion de personnes dont le revenu disponible, avant transferts sociaux, se situe au-dessous du seuil de risque de pauvreté, fixé à 60 % du revenu disponible médian national (après transferts sociaux). Les pensions de vieillesse et de survie sont considérées comme revenus d'origine et non pas comme des transferts sociaux.

Source : Eurostats.

Par son caractère universel (du moins à partir de 25 ans), le RMI pourrait remplacer les autres minima existants, mais est d'un niveau nettement moins élevé. Servis à des personnes susceptibles de travailler et ne subissant d'autres handicap que l'absence de travail, le RMI et l'ASS représentent nettement moins d'un demi-SMIC, apparemment par crainte que des allocations plus élevées ne dissuadent les bénéficiaires de retrouver un travail. Pensé comme une solution provisoire, le RMI est le statut durable d'une population importante. Certes, d'une année sur l'autre, la situation des allocataires change (figure 16). Mais 32 % des allocataires en bénéficent depuis cinq ans au moins et 4 % depuis la création du RMI, en 1989.

Figure 16 : Que deviennent les allocataires du RMI ?

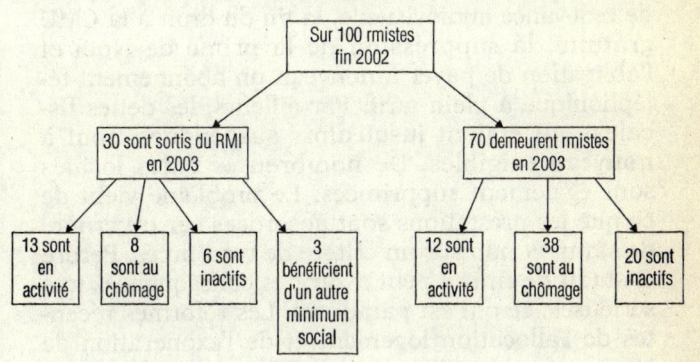

Sur 100 rmistes fin 2002

- 30 sont sortis du RMI en 2003
  - 13 sont en activité
  - 8 sont au chômage
  - 6 sont inactifs
  - 3 bénéficient d'un autre minimum social
- 70 demeurent rmistes en 2003
  - 12 sont en activité
  - 38 sont au chômage
  - 20 sont inactifs

Source : Observatoire de la pauvreté.

Dès le départ, les pouvoirs publics ont prévu un mécanisme d'intéressement, destiné à éviter qu'un allocataire du RMI prenant un emploi ne perde immédiatement son allocation, du fait du caractère précaire des emplois et pour s'assurer que la reprise d'emploi permet une vraie hausse de revenu. Développé et étendu à d'autres minima sociaux à partir de 1998, l'intéressement permet de conserver le

RMI pendant deux trimestres, puis l'allocation diminuée de la moitié du salaire pendant trois trimestres. L'intéressement s'annule donc au voisinage du salaire minimum. D'autres mécanismes d'intéressement existent pour les autres minima sociaux s'adressant à des personnes susceptibles d'occuper un emploi. 13 % des allocataires du RMI et de l'ASS sont actuellement concernés par ce mécanisme.

Cependant, le RMI est lié à d'autres prestations, de sorte que la sortie du dispositif entraîne la perte du bénéfice de l'allocation logement à taux plein automatique, de l'exonération de taxe d'habitation et de redevance audiovisuelle, la fin du droit à la CMU gratuite, la suppression de la prime de Noël et l'obligation de payer à nouveau un abonnement téléphonique à plein tarif. Par ailleurs, les dettes fiscales, qui étaient jusqu'alors suspendues, sont à nouveau exigibles. De nombreuses aides locales sont également supprimées. Le problème vient de ce que les prestations sont accordées sur un critère de statut et non sur un critère de ressources. Perdre le statut de rmiste peut avoir des conséquences très sérieuses, ce qui est paradoxal. Les réformes récentes de l'allocation logement et de l'exonération de taxe professionnelle substituent en partie le critère des ressources à celui du statut pour corriger ce défaut.

Finalement, un allocataire des minima sociaux est-il incité à ne pas chercher de travail et à rester dans sa situation ? La première réponse est de mesurer le gain net qu'entraîne une reprise d'emploi. L'indicateur utilisé pour mesurer l'effet du système de redistribution est le taux marginal d'imposition nette de prestations, c'est-à-dire l'impôt supplémentaire et les prestations en moins qu'entraîne une hausse du revenu d'activité. Pour les bas revenus, ce taux est très élevé, car une hausse de revenu fait perdre le droit à certaines prestations sous condition de ressources. Pour un allocataire du RMI, le taux marginal de prélèvement net est de l'ordre de 100 %, puisque le RMI est une allocation différentielle : toute hausse de revenu entraîne une baisse équivalente du RMI. Toutefois, comme le montre la figure 17, le mécanisme de la prime pour l'emploi (PPE), maximale au voisinage du SMIC, compense en partie cet effet, de telle sorte que le taux marginal de prélèvement net n'est « que » de 60 % au niveau de sortie du RMI. Le profil très accidenté de la courbe traduit bien la complexité du système et l'existence d'effets de seuil nombreux et importants, au voisinage desquels le taux marginal de prélèvement net varie brutalement.

En conséquence, l'essentiel du revenu d'activité provenant d'une reprise d'emploi est compensé par la baisse des prestations sous condition de ressources. Selon certains calculs, une personne seule vivant du RMI et prenant un emploi à mi-temps payé au SMIC ne voit son revenu net progresser que de 40 euros par mois. Il est même probable, compte tenu des droits attachés au RMI, tels que la prime de Noël ou l'exonération de taxe d'habitation, qu'une reprise d'emploi puisse se traduire par une perte de revenu net dans certains cas. Par ailleurs, compte tenu des délais de prise en compte des changements dans la situation d'un individu, une personne qui a travaillé un trimestre puis perdu cet emploi peut se trouver presque sans ressources le trimestre suivant. Pour des personnes dépourvues de la moindre trésorerie, accepter un contrat court en intérim, par exemple, est donc un sérieux risque. En-

Figure 17 : Taux marginal d'imposition apparent pour un couple monoactif ayant deux enfants

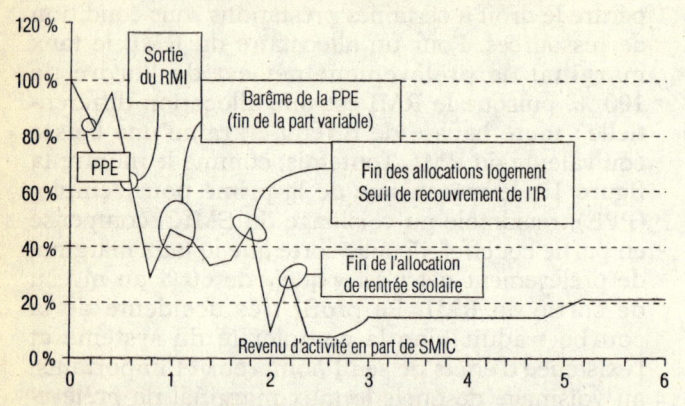

Sortie du RMI

Barème de la PPE (fin de la part variable)

PPE

Fin des allocations logement
Seuil de recouvrement de l'IR

Fin de l'allocation de rentrée scolaire

Revenu d'activité en part de SMIC

Lecture : pour un revenu très faible, 1 € de revenu d'activité supplémentaire est presque entièrement absorbé par les prélèvements (le taux marginal de prélèvement net est proche de 100 %). Au contraire, pour un revenu représentant 5 fois le SMIC, 1 € de revenu supplémentaire entraîne 20 centimes de prélèvement supplémentaire ; le revenu net augmente donc de 80 centimes.

PPE : prime pour l'emploi.
Source : Ministère de l'Économie et des Finances, Direction de la prévision.

fin, il faut souligner qu'aucune étude ne tient compte de certains coûts, de transport ou de garde d'enfant, qu'entraîne la reprise d'un emploi.

Ces dernières années, la situation a un peu évolué. Plusieurs réformes techniques ont lissé l'évolution des revenus après reprise d'activité. D'autre part, selon les calculs de l'INSEE[1], l'écart en faveur de l'emploi s'est creusé entre 1989 et 2003 pour les rémunérations inférieures au salaire minimum et n'a guère changé pour les autres. L'effet des mesures prises depuis quinze ans est donc essentiellement de subventionner le travail à temps partiel.

Les trappes à pauvreté sont donc moindres depuis quelques années, sans avoir disparu pour autant, en particulier pour les personnes avec enfants travaillant à temps partiel.

La montée des prestations d'assistance à destination de personnes susceptibles de travailler a entraîné un débat, particulièrement vif dans les pays anglo-saxons, sur la question de savoir s'il était acceptable que des personnes vivent durablement des aides publiques si elles ont la capacité de travailler. Ces dernières années, l'idée de *workfare*[2] s'est imposée. Le point de départ est la conception selon laquelle chacun doit donner à la société quelque chose en contrepartie de ce qu'il reçoit. C'est le fondement des actions charitables et du travail pour la communauté qui jouent un si grand rôle dans la démocratie américaine. Appliquée à l'assistance, cette idée implique que les pauvres doivent donner du temps et des efforts en contrepartie des subsides qui leur sont alloués. L'éthique protestante du travail comme moyen d'élever moralement l'homme est largement partagée aux États-Unis. Enfin, dans une société supposée libre, ouverte, il appartient à chacun de saisir les opportunités qui lui sont données. Les pauvres sont alors jugés responsables de leur situation. Pour toutes ces raisons, l'aide sociale est mal vue aux États-Unis. Accusé de maintenir les pauvres dans une situation d'assistés, le *welfare state* doit être amendé et les mener à l'intégration (la rédemption ?) par le travail. Cette critique de l'État providence traditionnel trouve son aboutissement dans une loi de 2004 qui, à partir de 2007, conditionne l'aide sociale à une participation de 40 heures par semaine à des activités de travail ou de formation.

Un travail d'organisation et de contrôle colossal va être nécessaire pour que cette loi devienne réalité.

En France, le législateur a introduit l'idée d'insertion, par la formation ou l'associatif, dans la loi créant le RMI. Mais les actions d'insertion sont très inégales. Elles ne sont de toute façon pas pensées dans l'optique d'obtenir pour la société une contrepartie aux secours accordés, mais plutôt de fournir aux individus les moyens de sortir de leur situation. Le contexte idéologique est en effet différent, les pauvres étant moins souvent considérés en Europe continentale comme responsables de leur situation. Les enquêtes de terrain disponibles confirment cette vision des choses : un tiers seulement des rmistes sont inactifs, dont près de la moitié pour raisons de santé[3]. Les autres sont en emploi ou en cherchent un. Il faut cependant souligner que l'opinion sur ce sujet a changé en France de manière dramatique : alors que 69 % du public estimaient que le RMI « donne un coup de pouce nécessaire pour s'en sortir » au moment de sa création, cette proportion n'est plus que de 44 % en 2003. Dans le même temps, 53 % pensent que « cela risque d'inciter les gens à s'en contenter et à ne pas chercher de travail », contre 29 % en 1989[4].

COMMENT FAIRE QUE LE TRAVAIL PAYE ?

Une préoccupation essentielle des pouvoirs publics, concernant les minima sociaux qui s'adressent à des personnes susceptibles d'occuper un emploi, est d'éviter de décourager le travail et de constituer une population d'assistés permanents, bloqués dans des « trappes à pauvreté ». Cette question a pris de l'ampleur dans les années 1990, lorsqu'il est apparu que les bénéficiaires des minima sociaux restent longtemps dans l'assistance et semblent même éprouver d'autant plus de difficultés à en sortir que leur présence dans ces dispositifs est ancienne. Étrangement, compte tenu de l'intérêt passionné que suscite cette question, les études empiriques sur ces trappes sont fort peu nombreuses. Il y a quelques années, une étude de Thomas Piketty[5] a mis en évidence une forte réaction de l'offre de travail à la suite de l'extension aux mères de deux enfants de l'allocation parentale d'éducation. Celle-ci a efficacement convaincu les mères de famille de quitter le marché du travail pour profiter de cette allocation. Dans le cas de l'introduction du RMI, par contre, l'investigation de Thomas Piketty n'a pas mis en évidence d'effet notable sur l'offre de travail. À notre connaissance, il n'existe en fait aucune étude empirique ayant mis en évidence l'existence de trappes à inactivité liées aux minima sociaux[6]. Compte tenu des données financières que nous avons présentées, on peut s'en étonner. Mais ces considérations financières ne sont pas les seules à prendre en compte.

Pour commencer, les savants calculs de l'INSEE, intégrant les effets du RMI, du revenu d'activité, de la PPE, de la CMU, de la taxe d'habitation, de l'allocation logement, de la prime de Noël et de l'allocation de rentrée scolaire, chacun dépendant de règles complexes qui lui sont propres, ne sont pas à la portée de n'importe qui ! Il est probable que de nombreuses personnes ne savent pas précisément ce que trouver un emploi changera à leurs revenus nets. De plus, un emploi provisoire à temps partiel peut déboucher sur un emploi à temps complet ou de statut plus stable, parce que la personne aura fait ses preuves, parce qu'elle aura augmenté son capital de relations ou parce qu'elle aura enrichi son CV. Enfin, l'emploi ouvre des droits sociaux, en matière de retraite et de chômage. Au-delà des aspects financiers, un emploi est porteur d'identité, de statut social, de dignité personnelle. C'est sans doute le constat le plus frappant : le travail, même dégradé, est toujours vu comme porteur d'intégration sociale. Dans l'enquête de 1998 sur le devenir des bénéficiaires du RMI, un tiers des personnes ayant repris un emploi déclarent d'ailleurs n'y avoir aucun intérêt financier à court terme et 12 % déclarent même y perdre. Il est donc très probable que la question des trappes à inactivité est un faux problème du point de vue de la politique de l'emploi. Les personnes qui trouvent du travail le prennent généralement et, s'il est vrai que 300 000 à 500 000 offres d'emploi sont insatisfaites, il s'agit rarement d'emplois accessibles aux titulaires de minima sociaux. Ceux-ci éprouvent par ailleurs des difficultés sérieuses dans la recherche d'emploi (transport, garde d'enfant).

Le débat n'est pas réglé pour autant. Malgré quelques oppositions, il existe un accord assez large autour de l'idée selon laquelle « il faut que le travail paye », non pas, comme le fait justement remarquer Denis Clerc[7], pour des raisons économiques, mais pour des raisons morales. Mais cette nécessité entre en contradiction avec la volonté de lutter contre la pauvreté en fournissant un niveau de vie suffisant à chacun, dans un contexte marqué par l'impossibilité, pour des raisons économiques, d'augmenter trop les bas salaires. Certes, des efforts en ce sens ont été faits au Royaume-Uni, avec la création récente d'un salaire minimum, et aux États-Unis, avec les campagnes en faveur du *living wage*, c'est-à-dire d'un salaire minimum qui permette effectivement de vivre décemment. À 5,15 dollars de l'heure (environ 4,3 euros), le salaire minimum fédéral est en effet très bas. Aussi des groupes de pression demandent-ils, avec un certain succès, que les entreprises obtenant des marchés publics s'engagent à payer des salaires supérieurs au seuil de pauvreté. En France, par contre, le salaire minimum peut difficilement augmenter sans risque pour l'emploi, parce qu'il est plus élevé qu'aux États-Unis et parce que la France est soumise à une forte concurrence en Europe.

Pour dépasser cette contradiction, une voie suivie par la plupart des pays développés est de tracer une frontière aussi nette que possible entre les prestations adressées aux personnes susceptibles de travailler et les autres, auxquelles il est possible de proposer un revenu d'assistance plus élevé. La difficulté de cette solution est la limite tracée entre les deux populations. Ainsi, aux Pays-Bas, beaucoup de chômeurs âgés ou en difficulté, faiblement qualifiés, bénéficient d'un statut d'invalides. Relativement avantageux sur le plan financier, ce statut a pour effet d'écarter complètement ses bénéficiaires du marché du travail, donc de formes essentielles d'intégration sociale. Il en est de même au Royaume-Uni pour plus de 2 millions de personnes jugées inemployables ou en France pour les chômeurs âgés dispensés de recherche d'emploi.

Pour les autres, susceptibles de travailler, des allocations moins élevées sont proposées. Mais même ce niveau plus faible ne suffit pas à créer un écart significatif entre assistance et revenu d'activité du fait du développement du travail à temps partiel. Rare dans les années 1970, il concerne désormais 18 % des emplois en Europe (16 % en France), parfois sur des durées très courtes, puisque 14 % des femmes et 3 % des hommes travaillent moins de 20 heures par semaine (8 % et 1 % en France). La rémunération de ces emplois est forcément basse. Pour qu'elle demeure nettement supérieure au revenu minimum, celui-ci doit baisser aux alentours de 40 % du salaire minimum. Or, les inégalités de revenu ont eu tendance à augmenter, de sorte que le salaire minimum a baissé en proportion du revenu médian, dont il ne représente plus aujourd'hui que les trois quarts environ. Pour que le travail, y compris à temps partiel, paye, il faudrait donc que le revenu minimum soit de l'ordre de 30 % du revenu médian par unité de consommation… c'est-à-dire la moitié du seuil de pauvreté ! Dans ces conditions, les minima sociaux ne protégeraient pas de la pauvreté et n'assureraient même pas un niveau de survie. De ce fait, certains pensent que le temps partiel ne constitue pas une norme d'emploi acceptable, justement parce qu'il ne permet pas de vivre décemment. Il est exact qu'il peut correspondre aux besoins de certains employeurs, de même qu'à des actifs dans des situations particulières, comme les étudiants, les parents de jeunes enfants, certaines personnes proches de la retraite ou en mauvaise santé. La question n'est donc pas de restreindre le travail à temps partiel, mais seulement de refuser d'en faire une référence pour le calcul des minima sociaux.

Les pouvoirs publics ont fait un choix opposé dans de nombreux pays, encourageant le développement du temps partiel. Leur but est évidemment de réduire le chômage par le partage du travail, un argument fort étant que les reprises d'emploi des allocataires des minima sociaux se font très souvent à temps partiel et qu'il vaut mieux un rmiste travaillant à mi-temps que ne travaillant pas. En France, le temps partiel a bénéficié de 1992 à 2005 d'un abattement de 30 % des cotisations sociales patronales sous certaines conditions, ce qui a contribué à sa diffusion. Il faut alors créer un écart entre le salaire minimum à temps partiel et des prestations d'assistance de niveau décent. La France combine actuellement plusieurs mécanismes. Nous avons vu l'intéressement, qui permet de combiner pendant une durée limitée une prestation d'assistance et un revenu d'activité. Intéressante pour les allocataires de minima sociaux, cette solution n'est pas bonne, car elle conduit à ce qu'une personne ayant transité par le RMI gagne plus que ses collègues, ce qui est injuste. D'autre part, en permettant de survivre avec un salaire extrêmement bas, ces aides encouragent les entreprises à verser de bas salaires, ce qui est un objectif très discutable des politiques publiques. Une prime pour l'emploi (PPE), réservée aux personnes ayant un emploi, a également été mise en place dans le même but. Cependant, son montant est faible (33 euros par mois pour une personne seule touchant moins que le SMIC et 45 euros au niveau du SMIC) et la prime n'est versée qu'avec un décalage de plus d'un an. Son mode de calcul est par ailleurs très complexe. Le pouvoir incitatif de cette mesure est donc très limité. Une synthèse des études réalisées sur ce thème le confirme[8]. On peut donc se demander s'il est opportun de conserver cet instrument.

Une autre façon de subventionner le travail est le revenu minimum d'activité (RMA), créé en France par une loi de décembre 2003 en vue de faciliter l'insertion des allocataires de minima sociaux. Il s'agit de proposer aux allocataires du RMI, de l'ASS, de l'API ou de l'AAH des emplois à temps partiel d'au moins 20 heures par semaine[9] pendant six mois, renouvelables deux fois au plus pour une durée maximale de dix-huit mois. Ces emplois sont rémunérés au moins sur la base du SMIC. L'employeur reçoit du Conseil général le montant du RMI pour une personne isolée et paye le complément au salarié. Il fait donc une économie considérable : 20 heures par semaine payées au SMIC représentent 620 euros bruts par mois environ, sur lesquels 425 euros sont à la charge du département et 195 euros à la charge de l'employeur. Cette économie est d'autant plus grande que le temps de travail est court, puisque l'aide publique est forfaitaire. Autre avantage : les salariés en RMA sont exclus de l'effectif, ce qui évite à l'établissement de franchir certains seuils sociaux. De ce fait, ce dispositif manifestement destiné à convaincre les employeurs d'embaucher des rmistes va atteindre son but. Le salarié, de son côté, accroît son salaire net, car il ne paye de cotisations sociales que sur la différence entre son salaire et le RMI. Mais, perdant le bénéfice de l'intéressement lié au RMI, il est dans une situation équivalente à celle d'un rmiste. Il est à craindre que les rmistes ne se voient plus proposer que des RMA et perdent tout accès à des contrats normaux. Quant aux autres demandeurs d'emploi, il est probable que les employeurs leur demanderont... de devenir rmistes, afin qu'ils puissent les engager au RMA[10]. Le RMA apparaît ainsi comme un dispositif fort mal conçu, aux effets potentiels monstrueux.

Au total, la France utilise donc trois instruments différents, compliqués à gérer pour les administrations et à comprendre pour les intéressés. Certes, il n'existe pas d'instrument parfait dans ce domaine, car tout dispositif se heurte, nous l'avons vu, à des exigences contradictoires. Cette imperfection peut être une raison de combiner plusieurs instruments. Néanmoins, les faiblesses de la PPE et, surtout, du RMA sont telles que des réformes doivent être envisagées. Qu'enseignent les exemples étrangers ? La formule la plus populaire est celle du crédit d'impôt. Aux États-Unis, l'Earned Income Tax Credit (EITC) est une prestation correspondant à 40 % du revenu d'activité, plafonnée à 4 000 euros par an environ et réservée aux familles avec enfant. Au-delà d'un revenu annuel de 12 000 euros environ, le crédit diminue graduellement pour s'annuler autour de 24 000 euros à 30 000 euros, selon le statut matrimonial et le nombre d'enfants. La somme allouée est déduite de l'impôt sur le revenu et, si elle dépasse l'impôt payé, l'administration fiscale envoie un chèque aux récipiendaires. Le Royaume-Uni a mis en place un dispositif analogue en 2000, le Working Families Tax Credit. Au total, 22 millions de familles sont concernées aux États-Unis. Le crédit d'impôt a été élevé par le président Clinton à un niveau tel qu'une famille de quatre personnes comprenant un seul actif payé au salaire minimum à temps plein est au-dessus du seuil de pauvreté[11]. Mais l'érosion continue du salaire minimum et la stagnation de l'EITC depuis cette date éloignent les États-Unis de cet objectif à forte valeur symbolique.

Mis en place en 1975, l'EITC donne satisfaction, ce qui a conduit 18 États à compléter le dispositif fédéral. L'EITC semble avoir des effets importants de réduction de la pauvreté. Selon des données du Bureau du recensement datant de 2003, 4,4 millions de personnes, dont 2,4 millions d'enfants, sont sortis de la pauvreté grâce à ce programme, ce qui en fait le plus efficace des instruments employés pour lutter contre la pauvreté. Mais il a surtout le mérite, aux yeux des conservateurs, d'accroître la participation des mères de famille au marché du travail. Dans un contexte de faible chômage, l'EITC serait à l'origine de la moitié de la forte hausse du taux d'emploi des mères seules dans les années 1980-1990, ce qui était un objectif essentiel du dispositif. De ce fait, l'EITC a permis de réduire notablement le coût de l'aide sociale. Par contre, il semble que les conjoints des bénéficiaires du crédit d'impôt soient poussés à réduire leur activité. Les économistes conservateurs Gary Becker et Robert Barro ont publiquement défendu l'EITC lorsque son existence a été mise en cause par le Congrès dans les années 1990.

Pour bien comprendre les différentes options, il est possible de distinguer schématiquement trois types de dispositifs. Le premier est le crédit d'impôt (figure 18a), qui vient d'être présenté. Son point fort est d'accroître nettement les faibles revenus d'activité. Il a donc des effets positifs importants sur l'activité, notamment celle des femmes. Par contre, il n'a aucun impact sur la pauvreté des personnes sans emploi, ce qui en limite évidemment la portée. En France, le crédit d'impôt existe sous la forme de la prime pour l'emploi. Le second mécanisme possible est l'intéressement (figure 18b), c'est-à-dire la possibilité de cumuler une prestation d'assistance et un revenu d'activité. L'intéressement est un mécanisme limité dans le temps. L'allocation compensatrice de revenu (ACR), proposée en 1999 par Roger Godinot, est un intéressement sans limite de temps, ce qui règle un problème, mais en engendre d'autres : la différence de traitement entre les personnes qui sont passées par les minima sociaux et les autres est pérennisée ; le temps partiel court est encouragé. Il serait évidemment possible de jouer sur le montant de l'intéressement pour limiter cet inconvénient, mais ce serait au détriment de la simplicité et sans garantie de résultat. D'autre part, à l'opposé du crédit d'impôt, l'ACR risque d'éloigner les femmes du marché du travail et de l'emploi à taux plein, alors que la France s'est engagée à élever son taux d'emploi.

La troisième solution est le revenu d'existence ou de citoyenneté, qui serait versé à tous les citoyens, quels que soient leur statut ou leur situation financière, et remplacerait tous les minima sociaux (figure 18c). De la sorte, la lutte contre la pauvreté serait simplifiée. Les personnes en emploi auraient nécessairement un revenu nettement plus élevé que les personnes vivant uniquement du revenu d'existence. Le coût direct du travail serait réduit. L'immigration illégale serait découragée et le travail clandestin perdrait une bonne partie de son attrait. Mais beaucoup répugnent, pour reprendre l'exemple utilisé par le philosophe américain John Rawls, à payer les surfers de Malibu à ne rien faire. L'autre obstacle au revenu d'existence est son coût : à supposer qu'il soit fixé au niveau du RMI actuel, il coûterait autour de 300 milliards d'euros en France, plus de la moitié de la dépense totale de protection sociale. Même en ôtant de cette somme les dépenses redondantes, ce n'est évidemment pas accessible dans l'immédiat. Aussi les partisans de cette solution, réunis au sein du BIEN (Basic Income European Network), se contenteraient-ils, dans un premier temps, d'une somme nettement plus modeste ou d'un mécanisme d'impôt négatif qui est l'exact équivalent technique d'un revenu d'existence financé par un impôt proportionnel sur le revenu. Il existe une expérience en vraie grandeur de revenu négatif, en Alaska, où la manne pétrolière permet certaines largesses. Au Brésil, les familles pauvres qui envoient leurs enfants à l'école ont droit à un revenu garanti. En Europe, un revenu minimum garanti, initialement défini à un niveau très bas mais augmentant régulièrement au fil du temps, pourrait faciliter la réduction des inégalités régionales[12].

Figure 18a — Crédit d'impôt

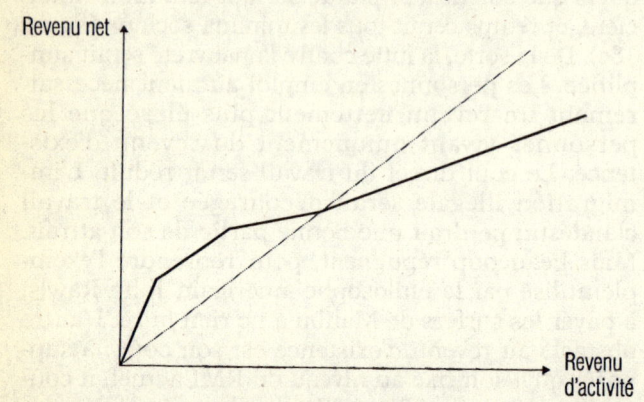

Note : le crédit d'impôt ne démarre pas forcément au premier euro de revenu d'activité. Au Royaume-Uni, le WFTC n'est donné que pour une durée d'activité supérieure à 16 heures par semaine. Au-delà du revenu donnant droit au crédit d'impôt, nous avons supposé par commodité que l'impôt sur le revenu est proportionnel.

Comment lutter contre la pauvreté ? 217

Figure 18b — RMI avec intéressement permanent

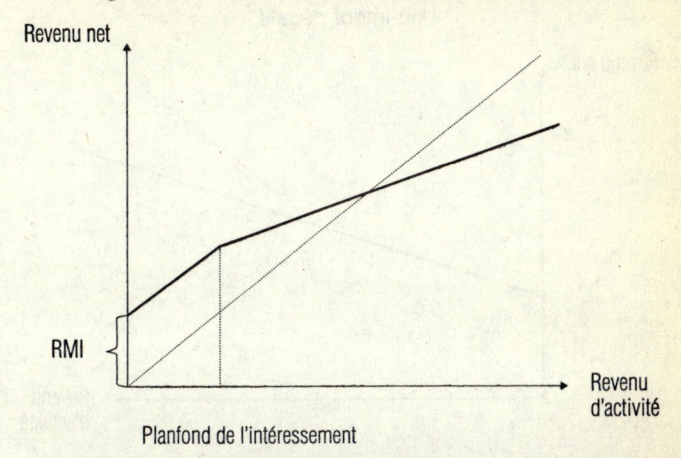

Revenu net

RMI

Planfond de l'intéressement

Revenu d'activité

Note : l'impôt sur le revenu est supposé proportionnel par commodité. L'intéressement est supposé s'arrêter brutalement au plafond, là encore par simplicité.

Le gouvernement a choisi pour l'instant d'augmenter la PPE à compter de 2007 et de la mensualiser pour éviter le décalage dans le temps entre reprise d'emploi et versement de la prime, une avance pouvant être demandée au bout de quatre mois. La prime serait doublée pour un mi-temps et accrue de 50 % pour un temps complet. Serait d'autre part instituée une prime de 1 000 euros, versée à tout bénéficiaire d'un minimum social ou chômeur de longue durée reprenant un emploi. Manifestement, l'hypothèse sous-jacente est qu'il faut stimuler la volonté de ces personnes de chercher un emploi. Cette hypothèse est contraire aux observations des chercheurs. Il est difficile d'imaginer quelles consé-

218 *Protection sociale : le défi*

Figure 18c — Revenu d'existence
ou impôt négatif*

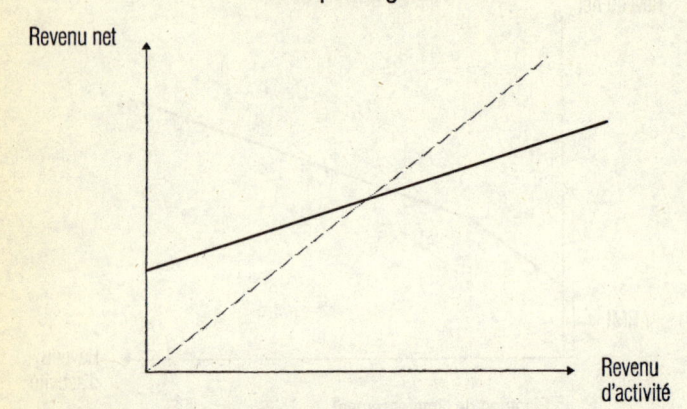

Revenu net

Revenu
d'activité

Note : l'impôt sur le revenu est supposé proportionnel par commodité. Mais plusieurs taux sont évidemment possibles.
* Si le revenu d'existence est financé par un impôt proportionnel, il donne le même résultat qu'un impôt négatif.
Lecture : La courbe en gras montre quel revenu net (après impôts et prestations sociales) correspond à un certain revenu d'activité. La première bissectrice indique, pour faciliter la lecture, la situation correspondant à l'absence de redistribution (le revenu net égale le revenu d'activité). Dans les trois cas, le revenu net est supérieur au revenu d'activité pour les bas revenus. Mais le crédit d'impôt peut laisser certaines personnes sans le moindre revenu.

quences concrètes cette prime pourrait avoir, mais son effet symbolique est négatif, car elle ne peut que renforcer l'idée que les pauvres ne veulent pas travailler, désormais majoritaire[13]. Inversement, le gouvernement envisage de réformer l'intéressement dans un sens moins favorable, en le limitant à 150 euros par mois pendant un an. Le changement serait catastrophique pour les personnes isolées avec enfant, qui perdraient entre 200 et 300 euros par mois à cette réforme. Combinée à l'extension de l'allocation parentale d'éducation, cette réforme, si elle voit le jour, vise clairement à éloigner les femmes avec enfant du marché du travail.

LA BAISSE DES COTISATIONS SUR LES BAS SALAIRES EST-ELLE JUSTIFIÉE ?

Les exonérations de cotisations sociales sont très nombreuses et changeantes en France. Un gros travail de simplification et de rationalisation a permis de passer de trente-six dispositifs différents à une vingtaine, regroupés en quatre familles principales : l'encouragement à la création d'emplois et à la réduction de la durée du travail, les mesures en faveur de publics particuliers, les mesures en faveur de l'emploi dans certaines zones géographiques précises et les mesures en faveur de l'emploi à domicile. La seule législation sur les allègements de cotisations sur les bas salaires a changé huit fois en une dizaine d'années. Ces changements vont dans le sens d'une amplification des allègements et de leur élargissement au-dessus du SMIC. L'extension progressive au-dessus du SMIC s'est en effet révélée nécessaire pour réduire les « trappes à bas salaires », c'est-à-dire le mécanisme par lequel des allègements de charge limités aux très bas salaires bloquent les carrières salariales. Pour le comprendre, imaginons une baisse des cotisations conduisant à réduire les cotisations de 20 % à 10 % jusqu'à 1 400 euros superbruts[14] par mois et s'interrompant au-delà. Le salaire net est donc de 1 260 euros pour un salaire superbrut de 1 400 euros et de 1 250 euros pour un superbrut de 1 500 euros. Dans ces conditions, augmenter les salaires n'a aucun intérêt pour le salarié et encore moins pour l'employeur. Pour limiter cet effet pervers, il faut « lisser » l'exonération, c'est-à-dire en réduire progressivement le taux à mesure que le salaire augmente.

Initiées en 1993, les exonérations ont prospéré. Actuellement, la baisse des cotisations sociales réduit le coût du travail au niveau du SMIC de 26 points (le taux de cotisation passant de 40 % à 14 % environ), ce qui est considérable. Elle s'étend jusqu'à 1,6 SMIC, de telle sorte que près des deux tiers des salariés du secteur privé sont concernés par cette baisse des charges.

Ces allègements ont été souvent critiqués par la gauche politique et syndicale, ce qui peut sembler étonnant pour une mesure qui crée des emplois, accroît les salaires et rend les prélèvements sociaux progressifs. Ce dernier point, en particulier, semble être totalement ignoré de la plupart des critiques, alors qu'il marque une évolution spectaculaire. Autrefois plafonnées, ce qui les rendait nettement dégressives, les cotisations sociales sont aujourd'hui trois fois plus élevées sur les hauts salaires (39,6 %) qu'au voisinage du salaire minimum (13,6 %).

Le principal reproche fait aux exonérations de charges est qu'elles seraient un cadeau fait aux patrons. En réalité, l'effet d'aubaine de ces allègements est limité, car ils entraînent la hausse des salaires nets et la baisse des prix de vente. Selon une étude portant sur les allègements réalisés entre 1993 et 1997[15], un tiers seulement de la baisse des charges va aux entreprises, sous forme de diminution du coût du travail :

	Travail peu qualifié	Travail qualifié
Une diminution des cotisations sociales de...	5,3 %	1 %
... se partage entre — une hausse du pouvoir d'achat du salaire pour...	2,2 %	- 0,1 %
— une diminution des prix de vente pour...	1,2 %	1,2 %
— une diminution du coût réel du travail de	1,9 %	- 0,1 %

Comme on le voit, pour le travail qualifié, il y a même une certaine hausse du coût du travail.

La baisse des charges a en principe trois effets : elle réduit le coût réel du travail, ce qui peut inciter les entreprises à l'embauche ; elle accroît le pouvoir d'achat des salaires et fait baisser les prix de vente, ce qui est favorable à la consommation et à l'emploi. De plus, l'exonération, limitée aux bas salaires, a pour effet de rendre progressives les cotisations sociales, ce qui réduit les inégalités de revenus nets. En théorie, cette politique est donc digne d'intérêt. Elle se révèle pourtant extrêmement nuisible.

Elle part d'une prémisse discutable, l'idée qu'il existerait un problème spécifique d'emploi des personnes peu qualifiées, assimilées aux salariés peu payés. De fait, le risque de chômage est plus élevé pour les actifs les moins qualifiés. Mais il n'est pas sûr du tout que ce constat résulte d'une diminution inéluctable de la demande relative[16] de travail peu qualifié. Pourquoi, en effet, cette demande diminuerait-elle ? Certains attribuent ce phénomène aux caractéristiques du progrès technique actuel, car l'informatique accroît l'efficacité de ceux qui ont les compétences permettant de l'utiliser, mais vient concurrencer les moins qualifiés. D'autres mettent en avant la concurrence des pays émergents, à bas salaires mais faible qualification. Mais les dessinateurs industriels ou les secrétaires sont autant menacés que les ouvriers par l'informatisation et, dans le même temps, la nouvelle économie crée de nombreux emplois peu qualifiés : le commerce en ligne recrute des livreurs, par exemple. La concurrence internationale accélère la désindustrialisation, mais les besoins en services peu qualifiés sont énormes, de l'aide ménagère au gardiennage. D'autre part, il faut tenir compte de l'élévation de la qualification des actifs, qui peut compenser la raréfaction relative des emplois peu qualifiés. Enfin, la relation entre salaire et qualification est complexe et il est certain que beaucoup d'emplois qualifiés sont peu rémunérés[17].

Il faut donc relativiser l'idée d'une insuffisance d'emplois peu qualifiés. Il est par contre certain que le grand nombre de demandeurs d'emploi permet aux employeurs de choisir leur main-d'œuvre et qu'ils préfèrent prendre les personnes les plus qualifiées, quitte à ce que ces personnes soient surqualifiées pour le poste à occuper. Le déclassement des diplômés, qui s'accroît dans les périodes de montée du chômage, a pour contrepartie le chômage des moins qualifiés, puisque des personnes plus qualifiées prennent les postes auxquels ils peuvent prétendre. Autrement dit, le déséquilibre global du marché du travail se traduit par le chômage des moins qualifiés et le déclassement des qualifiés. Ce phénomène suffit probablement à expliquer la majeure partie du surchômage des moins qualifiés. D'ailleurs, lors de l'embellie de la croissance observée entre 1997 et 2001, la baisse du chômage des peu qualifiés a été plus rapide que la moyenne. Le chômage de longue durée a également diminué plus que le nombre absolu de chômeurs. L'interprétation de ces faits est que l'emploi reprend pour les moins qualifiés dès que la machine économique repart et dès que les plus qualifiés sont proches du plein-emploi. La lutte contre le chômage n'a donc pas forcément besoin d'un instrument spécifiquement tourné vers les emplois peu qualifiés, sauf peut-être dans les zones où le taux de chômage est le plus élevé, rôle que jouent les zones franches urbaines.

D'autre part, la baisse des charges influe négativement sur la spécialisation de l'économie française. En effet, la baisse des charges pesant sur les bas salaires favorise les entreprises et les activités où ces bas salaires sont fréquents au détriment des activités à forte productivité. Il est évidemment discutable de donner une prime aux entreprises qui pratiquent les salaires les plus bas. Surtout, alors qu'une économie riche et développée comme celle de la France, confrontée à la montée des pays émergents, ne peut trouver de salut que dans l'élévation des qualifications, la baisse des charges va dans l'autre sens. Elle prend le contre-pied des engagements de Lisbonne, auxquels la France a souscrit, visant à orienter l'Europe vers l'économie de la connaissance. « Le contenu de la croissance en emploi peu qualifié s'est sensiblement amélioré à compter de la date de mise en application des premières mesures d'exonération des cotisations employeurs », écrivent ainsi les auteurs d'une étude récente[18].

De ce point de vue, il est utile de distinguer deux

effets possibles de la diminution des prix de vente que permet la baisse des charges : le premier est de permettre à certains secteurs d'activité de résister à la concurrence par les prix venue de pays où les salaires sont bas. Dans ce cas, la baisse du coût du travail ne fait que retarder un peu la disparition inévitable d'activités condamnées, dans la mesure où les salaires des pays émergents sont souvent dix fois moins élevés que les salaires français, alors que la productivité dans ces pays augmente plus vite qu'en France. Une autre logique est de chercher à accroître la demande des consommateurs, donc la production et l'emploi. Cette perspective est nettement plus intéressante que la précédente. Dans des domaines tels que le tourisme ou l'aide aux personnes âgées, les possibilités d'accroître l'emploi sont considérables, mais limitées par le prix des services. Subventionner ces services pour favoriser l'emploi peut avoir un sens. Mais, dans ce cas, il est inefficace de cibler l'ensemble des emplois peu qualifiés et de se limiter aux bas salaires ; mieux vaut agir par d'autres moyens, tels que la fiscalité.

Même si elle cible à tort les moins qualifiés, la baisse des charges peut quand même être efficace si le chômage vient d'un coût du travail trop élevé. Il est en effet probable que certains emplois seraient créés si le travail était plus rémunérateur (par exemple, les kiosquiers vendant des journaux) ou moins cher (dans l'hôtellerie et la restauration, par exemple). Mais est-ce une politique rentable ? La baisse des charges coûte terriblement cher pour un résultat médiocre en termes de créations d'emplois. Les allègements de cotisations sociales coûtent une vingtaine de milliards d'euros par an aux administrations. En se limitant aux allègements sur les bas salaires, le coût pour les administrations est de l'ordre de 15 milliards d'euros par an. Cette somme colossale (près de 1 % du PIB) permettrait de rémunérer un peu plus de 1 million de personnes à temps complet au SMIC. C'est à cette aune qu'il faut comparer le nombre d'emplois créés ou sauvés du fait de la baisse des charges.

Les estimations sur ce sujet sont contradictoires. Les premiers travaux, fondés sur des relations théoriques discutables (technique que les économistes nomment estimation *ex ante*) et non sur une évaluation des effets réellement constatés (*ex post*), ont évoqué 500 000, voire 800 000 emplois créés. Les estimations des experts de l'administration ont ensuite convergé autour de 250 000. Une source de surestimation sérieuse des travaux conduits de la sorte est qu'ils ne tiennent aucun compte de l'impact sur l'emploi du financement des allègements de charges ! Il faut pourtant bien trouver par une hausse des impôts de quoi compenser les recettes manquantes, et cette hausse va forcément nuire à la croissance et à l'emploi. Pour l'essentiel, le financement vient des taxes sur le tabac et l'alcool, ce qui réduit le pouvoir d'achat des ménages, particulièrement les plus modestes.

La figure 19 vient d'une étude plus récente, qui présente le mérite de s'appuyer sur des données et non sur l'application aux paramètres de la situation française d'un modèle prédéfini. Le résultat est sans équivoque : les 80 000 emplois créés en 1997 sont un nombre très faible, même si l'amplification des dispositifs de réduction depuis cette date devrait la faire augmenter nettement. Quelques explications sont nécessaires pour comprendre ce résultat. La

Figure 19 : Impact sur l'emploi des exonérations de cotisations sur les bas salaires en France

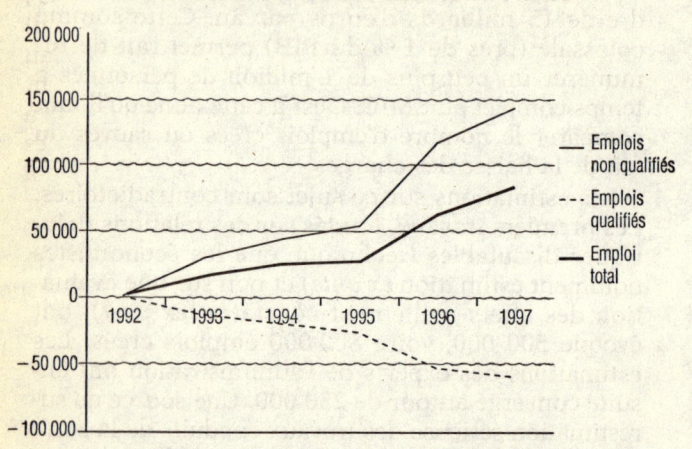

Source : Islem Gafsi, Yannick L'Horty, Ferhat Mihoubi, « Réformer les exonérations de cotisations sociales sur les bas salaires », *Revue française d'économie*, XIX, 3, 2005.

baisse des charges peut créer des emplois peu qualifiés par trois mécanismes différents :

— la hausse du pouvoir d'achat des salaires pourrait favoriser la consommation, donc la production, donc l'emploi. Cependant, les baisses de charges étant entièrement compensées par la hausse des impôts[19], l'effet sur le pouvoir d'achat des ménages est nul. Certes, il peut y avoir un léger déplacement de pouvoir d'achat des hauts vers les bas revenus, ce qui serait favorable à la consommation, dans la mesure où les ménages aisés épargnent un peu plus que les autres les revenus supplémentaires qu'ils touchent. Mais ce mécanisme est de très faible ampleur ;

— la baisse du coût du travail peut se transformer en baisse des prix, ce qui augmente la production et l'emploi, qu'il soit qualifié ou non. Mais cet effet « de volume » s'avère avoir eu une ampleur limitée ;

— les employeurs peuvent substituer du travail peu qualifié ou, plus exactement, peu rémunéré, au travail qualifié et bien payé, car ce dernier devient relativement plus cher. Cette substitution se fait à l'intérieur des entreprises, en remplaçant les salariés permanents par des jeunes en contrat précaire à l'occasion des départs en retraite ou en mettant sur pied des programmes de préretraite. Par ailleurs, si la baisse de leur prix incite les consommateurs à accroître leur consommation de certains biens ou services, c'est au détriment d'autres biens ou services, utilisant surtout du travail qualifié.

Au total, les allègements de charge agissent essentiellement par un effet de substitution de travail peu rémunéré et peu qualifié à un travail plus qualifié. L'effet global sur l'emploi est donc nettement plus faible qu'attendu et l'effet sur la structure de l'emploi et des salaires en France est négatif. Compte tenu de son coût très élevé, le rendement de ce dispositif est mauvais. Il est donc urgent de remettre en cause cette politique.

L'État fait donc beaucoup pour concilier lutte contre la pauvreté, retour à l'emploi et baisse du chômage, mais il pourrait faire mieux. La pauvreté est combattue avec une efficacité indéniable, même si beaucoup reste à faire. Mais les dispositifs nombreux, complexes et coûteux mis en place en vue de rendre le travail peu qualifié à temps partiel financièrement intéressant pour le salarié et peu coûteux pour l'entreprise ne convainquent pas. Pour la plupart des personnes, le travail à temps plein doit demeurer la norme d'emploi. Le vrai problème est l'insuffisance de la croissance, qui fait que plusieurs millions d'emplois manquent en France, alors que le Royaume-Uni ou la Suède sont proches du plein-emploi. Cette insuffisance ne relève pas de l'aide aux pauvres. Elle renvoie à la politique macroéconomique et à certaines politiques structurelles : il est nécessaire d'accroître la concurrence sur le marché des biens, d'améliorer les conditions de création et de financement des entreprises nouvelles, de stimuler l'enseignement supérieur et la recherche.

CHAPITRE SEPT

EXISTE-T-IL UNE ALTERNATIVE AU SYSTÈME FRANÇAIS ?

Le système français de protection sociale, hésitant entre Bismarck et Beveridge, entre assurance et assistance, n'est pas toujours très cohérent. Se posent des questions de régulation : qui décide ? Comment arbitrer entre forces contraires ? Comment gérer les risques de fragmentation ? Quel équilibre trouver entre assistance et assurance ? Mais, pour l'essentiel, le système français se rattachait à la famille des systèmes corporatistes, sur le modèle allemand.

Ces dernières années, le régime français a nettement évolué, en particulier du fait du chômage, qui rend difficile de lier la protection sociale à l'emploi. Des prestations d'assistance ont été créées ou renforcées, le financement a été infléchi, la place des assurances complémentaires a été accrue. Cette évolution rapproche progressivement la France d'une organisation libérale, telle qu'elle existe dans les pays anglo-saxons, même si la protection sociale demeure plus développée en France.

Cette évolution s'est faite sans grand débat. Les réformes introduites ces dernières années ont été menées en opposant « la » réforme au *statu quo*, comme s'il n'existait qu'une seule possibilité de faire face aux changements et aux difficultés. C'est regrettable, mais peut-être n'est-ce que partie remise. En effet, dans tous les domaines, l'équilibre de la protection sociale demeure précaire et de nouvelles réformes seront nécessaires. La période est donc propice à une réflexion sur les objectifs et les moyens, éclairée par les exemples étrangers.

MODÈLES FRANÇAIS... ET EUROPÉEN

La protection sociale est née de préoccupations diverses, dans des contextes différents. À la fin du XIXe siècle, le chancelier Bismarck a été à l'origine du système allemand d'assurances sociales parce qu'il voulait couper l'herbe sous le pied de la contestation politique et syndicale social-démocrate. Dans les années 1940, le rapport Beveridge avait pour mission d'empêcher une catastrophe sociale de l'ampleur de la grande crise de 1929. Plusieurs typologies classent les systèmes de protection sociale. Celle que propose Gøsta Esping-Andersen[1] fait aujourd'hui autorité. Reprenant divers travaux antérieurs, il distingue trois types de systèmes, séparés par leur organisation et leurs objectifs, que le tableau 17 résume à grands traits.

Tableau 17 : Trois systèmes de protection sociale

	Résiduel ou libéral	*Social-démocrate*	*Conservateur-corporatiste ou bismarckien*
Référence historique	Beveridge.	Beveridge.	Bismarck.
Objectif central	Limiter la pauvreté.	Lutter contre les inégalités.	Répondre à des risques sociaux.

	Résiduel ou libéral	Social-démocrate	Conservateur-corporatiste ou bismarckien
Principe	Assistance conditionnelle destinée à réduire la pauvreté.	Prestations universelles visant à réduire les inégalités et assurer un niveau de vie décent à tous.	Assurances sociales garantissant le niveau de vie des travailleurs et de leur famille.
Type de prestations	Sous condition de ressources.	Universelles, services gratuits étendus.	Contributives et dépendant du revenu.
Financement	Impôt.	Impôt.	Cotisations assises sur le travail.
Fondement des droits	Niveau de vie.	Citoyenneté.	Emploi.
Pays adoptant ce système	Pays anglo-saxons.	Pays scandinaves.	Europe continentale.

Le système libéral constitue un filet de protection minimal destiné à limiter la pauvreté. Les dépenses publiques y sont faibles, les transferts de sécurité sociale étant inférieurs à 15 % du PIB. L'assurance maladie est largement à financement privé et la protection sociale est financée par l'impôt plus que par les cotisations sociales. Ce système est centré sur le secours aux plus défavorisés, les autres étant supposés avoir les moyens de payer une assurance. L'intérêt de cette organisation est évidemment de limiter le plus possible l'espace dévolu à l'intervention de l'État dans l'économie, l'essentiel de l'assurance et de la production de soins étant produit par des entreprises privées dans le cadre du marché. Une difficulté du modèle résiduel est de fixer la frontière entre ceux qui ont droit à la protection sociale et ceux qui doivent se débrouiller seuls. Si le seuil est fixé très bas, comme c'est le cas pour l'assurance santé aux États-Unis, de nombreuses personnes sont trop pauvres pour acheter une assurance, mais n'ont pas accès au régime public. Il y a d'autre part des « effets de seuil », un changement modeste dans la situation personnelle pouvant conduire à perdre le droit à la protection sociale publique. En conséquence de ces effets de seuil, les dépenses de protection sociale peuvent varier de manière ample et imprévisible, en fonction du revenu des ménages. Récemment, le gouvernement travailliste a introduit au Royaume-Uni la notion d'universalité progressive, les prestations étant ouvertes à tous mais plus élevées pour les plus pauvres, dans le but de supprimer ces effets de seuil.

Le système social-démocrate est caractérisé par d'importantes dépenses publiques. Les transferts de sécurité sociale sont élevés, les dépenses de santé sont financées à plus de 80 % par des dépenses publiques. Le poids des cotisations sociales est limité, voire très faible (Danemark). C'est le système le plus égalitaire, puisque les prestations dépendent des besoins, alors que les contributions dépendent des moyens financiers. Mais cette égalité signifie qu'il n'y a pas de garantie de revenu pour les plus favorisés. Un système social-démocrate navigue donc entre deux écueils : des prestations trop faibles, qui entraînent la désertion des classes moyennes, et des prestations très élevées, donc trop proches des revenus d'activité des moins favorisés. Il est très difficile d'éviter ces deux écueils lorsque l'inégalité des revenus distribués par le marché est très forte. Il existe une certaine cohérence entre le choix de ce système et une société généralement égalitaire dans la distribution des revenus. En clair, il est plus facile d'organiser une protection sociale social-démocrate au Japon ou en Suède qu'au Royaume-Uni ou en France.

Le système corporatiste est caractérisé par le poids des cotisations sociales, supérieur à 30 % des recettes fiscales totales et une position intermédiaire entre les deux autres groupes de pays pour les trois autres critères du tableau 18. C'est un compromis original. Le financement dépend du revenu, mais des mécanismes de plafonnement des cotisations atténuent ce principe. Différence importante par rapport au modèle social-démocrate, les prestations sont proportionnées au revenu antérieur. Ce système est donc moins égalitaire que le système social-démocrate, puisqu'il maintient, dans la vieillesse, le chômage ou la maladie, les écarts de revenu. Historiquement, le système avait pour objectif de permettre aux salariés de conserver leur statut par une garantie de revenu, ce qui explique ce caractère. Une difficulté sérieuse du système corporatiste est que les gestionnaires du système manquent de possibilités d'agir sur les coûts. Dans un système libéral comme le système américain, les entreprises payent une taxe sur les licenciements et payent les dépenses liées aux accidents du travail. Les assureurs passent des contrats avec les professionnels de santé qui leur donnent un certain contrôle de leurs dépenses. Dans le système social-démocrate, l'État déploie une politique de l'emploi en réponse au chômage, est attentif au coût des préretraites, gère le système de production de soins. Dans les deux cas, l'agent responsable de la protection sociale a certains moyens d'en maîtriser les coûts, plus que dans le système corporatif.

Tableau 18 : Orientation de la protection sociale dans quelques pays

	Recettes totales des administrations publiques en % du PIB	Transferts de sécurité sociale % du PIB	Cotisations sociales en % des recettes fiscales totales	Dépenses de santé publiques en % des dépenses totales
Suède	58	18	29	85
Norvège	58	15	19	85
Danemark	57	18	5	83
Finlande	54	17	25	76
France	50	18	34	76
Allemagne	45	19	37	79
Italie	46	17	26	76
Rép. Tchèque	43	13	39	91
Canada	43	11	14	70
Espagne	40	13	31	71
Royaume-Uni	39	14	16	83
Australie	37	9	0	68
États-Unis	33	12	23	45
Irlande	33	8	14	75
Corée	32	5	18	54
Japon	30	11	34	82

Source : OCDE.

Bien entendu, chaque pays combine des éléments des trois systèmes, qui n'existent nulle part à l'état pur. Ainsi, les pays anglo-saxons sont les plus proches du modèle résiduel, mais le système de santé britannique est de type social-démocrate et la retraite de base américaine est proche du modèle bismarckien. Pour bien comprendre la situation des divers pays, il peut également être utile de tenir compte des structures et des relations familiales. En effet, la solidarité familiale est complémentaire de la solidarité sociale et tient une place variable selon les sociétés. Par exemple, le RMI n'est versé en France qu'à partir de 25 ans. En contrepartie, les parents sont supposés veiller à l'entretien matériel de leurs enfants jusqu'à cet âge. La justice peut même les y contraindre. En Suède, au contraire, l'autonomie des enfants majeurs est affirmée. Elle se traduit par exemple par le versement aux étudiants d'une prestation leur donnant une certaine autonomie financière.

Il est habituel d'opposer un modèle anglo-saxon, d'inspiration libérale, à un modèle européen plus interventionniste. Cette opposition se lit clairement dans les données du tableau 18 : les pays anglo-saxons sont tous très proches du modèle résiduel de protection sociale. Il peut être utile de lire cette opposition comme reflétant des histoires et des cultures nationales singulières, plutôt que comme le produit de choix politiques transparents. Le modèle résiduel anglo-saxon est aussi en cohérence avec les valeurs des sociétés anglo-saxonnes. Prenons l'exemple du traitement de la pauvreté. Dans les pays anglo-saxons, et d'abord aux États-Unis, les pauvres sont peu aidés, parfois stigmatisés, tenus de justifier leur demande de secours et de donner quelque chose en échange. Comment ne pas mettre ce traitement en relation avec l'idée protestante de la prédestination, en vertu de laquelle la réussite économique est signe d'élection divine et l'échec signe de rejet ? On peut y voir également une conséquence de la valeur accordée depuis Luther au travail dans les sociétés protestantes. Enfin, dans une société qui proclame la possibilité pour tous de réussir du fait de la liberté économique (*equal opportunities*), les pauvres sont plus facilement jugés responsables de leur situation que victimes d'un système. Inversement, l'Europe continentale donne à l'État une mission d'expression et de réalisation concrète de la solidarité nationale.

Au-delà de cette opposition entre modèle anglo-saxon et modèle européen, les tableaux 17 et 18 montrent qu'il est bien difficile de définir précisément ce que pourrait être un modèle européen de protection sociale, dans lequel la plupart des pays membres de l'Union européenne pourraient se reconnaître, de façon à déboucher, dans un futur éloigné, sur des éléments d'organisation commune. Agitée lors du débat public relatif à la ratification du traité constitutionnel européen (TCE), en 2005, cette notion de modèle européen a d'ailleurs des acceptions différentes d'un pays à l'autre. Dans le débat français, elle est apparue en opposition à l'Europe des marchés, libérale. Le discours, utilisable par les partisans comme par les opposants au traité, mettait en avant une dimension sociale de la construction européenne, s'exprimant notamment à travers la protection sociale. Il s'agissait en quelque sorte de garantir la pérennité de la protection sociale par son inscription dans le projet européen.

Le débat est différent dans d'autres pays. Ainsi, la forte résistance des syndicats suédois face au TCE[2] vient de ce que la construction européenne est souvent vue en Suède comme une menace pour le modèle suédois et non comme son prolongement ou sa garantie. Cette différence d'approche vient sans doute de ce que la Suède a su adapter son modèle de protection sociale à un monde où la concurrence internationale est forte, alors que la France voit dans la « forteresse Europe » le moyen d'isoler son système social d'une mondialisation destructrice.

Comment qualifier le système de protection sociale français ? Il se rattache incontestablement au modèle corporatif. La protection sociale est financée pour l'essentiel par des cotisations sociales prélevées sur les revenus d'activité au profit de caisses spécialisées (retraite, famille, chômage, maladie). La protection sociale couvre les travailleurs et leur famille. Les prestations sont généralement contributives et dépendent de la rémunération, qu'il s'agisse des pensions de retraite, des indemnités journalières versées en cas de maladie ou des allocations de chômage. En particulier, la France se singularise par le niveau très élevé que peuvent atteindre les indemnités de chômage (5 127 euros / mois) ou les pensions de retraite (12 000 euros / mois), qui n'a de sens que dans une logique d'assurance bismarckienne. Seules les allocations familiales sont indépendantes du revenu. Le système français est donc clairement un système corporatif, bismarckien, d'assurances sociales. Il est cependant plus centralisé qu'en Allemagne, ce qui correspond là encore à un trait fondamental de la société française.

De manière forcément schématique, on peut mettre en avant trois traits qui semblent caractériser la société française et ne sont pas sans conséquence sur l'organisation de la protection sociale, mais également sur les possibilités et les voies de sa réforme. Le premier est la tendance à régler les désaccords par la dispute, le conflit ouvert, ce qui a pour corollaire la difficulté à passer des compromis et à s'y tenir. Les conflits sont réglés par la hiérarchie, qui a ainsi un rôle essentiel, nous dit par exemple Philippe d'Iribarne[3] après avoir mené une étude comparative des prises de décision dans les entreprises. Ces observations amènent à un second trait du modèle français, qui est le rôle central de l'État. En effet, la difficulté à construire des accords par la négociation ou le consensus oblige bien souvent à faire appel à la hiérarchie, qui tranche. C'est l'un des rôles de l'État de trancher les conflits. Mais le recours à l'État résulte aussi de ce qu'il semble incarner au plus haut point l'intérêt général et l'égalité de traitement de tous les citoyens. Il peut donc être relié aussi au troisième trait du modèle français, qui est, selon l'expression de Tocqueville, la passion pour l'égalité, par quoi il faut entendre une particulière vigilance dans la comparaison de la situation de chacun à celle des autres.

Ces traits généraux de la société française peuvent expliquer pourquoi la protection sociale en France est extrêmement centralisée, comme le montre G. Esping-Andersen[4]. L'État y joue un rôle bien plus important que ce qu'on attendrait d'un régime bismarckien. Le modèle a d'autres caractéristiques propres. En matière de santé, par exemple, la socialisation du financement n'a pas débouché, comme dans les autres pays, sur une nationalisation de la médecine à l'anglaise ou sur un contrôle direct des médecins par les caisses, comme c'est le cas en Allemagne. À côté d'une médecine hospitalière salariée[5], la médecine française est en effet dominée par un secteur libéral, avec une grande liberté tarifaire et un très faible contrôle des payeurs sur l'activité. Cette organisation peu efficace reflète le poids élevé du lobby des médecins en France.

Cependant, avant de plonger dans une critique

facile du régime français, il convient d'en mesurer la performance. Il faut en effet mesurer le poids énorme qu'a supporté le système : il a permis à la société française de résister à un quart de siècle de chômage de masse. Il suffit de comparer la relative stabilité de la société aux ravages des années 1930 pour jeter un regard différent sur l'état de la protection sociale. Les difficultés du régime français tiennent moins à son épuisement qu'au ralentissement de la croissance et à la montée des inégalités. Certaines évolutions sont cependant inquiétantes.

Le rôle des mutuelles santé

Élément original du système français, les mutuelles sont reconnues légalement depuis 1898 en France. Elles proposent des assurances santé complémentaires et gèrent l'assurance maladie de base des fonctionnaires depuis la loi Morice de 1947. Elles gèrent par ailleurs divers établissements et services. Gérées par des militants, les mutuelles fonctionnent selon des principes, tels que l'absence de sélection des risques, qui les distinguent des assureurs du secteur marchand.

Un arrêté de 1962, l'arrêté « Chazelles », permet l'attribution aux mutuelles des agents de l'État et des établissements publics de subventions pouvant aller jusqu'à 25 % des cotisations, sans pouvoir excéder le tiers des charges entraînées par le service des prestations. Les crédits proviennent des budgets d'action sociale des ministères. En réalité, ces subventions sont d'à peine 5 %. Leur raison d'être est de compenser les frais de gestion engendrés par la prise en charge de l'assurance santé de base par ces mutuelles. Mais les syndicats voient aussi ces subventions comme des aides de l'État employeur à la protection complémentaire des salariés. Dans cette perspective, le plafond de 25 % est très faible en comparaison de la contribution apportée par les grandes entreprises privées au financement de la complémentaire santé de leurs salariés, qui peut atteindre 60 % du coût de cette protection. Un arrêt récent remet par ailleurs en cause l'arrêté Chazelles.

La baisse des recrutements et l'augmentation du nombre de retraités, auxquelles s'ajoutent les désengagements du régime obligatoire, et l'accroissement des risques longs liés aux maladies professionnelles, déséquilibrent à plus ou moins long terme les mutuelles, dont certaines sont déjà en difficulté. Les mutuelles se trouvent de manière croissante en concurrence avec les assureurs privés, ce qui leur pose un problème considérable. En effet, le principe de fonctionnement des mutuelles est la solidarité, quand celui des assurances est l'égalisation des paiements et des risques. Les assureurs privés sont donc en mesure de proposer aux personnes à faible risque, notamment les jeunes, des contrats meilleur marché que les mutuelles. Inversement, les tarifs qu'ils appliquent aux personnes à fort risque dissuadent ces dernières d'aller vers les assurances privées. Un partage de fait risque donc de s'opérer entre des faibles risques concentrés chez les assureurs privés et les fort risques assurés par les mutuelles, avec deux conséquences prévisibles : les mutuelles seraient en difficulté financière, tout en étant contraintes d'appliquer des tarifs insupportables pour les plus démunis.

DES MESURES NOUVELLES QUI INFLÉCHISSENT LA NATURE DU SYSTÈME

Des mesures nouvelles sont venues modifier le système français depuis une vingtaine d'années. Elles sont une réponse aux difficultés financières de la Sécurité sociale et aux failles de la couverture sociale, deux problèmes largement imputables à la montée du chômage. Si cette obligation d'agir ne légitime en rien les choix qui ont été faits, elle aide néanmoins à comprendre comment des modifications importantes de la protection sociale ont été introduites et avalisées.

Trois types de modifications sont intervenus ; elles concernent les prestations, le financement et la gouvernance. Les prestations d'assistance ont pris une grande importance, en réponse au développement de la pauvreté des personnes d'âge actif. Il existait depuis longtemps déjà des prestations d'assistance en France, comme le minimum vieillesse. Mais celui-ci avait vocation à disparaître, une fois la montée en charge des régimes de retraite terminée. Concernant de très nombreux allocataires, le RMI, l'ASS ou l'allocation d'insertion ont une forte visibilité. Dans une certaine mesure, la nécessité de telles allocations résulte de la limitation dans le temps de l'indemnisation du chômage. Mais la création du RMI a mis en évidence l'existence d'un public varié et très mal identifié jusque-là. Le RMI ou l'ASS sont très différents des allocations existantes, telles que les allocations de chômage, en ce qu'ils ne sont pas contributifs, mais sont soumis à condition de ressources et différentielles, ce qui explicite l'objectif visé de lutter contre la pauvreté en fournissant un revenu minimal. D'autres prestations, notamment les aides au logement (allocation logement, allocation de logement familiale, aide personnalisée au logement), sont versées sous condition de ressources. Le RMI a également pour finalité d'aider à l'insertion des allocataires. Les actions d'insertion se sont révélées complexes et coûteuses ; elles ont généralement eu une faible réussite. Elles introduisent l'idée que le rmiste n'est pas seulement un citoyen qui exerce son droit à disposer d'un revenu minimal et qu'il a le devoir d'agir pour échapper à sa situation. À ses débuts, néanmoins, cette logique d'insertion est bien différente du *workfare* à l'anglo-saxonne ; sont prévues notamment des actions d'insertion par la formation.

Les prestations d'assurance, de leur côté, sont en baisse. Les réformes Balladur et Fillon réduisent et vont réduire les pensions de retraite de manière très significative, même si certains actifs diffèrent leur départ en retraite. Cette réduction s'accompagne d'incitations fiscales à épargner pour se constituer un complément de retraite. Les réformes successives de l'assurance maladie réduisent le financement public des dépenses de santé. Elles introduisent un reste à charge pour l'assuré (1 euro par consultation, forfait hospitalier de 15 euros par jour, etc.) et transfèrent de plus en plus de dépenses vers les assurances complémentaires :18 euros ne sont plus remboursés sur chaque acte coûtant plus de 91 euros, le remboursement de certains médicaments est réduit. Enfin, l'indemnisation du chômage est limitée dans le temps. Le taux de remplacement a baissé et a été dégressif à certaines époques. Il serait certainement exagéré de parler de démantèlement, mais la tendance est incontestablement à la diminution du niveau de la protection apportée par les assurances sociales et au report vers l'assurance privée ou mutuelle, les ménages et les entreprises. Il s'agit d'ailleurs d'un mouvement qui touche de nombreux pays, notamment pour ce qui est des retraites. Les réformes décidées ces dernières années en Europe ont facilité le développement de compléments de retraite personnels ou d'entreprise.

Cette double évolution des prestations sociales éloigne le système français du type bismarckien et le rapproche du type résiduel. Parallèlement, il est possible d'observer un certain infléchissement des logiques de fonctionnement du système d'assurances sociales traditionnel. Celles-ci, contrairement aux assurances privées, ne modulent pas les tarifs en fonction des risques, traitant tous les assurés à l'identique[6]. Mais, depuis quelques années, est mis en avant le thème de la liberté de choix des assurés. Cette liberté est évidemment appréciée : qui peut être contre la liberté ? Mais elle a des conséquences dangereuses en termes d'inégalités. Ainsi, les accédants à la propriété peuvent constater que le coût d'un emprunt bancaire de longue durée varie avec... le poids de l'emprunteur[7]. Lorsque les assurances complémentaires santé donnent à choisir entre plusieurs niveaux de prise en charge des dépenses, par exemple, elles invitent à une auto-sélection des assurés : ceux qui ont les plus grands risques choisiront la protection la plus complète, les autres se contenteront d'une protection bon marché. D'autre part, les assureurs privés individualisent de plus en plus les contrats qu'ils proposent, parfois sur la base d'informations que la loi leur interdit d'exiger. Dans certains pays, les tests génétiques sont couramment utilisés pour déterminer le montant des primes, voire pour refuser toute assurance aux personnes présentant apparemment de trop gros risques. En matière de retraite, le choix libre de l'âge de départ suppose de calculer la pension qui, tenant compte de l'espérance de vie, égalise le coût pour le régime d'un départ à un âge quelconque. C'est le principe de neutralité actuarielle, caractéristique de l'assurance. Il a été introduit dans le système français par le biais de la décote et de la surcote, ainsi que dans les régimes par points. Pour l'instant, seules les tables de mortalité générales sont utilisées comme base de calcul. Mais, dans certains pays, il est possible d'affiner ces calculs en tenant compte des tables propres à un groupe particulier. Accentuant les inégalités quand il s'agit de la santé, ce recours aux principes de l'assurance est plus légitime en matière de retraite. Il s'agit en tout état de cause d'un changement de logique important.

Une autre inflexion vient des transferts de dépenses opérés de l'assurance maladie vers les assurances complémentaires santé, qui entraîne une hausse rapide de leurs tarifs. En dépit d'une aide publique limitée à la souscription pour les plus pauvres, ces assurances complémentaires deviennent inaccessibles aux plus modestes. Pour éviter de perdre des adhérents, les mutuelles et les assureurs privés commencent à proposer des assurances moins complètes mais moins onéreuses, ce qui ouvre la voie à une protection sociale à plusieurs vitesses.

Le second changement concerne le financement. Même si les cotisations demeurent la première source de financement de la protection sociale, une amorce de fiscalisation se dessine (figure 20). La montée en puissance progressive de la CSG en est la principale cause. La CSG, on le sait, n'est pas exactement un impôt, dans la mesure où elle est affectée à la protection sociale, alors qu'un impôt, par définition, ne peut pas être affecté. Néanmoins, elle est votée par le Parlement. Elle s'applique à la plupart des revenus, en particulier à certaines prestations sociales et à de nombreux revenus de la propriété, ce qui n'est pas le cas des cotisations sociales, prélevées uniquement sur les revenus du travail. Elle est donc très proche d'un impôt. La CRDS a à peu près la même assiette.

Figure 20 : Le financement
de la protection sociale* (en % du PIB)

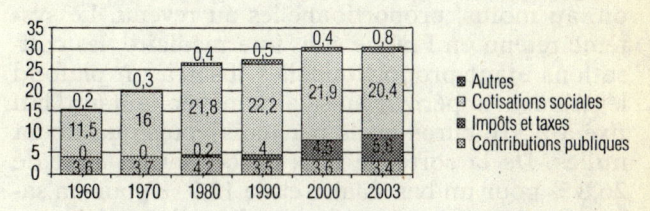

	1960	1970	1980	1990	2000	2003
Autres	0,2	0,3	0,4	0,5	0,4	0,8
Cotisations sociales	11,5	16	21,8	22,2	21,9	20,4
Impôts et taxes	0	0	0,2	4	4,5	5,8
Contributions publiques	3,6	3,7	4,2	3,5	3,6	3,4

* Protection sociale = Sécurité sociale + Assurance chômage + Aides sociales des administrations + Avantages fiscaux et services gratuits + Régimes surcomplémentaires + Mutuelles + Aide sociale privée
Sécurité sociale = Régime général + Régimes spéciaux + Régimes des non-salariés + Régimes complémentaires

Source : Comptes de la protection sociale.

La montée en charge de la CSG a pour contrepartie la suppression de certaines cotisations à l'assurance maladie. Les cotisations sociales ont également été réduites par une politique d'exonération des charges sur les bas salaires menée avec constance depuis le début des années 1990 dans le but de réduire le coût du travail au voisinage du salaire minimum. Les cotisations ne représentent donc plus que 67 % environ du financement de la protection sociale, contre 79 % en 1980. Même si ce prélèvement est très critiqué (voir encadré), le recours à la CSG est aujourd'hui indispensable et il est très improbable qu'elle soit remise en question. On peut au contraire imaginer que l'évolution constatée ces dernières années va se poursuivre.

Dans le même temps, les cotisations sociales ont considérablement changé. Dans une logique assurantielle, bismarckienne, les cotisations devraient être indépendantes du revenu. Les principes de la Sécurité sociale (chacun paye selon ses moyens) supposent au contraire des cotisations progressives ou, au moins, proportionnelles au revenu. Le système retenu en France était intermédiaire, les cotisations étant proportionnelles jusqu'à un plafond légèrement supérieur au salaire moyen (aujourd'hui fixé à 2 516 euros bruts par mois), puis quasiment nulles. De la sorte, le taux de cotisation était de 26,8 % pour un bas salaire et de 13,7 % pour un salaire représentant deux fois le plafond. Par la suite, les cotisations maladie ont été déplafonnées[8] et des exonérations de cotisations sur les bas salaires ont été introduites, ce qui rend les cotisations sociales progressives, de 13,6 % pour un bas salaire à 39,6 %. Cette situation originale au regard des autres pays européens rapproche le financement de la protection sociale d'un financement par l'impôt à la scandinave.

Le troisième changement a trait à la gouvernance de la protection sociale. Les décisions, de plus en plus, échappent aux partenaires sociaux, qui en sont en principe responsables dans un système bismarckien. Il existe depuis 1995 une loi de financement de la Sécurité sociale (LFSS), par laquelle le Parlement se prononce sur les questions de financement et d'assurance maladie, notamment. Son intervention consiste en particulier à fixer un objectif de dépenses, l'ONDAM, dont dépendent les évolutions de variables telles que les budgets globaux des hôpitaux. Pendant une dizaine d'années, ce chiffre est resté largement incantatoire, le Parlement fixant un objectif irréaliste systématiquement dépassé. La réforme de 2004 change la donne, car les Caisses seront tenues de prendre des mesures de baisse des dépenses dès que le Comité d'alerte aura constaté une dérive des dépenses. Si ces textes sont appliqués, l'ONDAM devrait devenir un objectif politique de grande portée. Les décisions relatives au financement, telles que le relèvement d'un taux de cotisation ou de la CSG, sont également du ressort de l'État. Les prestations d'assistance dont l'importance a tant grandi sont gérées par l'État ou par les collectivités locales.

Finalement, les partenaires sociaux n'ont plus à décider que des mesures relatives aux dépenses qui permettent de maintenir l'équilibre financier des régimes, qu'il s'agisse des retraites complémentaires ou des dépenses de santé. En matière d'emploi, le PARE a représenté une tentative intéressante des partenaires sociaux de reprendre l'initiative. Mais cette tentative s'est soldée par un échec. La tendance est donc à l'étatisation de la protection sociale, ce qui va, là encore, dans le sens d'un changement de système.

Mettant bout à bout toutes ces petites modifications, on obtient une image assez claire du changement d'ensemble : la France bascule peu à peu vers un système de protection résiduel à l'anglo-saxonne, même si ce basculement est loin d'être achevé. Le principal argument appuyant ce changement est qu'il serait inévitable. Est-ce bien le cas ? Nous ne le croyons pas.

Impôt, cotisation et CSG

La principale raison est la méfiance à l'égard du politique, de l'État, au profit d'une croyance à la démocratie sociale qui serait incarnée dans la gestion par les représentants des salariés des caisses de Sécurité sociale. Il y a pourtant beaucoup de critiques à adresser à cette gestion. En premier lieu, dans un pays où seuls 5 % des salariés du secteur privé sont syndiqués, la représentativité des confédérations syndicales est faible. Elle l'est encore plus compte tenu de ce que les dernières élections aux caisses ont eu lieu en... 1983, les confédérations désignant depuis leurs représentants pour gérer les caisses. Enfin, dans la mesure où la protection sociale est de plus en plus universelle, il n'est pas forcément légitime que les représentants des seuls actifs participent à sa direction. La gestion de ces caisses est d'ailleurs paritaire, les représentants des employeurs ayant la moitié des sièges d'administrateurs, ce qui n'était pas du tout le cas à la création de la Sécurité sociale. Les diverses associations patronales ont donc un rôle pivot : selon qu'elles s'associent à la CFDT ou à FO, elles permettent à l'une ou l'autre de ces confédérations de diriger les caisses.

Quelles différences séparent un financement par l'impôt et par les cotisations sociales ? Techniquement, les impôts relèvent de l'État pour leur gestion et la fixation de leur taux, alors que les cotisations relèvent de la Sécurité sociale. En réalité, l'État a la maîtrise des taux de cotisation, ce qui rapproche les deux prélèvements. Seconde différence, un impôt n'est pas affecté, par quoi on entend que son affectation au financement de telle ou telle dépense n'est pas décidée *a priori*. De ce fait, certains se méfient de l'utilisation que l'État pourrait faire d'impôts théoriquement destinés au financement de la protection sociale, mais qui pourraient en réalité être utilisés pour n'importe quel usage. Des précédents tels que la vignette automobile, créée pour financer certaines dépenses liées à la vieillesse, mais intégrée dans le budget général, viennent alimenter ces craintes. Il est cependant possible de concevoir des prélèvements intermédiaires entre les cotisations, qui ne peuvent servir qu'à la protection sociale, et les impôts. La CSG en est un exemple : cette contribution n'est pas une cotisation, puisque prélevée par l'État et indépendante des droits sociaux, mais n'est pas non plus un impôt, puisqu'elle est affectée irrévocablement au financement de la protection sociale.

À LA CROISÉE DES CHEMINS

Il ne s'agit pas, dans cette dernière partie, de tracer les contours d'un système idéal auquel mènerait on ne sait quelle révolution dans la protection sociale.

Mais il ne faut pas céder non plus à l'idée que le système serait impossible à réformer. La création du RMI ou de la CSG montre que des inflexions significatives peuvent être apportées sans conflit majeur... mais aussi, parfois, sans que les enjeux soient pleinement perçus. Ces changements du système français sont liés à des tendances lourdes de l'évolution de la société. Celles-ci se retrouvent dans de nombreux pays européens, car la mondialisation a les mêmes effets dans tous les pays développés. Le Royaume-Uni hier, l'Allemagne et l'Italie aujourd'hui, revoient à la baisse dans tous les domaines les niveaux de protection assurés par les régimes publics de protection sociale. Le discours entourant ces renoncements successifs est partout le même. (1) Il s'agit de réformes, mot évidemment plus positif que ceux de renoncement ou de réduction. (2) Ces réformes sont rendues inévitables par l'évolution économique, chômage, mondialisation et réduction de la croissance interdisant de maintenir un haut niveau de protection collective qui appartiendrait, comme le plein-emploi, à un âge d'or définitivement révolu. Daniel Cohen exprime ce renoncement dans un raccourci saisissant : « C'est la croissance économique qui a permis l'État providence, et non l'État providence qui a permis la croissance »[9], écrit-il. (3) Les concurrents de l'Europe qui ont le vent en poupe sont d'ailleurs des pays, comme la Chine ou les États-Unis, où la protection sociale est limitée, voire inexistante. On peut le regretter, mais il faut en tenir compte. (4) La réduction du périmètre de la protection sociale comme sa réorientation vers le secours aux pauvres sont donc inévitables. Ils sont le seul moyen de sauver l'existant. Le choix du vocabulaire concourt d'ailleurs à la dramatisation : on ne dit pas « rétablir l'équilibre financier » mais « sauver la Sécu ».

Bref, une fois de plus, il n'y a qu'une seule politique possible et ceux qui s'y opposent sont irréalistes, voire accusés de favoriser malgré eux le démantèlement de la Sécurité sociale. Il est pourtant possible d'accepter l'idée que des changements sont nécessaires sans en conclure que les orientations suivies depuis une vingtaine d'années sont les seules possibles. Il existe grossièrement deux alternatives à la pente suivie jusqu'ici. La première est de maintenir la protection sociale bismarckienne en procédant uniquement à des ajustements paramétriques. La seconde est de réformer réellement, c'est-à-dire de maintenir les principes fondamentaux et d'adapter l'organisation. Ces alternatives sont-elles viables ?

Le changement paramétrique pose de nombreux problèmes. Le premier est qu'il coûterait cher. Procédons à quelques estimations. Selon les calculs du Conseil d'orientation des retraites, il serait possible de maintenir le départ en retraite à 60 ans avec 75 % environ de taux de remplacement à l'horizon 2040 en augmentant les cotisations sociales d'environ 15 points, ce qui permettrait de compenser un déficit estimé à cette époque à 6 % du PIB environ. Cette projection est un minimum, car la hausse des cotisations pourrait avoir des effets négatifs sur la croissance qui n'ont pas été pris en compte[10]. Si les dépenses d'assurance maladie continuent d'augmenter au rythme actuel, c'est-à-dire 1 à 2 points plus vite que le PIB[11], leur part dans le PIB passerait de 10 % à 15 % environ à l'horizon 2040. Si rien ne change en matière de chômage et de famille, c'est donc 11 points de PIB de recettes nouvelles qu'il faudrait trouver d'ici 35 ans. Par ailleurs, si les dépenses de l'État et des collectivités locales demeuraient constantes en proportion de la richesse nationale, les prélèvements obligatoires approcheraient 60 %, ce qui est considérable. Est-ce envisageable ? Il faudrait y consacrer une petite moitié des gains de productivité attendus, ce qui est beaucoup dans un contexte de concurrence internationale où une partie non négligeable de ces gains doit servir à la baisse des prix et à l'augmentation régulière des profits. Comme il s'agit d'un effort national très important, il faudrait que l'objectif de maintien de la protection sociale actuelle fasse l'objet d'un large consensus, condition qui n'est sans doute pas remplie à l'heure actuelle.

La hausse des prélèvements n'est pas le seul problème. La forte hausse des cotisations sociales augmenterait l'incitation à trouver des moyens de rémunérer les salariés autrement qu'en salaires : utilisation des stock-options, multiplication des avantages annexes, statut artificiel de travailleur indépendant. L'augmentation du coût du travail pour l'employeur accélérerait la substitution du capital au travail, c'est-à-dire la mécanisation des tâches destinée à économiser le travail. Elle augmenterait le rythme de la délocalisation des emplois vers l'Europe de l'Est ou du Sud. Elle accroîtrait le prix des services utilisant beaucoup de travail, ce qui en réduirait la consommation et provoquerait la suppression de nombreux emplois.

Cette solution présente donc de sérieux inconvénients et il semble fort peu probable qu'elle soit adoptée. Reste la solution de la réforme dans la fidélité aux principes. Certains pays, notamment les pays scandinaves, montrent que cette voie est possible.

Existe-t-il une alternative au système français ? 253

Ces pays ont pris les devants et réformé leur système de manière à l'adapter à un contexte économique différent tout en conservant ses principes fondamentaux. Ce qui frappe dans les réformes introduites dans ces pays est qu'elles ont été à chaque fois précédées d'une longue discussion collective, dont le meilleur exemple est la réforme suédoise des retraites, précédée d'une décennie de discussions approfondies. Certes, le temps est précieux. Mais il est sans doute préférable d'aller lentement plutôt que d'aller vite et de devoir recommencer quelques années plus tard, faute d'avoir réglé vraiment les problèmes.

La difficulté de la réforme est d'abord d'identifier les principes fondamentaux que le système doit respecter et les points sur lesquels doit porter la réforme. Il existe en effet une forte tendance à confondre les objectifs et les moyens, qui conduit à se crisper sur le maintien de dispositifs obsolètes. Les principes de la Sécurité sociale ont été définis de manière lapidaire dans la formule selon laquelle « chacun paye selon ses moyens et reçoit selon ses besoins ». Mais, étrangement, le régime mis en place en 1945 est fort éloigné de ces principes, puisque la contribution de chacun au financement ne tient compte ni de tous les revenus ni de la taille du ménage, alors que les prestations sont à peu près proportionnelles au revenu d'activité. À supposer que les principes de 1945 continuent de guider l'organisation de la protection sociale, la grande question est de savoir s'il est nécessaire de maintenir l'orientation corporatiste du régime français, marquée par le financement par des cotisations sociales assises sur les salaires d'assurances sociales pour les travailleurs et leur famille.

Le système français, dans lequel les droits dérivent du contrat de travail, est malmené parce que les droits sont accrochés à un emploi salarié de plus en plus précaire. Comme l'écrit Robert Castel, « il semble que la structure de l'emploi, dans un nombre croissant de cas, ne soit plus un support stable suffisant pour accrocher des droits et des protections qui soient, eux, permanents[12] ». Cette appréciation mérite d'être nuancée, dans la mesure où la très grande majorité des emplois sont stables (voir chapitre premier). Cette stabilité relative ne suffit pourtant pas. Selon la dernière enquête disponible sur la pauvreté, datant de 2001, la moitié des personnes pauvres occupent un emploi stable en France.

Par ailleurs, les mécanismes de la protection sociale sont inadaptés aux nouvelles formes de travail, à la diversité croissante des statuts et des contrats au cours d'une vie de travail. C'est évident en matière de chômage, puisque la moitié au moins des chômeurs ne sont pas couverts par l'assurance chômage, en particulier du fait des restrictions introduites par les gestionnaires de l'UNEDIC. C'est également flagrant en matière de retraites : les carrières à éclipses, de plus en plus fréquentes, sont fortement pénalisées, de même que les carrières faites dans plusieurs régimes différents. Sauf retour improbable à la norme d'emploi des années 1960-1970, le régime d'assurances sociales à la française peut difficilement couvrir de manière satisfaisante la totalité de la population. Une indemnisation du chômage plus large et plus durable réduirait la population bénéficiant des minima sociaux, mais l'instauration du RMI a révélé l'existence de poches de pauvreté insoupçonnées, correspondant à des situations imprévues. Une comptabilisation différente des annuités d'assurance retraite améliorerait, là aussi, la situation. Remarquons cependant que, dans les deux cas, il faudrait entreprendre des réformes réduisant la contributivité du système, c'est-à-dire éloignant de la logique d'assurances sociales.

En synthèse, il est nécessaire de s'éloigner d'un système d'assurances sociales pour aller vers un système moins contributif, c'est-à-dire un régime dans lequel le lien entre contribution financière et droits acquis est plus souple qu'aujourd'hui. Cet éloignement peut se faire sur le mode actuel, en complétant le système existant par un système d'assistance aux plus pauvres, ou par la mise en place de prestations universelles de haut niveau. La première solution conduit à une protection sociale à deux vitesses, assurance pour les uns et assistance pour les autres, sans solidarité entre les deux, qui reflète le dualisme des marchés du travail et ne le corrige pas. La seconde solution est évidemment plus satisfaisante en termes de lutte contre les inégalités. Il ne s'agit pas pour autant de basculer entièrement vers un régime social-démocrate qui n'existe nulle part à l'état pur, mais d'en introduire certains éléments dans le système français. Dans le domaine des retraites, par exemple, il n'est pas question de remplacer notre système par une pension uniforme unique, indépendante du revenu antérieur. Il est par contre possible d'imaginer un mécanisme de pension de base, servie à tous et financée par l'impôt, qui remplacerait à la fois le minimum vieillesse et le minimum contributif. Une cotisation sur les revenus d'activité donnerait accès à une retraite complémentaire contributive. De la sorte, chacun serait concerné par la pension de base et contribuerait à la financer, sans que la retraite soit indépendante du revenu antérieur. L'assurance chômage pourrait par contre être entièrement remplacée par un mécanisme beveridgien servant une allocation uniforme à tous les chômeurs, sans exigence de durée de cotisation. Une telle allocation deviendrait inutile si était adopté un revenu minimum généralisé (ou allocation universelle).

Faut-il, d'autre part, maintenir le financement de la Sécurité sociale par des cotisations assises sur les revenus du travail ou accepter une certaine dose de fiscalisation ? Dans l'organisation actuelle, faisant une place croissante aux prestations d'assistance, l'évolution vers un financement dual est logique : les cotisations financent les assurances sociales, les impôts financent les prestations non contributives. Cependant, l'évolution est allée plus loin, avec le remplacement de cotisations maladie par la CSG. La montée en puissance de la CSG semble incontournable, du fait des atouts de ce prélèvement. Elle a une assiette très large, ce qui permet de prélever beaucoup avec un taux raisonnable. Elle taxe à l'identique travail et capital (13 % de la CSG pèsent sur les revenus du capital perçus par les ménages, ce qui correspond exactement à leur part dans la richesse produite). C'est important, car les cotisations sociales, fondées sur le seul travail, alourdissent le coût relatif du travail, ce qui incite les entreprises à substituer du capital au travail, des machines aux salariés[13]. D'autre part, toutes les formes de rémunération sont traitées à l'identique, l'intéressement ou les stock-options permettant d'échapper aux cotisations, mais pas à la CSG. Celle-ci résiste également à la déformation du partage de la valeur ajoutée, alors que la diminution de la part des salaires dans la valeur ajoutée réduit l'assiette des coti-

Existe-t-il une alternative au système français ? 257

sations sociales. Enfin, l'impact de la CSG sur l'inégalité des revenus est légèrement positif.

Les opposants à la CSG se méfient de ce qu'elle est votée par le Parlement sans contrôle des partenaires sociaux. Mais les cotisations sociales ne dépendent guère plus des partenaires sociaux que la CSG. Certains, comme B. Friot[14], refusent la logique de fiscalisation, en arguant que les cotisations sociales sont un salaire socialisé, alors que l'impôt serait un prélèvement sur le revenu. Mais qu'est-ce qu'un impôt, sinon un revenu socialisé ? Plus généralement, l'opposition à la fiscalisation, forte dans les milieux syndicaux, traduit une grande méfiance à l'égard du politique. Mais pourquoi faire plus confiance à des caisses gérées par les syndicats plutôt qu'au Parlement ? Rappelons que les dernières élections des représentants des assurés aux caisses de Sécurité sociale remontent à... 1983, 5 % seulement des salariés du secteur privé sont syndiqués et certains syndicats importants n'ont pas droit de cité dans les caisses[15]. Les opposants à la CSG préconisent plutôt une cotisation sociale assise sur la valeur ajoutée et non sur les seuls salaires[16]. Toute la valeur ajoutée étant distribuée sous forme de revenus, taxer l'un ou l'autre ne fait pas une grande différence et un tel prélèvement serait certainement pertinent. Mais s'agit-il vraiment d'une cotisation sociale ? La valeur ajoutée est une notion comptable, qui ne fait pas l'objet d'une transaction et n'est calculée que tous les ans ou, au mieux, tous les trimestres. Que faire, par conséquent, pour calculer les cotisations que doit acquitter l'entreprise pour un salarié resté deux semaines ? Les services de recouvrement de la Sécurité sociale (URSSAF) sont-ils armés pour procéder aux calculs et aux vérifications nécessaires ? Plus important, autant il est facile de concevoir que les administrations de Sécurité sociale gérées paritairement décident des sommes à prélever sur les salaires pour financer les retraites ou l'assurance maladie, autant il semble inconcevable que les partenaires sociaux décident d'un prélèvement sur les entreprises qui a toutes les apparences d'un impôt. Seul le Parlement peut en décider. Ces remarques ne signifient pas qu'une cotisation assise sur la valeur ajoutée soit impraticable, mais qu'il s'agit en réalité d'un impôt affecté, au même titre que la CSG.

Massive au moment de sa création, l'opposition à la CSG est aujourd'hui marginale. Il est probable que la hausse de la CSG va se poursuivre, du fait des avantages multiples de ce prélèvement. Le mode de financement de la protection sociale en est profondément changé. Cependant, la signification de ce développement est ambiguë. Il est possible d'utiliser la CSG *a minima*, comme impôt peu progressif finançant des prestations d'assistance aux plus pauvres ou, au contraire, de la substituer progressivement aux cotisations sociales pour financer une protection universelle. Dans ce cas, la distinction entre une protection minimale pour les pauvres et une protection complète pour les personnes qui ont un emploi stable et sont couverts par les assurances sociales n'a plus de raison d'être. Autrement dit, les changements intervenus ne préjugent pas de la nature du système.

Finalement, la France s'éloigne d'un modèle bismarckien qu'elle n'a jamais totalement assumé. Cet éloignement est inévitable, compte tenu de l'évolution du travail et du contexte économique. Mais il ne remet pas en cause par lui-même les principes de solidarité de la Sécurité sociale, d'autant que ces principes n'ont jamais été appliqués sans contradictions. Le vrai danger est la coupure qui est en train de s'opérer entre les salariés stables couverts par les assurances sociales et une population précarisée relevant de la solidarité nationale. Même les organisations syndicales contribuent à cette coupure, par exemple lorsque les grandes confédérations, CFDT, mais aussi CGT, défendent l'extension de la couverture maladie complémentaire plutôt que celle de la couverture de base. Cette voie est conforme à l'intérêt des salariés des grandes entreprises, qui bénéficient de contrats de groupe très complets, en grande partie financés par l'employeur. Mais elle crée une inégalité considérable avec les salariés des petites entreprises, qui sont généralement contraints de payer entièrement de leur poche leur complémentaire santé. Le fait que les confédérations syndicales soient pratiquement absentes des PME n'est sans doute pas étranger à ce choix.

Maintenir la solidarité en empêchant l'éclatement du système et assurer la viabilité de la protection sociale sont les deux objectifs apparaissent essentiels, bien plus que de conserver l'organisation existante. La seule alternative à la mise en place d'un système dual est l'extension et l'unification de la protection sociale de base. Compte tenu de la précarité et de la diversité des statuts professionnels, cette unification ne peut se faire que sur une base beveridgienne, c'est-à-dire en mettant en place un régime de prestations universelles financées par l'impôt, ce qui n'interdit pas, bien entendu, de maintenir des mécanismes contributifs, comme les retraites complémentaires. La question qui se pose alors est celle de l'articulation entre prestations universelles et contributives.

Concernant la maladie, la solution la plus juste est d'accroître le champ de la couverture de base assurée par la Sécurité sociale. Du fait de l'existence très ancienne de mutuelles et d'institutions de prévoyance, une place importante a été conservée au moment de la création de la Sécurité sociale aux assurances complémentaires, le partage laissant les gros risques à l'assurance maladie et les petits risques aux assurances complémentaires. Ce partage est aujourd'hui obsolète et l'assurance maladie peut fort bien étendre son champ d'action. Compte tenu des difficultés financières de l'assurance maladie, une telle extension est-elle réaliste ? Un détour par l'Alsace-Moselle aide à répondre à cette question. Pendant la période d'occupation allemande, cette région a été dotée d'une protection étendue. Plus favorable que le régime général, ce régime particulier s'est maintenu après la création de la Sécurité sociale. Il s'agit d'une protection complémentaire obligatoire, financée par cotisation prélevée sur les salaires et pensions de retraite, qui donne droit à remboursement à hauteur de 90 % pour les soins et médicaments et 100 % pour les frais d'hospitalisation. Grâce à une gestion prudente et axée sur la prévention, ce régime demeure pour l'instant excédentaire. On voit mal pourquoi il serait impossible de transposer cette organisation au niveau national, c'est-à-dire à toutes les catégories de population et à tout le territoire. Le financement pourrait se faire par l'impôt pour tous ou par cotisation pour les salariés et impôt dans le cadre de la CMU.

Dans le domaine de la retraite, comme dans celui du chômage, il faut définir un niveau minimal de revenu auquel chacun doit avoir droit. En toute logique, ce minimum ne saurait être inférieur au seuil de pauvreté, donc nettement supérieur au niveau actuel du RMI et proche du minimum contributif de pension. Si une telle allocation est accessible à tous, elle doit être financée par l'impôt. Deux options sont ensuite possibles : maintenir le dualisme actuel est évidemment possible, mais les classes moyennes risquent de se lasser de payer à la fois la cotisation pour leur assurance et l'impôt pour la solidarité. Elles ne sont pas directement intéressées au niveau des prestations d'assistance, qui ne concernent que des populations fragiles et peu organisées. Le risque est donc grand que les prestations d'assistance ne s'éloignent progressivement des revenus d'activité. D'ores et déjà, le RMI a perdu un quart de sa valeur par rapport au SMIC depuis sa création. L'autre solution consiste à rendre ces prestations universelles. Dans ce cas, chacun aurait droit en cas de chômage ou au moment de sa retraite à une prestation de base non contributive financée par l'impôt. Les personnes qui en ont les moyens pourraient compléter cette prestation de base par une assurance complémentaire. De la sorte, chacun ferait partie du même régime et serait concerné par son évolution.

De telles réformes ne réduiront cependant pas le coût de la protection sociale, donc les prélèvements qu'il faut lui consacrer. La limitation des dépenses, effectivement nécessaire pour garantir la pérennité du régime, peut venir de la réduction du chômage, de l'allongement des carrières et de la maîtrise des dépenses de santé. Le premier point relève de la politique économique et ne peut être traité ici. Remarquons seulement que, dans un contexte de baisse attendue de la population active, la plupart des projections économiques envisagent un retour progressif au plein-emploi. Le second point a été largement discuté dans le chapitre 5. Reste la question des dépenses de santé.

Reposant sur un financement socialisé et une offre largement privée, le système français est difficile à réguler. Une offre de soins publique est généralement moins coûteuse mais, pour des raisons politiques, il apparaît bien difficile de remettre en cause le statut libéral des médecins. Il est par contre possible de réorienter le système de santé en donnant une place accrue à la prévention. Dans le domaine des accidents de travail et des maladies professionnelles, où la situation est très médiocre, il faut renforcer l'effectif et les pouvoirs de la médecine du travail, mais aussi intéresser les employeurs à l'amélioration de la situation, comme il a été fait aux États-Unis[17]. Le rôle du médecin généraliste pourrait être étendu à l'éducation à la santé et le paiement à l'acte revu. Enfin, les opérations de dépistage systématique pourraient être étendues, car le cas des cancers montre que ces opérations doivent être systématiques pour toucher toutes les couches sociales. La dimension de la santé publique doit être davantage prise en compte dans les choix collectifs, par exemple dans la politique des transports et la lutte contre la pollution.

Le système de protection sociale est menacé d'éclatement. Il n'exprime plus la solidarité mais la diversité des statuts. Il ne faut pas s'en étonner : le système français est fondé sur l'emploi et la société salariale a elle-même éclaté. Ne restent alors que deux solutions : poursuivre dans la voie actuelle, qui consiste à laisser le système exploser tout en mettant en place des filets de sécurité minimale pour colmater les brèches ; ou refonder la Sécurité sociale sur la base du lien politique, dans la logique beveridgienne des sociétés scandinaves.

Si les soutiens du premier projet dans les milieux d'affaires et, plus généralement, le courant libéral apparaissent clairement, l'idée d'une inflexion social-démocrate de la protection sociale rencontre un profond scepticisme de la part de la gauche syndicale et associative, par méfiance à l'égard du politique, qu'elle souhaite contourner, et par attachement à un projet de démocratie sociale qui continue d'orienter la réflexion. Le plus probable est donc que la protection sociale va continuer de se déliter et de s'ouvrir au marché, entraînant le creusement des inégalités sans fournir en contrepartie la moindre garantie d'efficacité.

APPENDICES

NOTES

INTRODUCTION

1. Joakim Palme, in C. Daniel et B. Palier (dir.), *La Protection sociale en Europe*, La Documentation française, 2001, p. 65.

CHAPITRE PREMIER
DES RÉFORMES POUR QUOI FAIRE ?

1. La question des modes d'organisation de la protection sociale dans les pays développés est étudiée dans le chapitre sept.

2. Il s'agit en particulier de personnes qui ont travaillé dans la semaine précédant l'enquête, sont en maladie ou en stage ou ne font pas de recherche active d'emploi.

3. Dans les premiers cycles universitaires des villes à fort chômage, lors des examens de fin d'année, il n'est pas rare de voir un quart des candidats signer la feuille de présence et quitter la salle dès qu'ils en ont l'autorisation. La reprise de l'emploi de la fin des années 1990 a d'ailleurs entraîné une diminution de la durée des études.

4. Ainsi, des manutentionnaires travaillant chez des distributeurs sont rémunérés par les industriels dont ils placent la marchandise en rayon, ce qui est un moyen détourné de pratiquer des rabais.

5. Les travaux historiques de Christine André et Robert Delorme sont éclairants sur ce point. Voir par exemple les *Cahiers français*, n° 261, mai-juin 1993.

6. Les prélèvements obligatoires sont la somme de tous les impôts et cotisations sociales prélevés par les administrations publiques (État, collectivités locales, organismes de Sécurité sociale, Union européenne).

7. Les conséquences concrètes de ce niveau élevé des prélèvements obligatoires sont examinées au chapitre six.

8. Certains auteurs estiment toutefois que cette diminution de l'épargne est néfaste à la croissance. Voir par exemple M. Feldstein, *American Economic Review*, mars 2005, qui en fait un argument contre la protection sociale. Remarquons toutefois que cet auteur est américain et que la situation de l'épargne aux États-Unis est très particulière, ce pays consommant bien plus qu'il ne produit.

9. Économiste et philosophe autrichien, F. von Hayek (1899-1992) a reçu le prix Nobel d'économie en 1974. Il est le fondateur de la société du Mont-Pèlerin, puissant cercle de réflexion d'inspiration très libérale.

10. La CSG touche par contre tous les revenus, ce qui est un progrès incontestable, malgré les critiques récurrentes de la gauche « anti-libérale » à l'égard de ce prélèvement.

11. Le premier de ces rapports est le *Livre blanc* remis à M. Rocard en 1991. Après un rapport du Commissariat général du plan en 1995, se succèdent le rapport Charpin en 1999, le rapport Teulade en 2000 et le premier rapport du Conseil d'orientation des retraites fin 2001.

12. Le chapitre trois détaille ces aspects démographiques.

13. La réforme Balladur est passée sous forme d'ordonnances, durant l'été et pendant la pire récession qu'ait connue l'économie française depuis la guerre. Ces circonstances ont elles aussi facilité l'adoption de la réforme.

14. En effet, contrairement à ce qu'on constate dans la production d'ordinateurs ou dans le commerce alimentaire, il y a peu de gains de productivité dans une telle activité. Son prix augmente donc bien plus vite que la moyenne des prix.

15. La plus petite de ces deux durées est retenue. Ainsi, une personne partant à 63 ans avec 140 trimestres subira une décote pour 8 trimestres (65 ans-63 ans) et non pour 20 trimestres (160-140).

16. Une augmentation symbolique de la CSG en 2008 a toutefois été concédée à la CFDT lors des négociations de mai 2003.

17. Le gouvernement avait affirmé son intention de faire passer ce minimum à 85 % du salaire minimum. Cependant, une partie de la pension relève des régimes complémentaires, donc de la négociation entre les partenaires sociaux et non de l'action de l'État. Seule la partie du minimum relevant du régime de base a été relevée.

18. Une mesure de faible portée a finalement été concédée aux fonctionnaires.

19. En effet, certains trimestres peuvent être validés sans être cotisés, par exemple durant un congé pour maladie.

20. Cette mesure ne concerne que la retraite de base, non la retraite complémentaire. L'avantage est donc un taux de pension supplémentaire de 2,5 % par enfant.

21. Quatre spécialités sont en accès direct : pédiatrie, gynécologie, psychiatrie, ophtalmologie.

22. Au moins en théorie. Les assurances qui rembourseraient les 7 euros perdraient les avantages fiscaux auxquels elles ont droit. Mais les assureurs privés ont prévu de mettre en place des sociétés d'assurances « surcomplémentaires » couvrant les dépassements d'honoraires, quitte à demander des primes élevées pour compenser la perte des avantages fiscaux.

23. L'allocation de solidarité spécifique est destinée aux chômeurs de longue durée, qui ont épuisé leurs droits normaux à indemnité.

CHAPITRE DEUX
UN PAYSAGE BOULEVERSÉ

1. Selon le Conseil d'orientation des retraites (COR), l'espérance de vie à 60 ans des femmes cadres ou professions libérales est de 26 ans ; elles vivront donc en moyenne jusqu'à 86 ans.

2. Le renouvellement des générations est défini par le fait qu'une femme adulte donne une femme adulte. Comme il naît environ 1,05 garçon pour une fille, il faudrait 2,05 naissances pour donner une fille. Compte tenu de la mortalité

entre la naissance et l'âge adulte, de l'ordre de 1 %, on obtient ce nombre de 2,07.

3. Didier Blanchet, « Conséquences macroéconomiques des évolutions démographiques », in Conseil d'analyse économique, *Démographie et économie*, La Documentation française, 2002.

4. Michel Grignon, « Les conséquences du vieillissement de la population sur les dépenses de santé », *Questions d'économie de la santé*, n° 66, mars 2003.

5. Laurence Assous et alii, « Les personnes âgées dépendantes », in Conseil d'analyse économique, *Démographie et économie*, La Documentation française, 2002.

6. Cette étude est citée par Claudine Attias-Donfut, *Solidarité entre générations*, Nathan, 1995. Cette chercheuse a également réalisé l'étude de la CNAF citée.

7. Il est par exemple deux fois plus élevé au Royaume-Uni (56 %) qu'en France (29 %). Une partie de cet écart vient toutefois d'une durée des études plus élevée en France.

8. Le premier poste de dépense est le logement, dont le prix a explosé. Les frais de scolarité sont également en train d'augmenter rapidement par suite de la faiblesse persistante des dotations publiques aux établissements d'enseignement supérieur.

CHAPITRE TROIS
LA MONTÉE DES INÉGALITÉS

1. Julien Pouget, « Secteur public, secteur privé : quelques éléments de comparaisons salariales », in *Les Salaires*, INSEE, 2005.

2. Commissariat général du plan, *Avenirs des métiers*, La Documentation française, 2002.

3. OMS, *Rapport sur la santé dans le monde*, 2000.

4. Il y a nettement plus de fumeurs réguliers chez les ouvriers et les artisans et commerçants que chez les cadres, par exemple. Leur consommation d'alcool est également plus élevée (voir le « baromètre santé » du Comité français d'éducation pour la santé).

5. Le rapport rédigé pour le Conseil de l'orientation des retraites (COR) par Yves Struillou développe de manière convaincante cette idée.

6. CREDES, *Questions d'économie de la santé*, n° 78, décembre 2003.

7. Une bonne description de ce système de valeurs est donnée par P. Bourdieu, *La Distinction*, Minuit, 1979.

8. Pour une analyse comparative précise, voir Louis Chauvel, « Malaise des classes populaires et anomie politique », 2002, louis.chauvel.free.fr

CHAPITRE QUATRE
ENJEUX ET RISQUES DE LA PRIVATISATION

1. La couverture maladie universelle donne une assurance maladie de base et, surtout, une assurance complémentaire à ceux qui n'en ont pas.

2. Sur le système que G. Esping-Andersen appelle résiduel, voir le chapitre sept.

3. Le régime devrait gérer à terme 80 milliards d'euros.

4. C'est moins vrai dans le secteur public. Par exemple, les départs des enseignants du second degré sont extrêmement concentrés autour de l'âge de 60 ans, auquel ont lieu les trois quarts des départs, malgré la possibilité donnée aux salariés du secteur public de s'arrêter quand ils le souhaitent entre 60 et 65 ans.

5. Compte tenu de l'évolution des différents prix, la valeur actualisée est la valeur en euros d'aujourd'hui de paiements ou de versements échelonnés dans le temps.

6. Le rapport du Conseil d'analyse économique, *Retraite et épargne*, La Documentation française, 1998, en donne une bonne illustration : Jean-Hervé Lorenzi y compare le rendement passé des actions et la croissance future attendue du PIB, pour conclure sans autre forme de procès que la capitalisation offre de meilleurs rendements. La comparaison ne porte pas sur la même période, ne tient pas compte de la volatilité des rendements et n'est accompagnée d'aucun raisonnement théorique, ce qui n'émeut nullement l'auteur.

7. Pierre Concialdi et Arnaud Lechevalier, « Normes de justice et formes de solidarité dans les réformes des régimes de retraite », colloque de l'IRES, 18 octobre 2002

8. Juan Yermo, « The Performance of the Funded Pension Systems in Latin America », *World Bank Background Papers*, 2003.

9. Selon l'OCDE, les fonds de pension américains sont composés à 60 % d'actions. Dans les autres pays, cette proportion va de 0,1 % en Allemagne à 53,5 % au Royaume-Uni.

10. Sur cette question, voir Thomas Piketty, *L'Économie des inégalités*, La Découverte (repères), 1997.

11. Pour une discussion théorique et une formalisation mathématique de ces questions, on peut se reporter à Patrick Artus et Florence Legros, *Le Choix du système de retraite*, Economica, 1999, en particulier le chapitre trois.

12. Si mon enfant a besoin d'un vêtement ou d'un ordinateur, ma décision d'achat sera un compromis entre ce qu'il souhaite, ce dont il a effectivement besoin et le budget jugé raisonnable pour un tel achat. Si, à la suite d'un accident, il a besoin d'une jambe artificielle, il n'y a pas de compromis.

13. On peut néanmoins regretter que cette revue se trouve en situation de monopole de fait.

14. World Bank, *Averting the Old Age Crisis : Policies to Protect the Old and Promote Growth*, Oxford University Press, 1994, p. 203.

15. La notation de la solidité financière des entreprises et des États par les agences de notation américaines Standard and Poors et Moody's détermine le *spread* (ou prime de risque) qui sera ajouté au taux d'intérêt payé sur les emprunts bancaires ou obligataires.

16. Les cotisations à ces régimes sont généralement prises en charge intégralement par les entreprises pour des raisons fiscales. Elles sont en effet défiscalisées, ce qui n'est pas le cas des cotisations salariales.

17. Selon des données de 1997 du COR, pour une carrière complète, le taux de remplacement est de l'ordre de 100 % au voisinage du SMIC, contre 60 % pour un salaire supérieur à 3 000 euros par mois.

18. Par exemple, il serait difficile d'expliquer sans cette hypothèse comment autant de personnes bien informées, telles que le personnel médical, peuvent continuer à fumer.

19. La simple comparaison des taux d'épargne américain et français est trompeuse, car les méthodes de mesure sont différentes, comme le montrent Hélène Baudchon et Valérie Chauvin, « Les cigales épargnent-elles ? Une comparaison des taux d'épargne français et américain », *Revue de l'OFCE*, n° 68, janvier 1999. Après correction, le taux d'épargne des ménages américains est néanmoins très inférieur à celui des ménages français.

20. Jean-Pierre Balligand et Jean-Baptiste de Foucauld, *Rapport au premier ministre sur l'épargne salariale*, 2000.

21. Les retraites suédoises sont financées à raison de 16 % de taux de cotisation pour la répartition et seulement 2,5 % pour la capitalisation, qui représente donc un modeste complément de pension d'environ 13,5 %. Si le régime est mixte, il demeure essentiellement par répartition.

CHAPITRE CINQ
LE TRAVAIL, OUBLIÉ DES RÉFORMES

1. Pour plus de précisions sur le mécanisme de la réforme des retraites en France, voir le chapitre premier.

2. De même que la possibilité de partir avant 60 ans, en bénéficiant de certains avantages, pour les militaires, policiers ou certains personnels de la SNCF ou de la RATP

3. Les économistes appellent NAIRU (taux de chômage n'accélérant pas l'inflation) ce taux de chômage structurel. Mais les estimations qu'ils en donnent au fil du temps sont si variables que la validité en Europe de cette notion est très douteuse.

4. On trouvera une discussion de cette question au chapitre trois.

5. En effet, la différence de coût va jouer sur une longue période de temps, alors que la préretraite est une période limitée à quelques années.

6. Voir Anne-Marie Guillemard, *L'Âge de l'emploi*, Armand Colin, 2003.

7. Douze branches au printemps 2004, quarante au printemps 2005.

8. La rémunération des préretraités est généralement de 65 % du salaire antérieur.

9. Luc Behaghel, Bruno Crépon et Béatrice Sédillot, « Contribution Delalande et transitions sur le marché du travail », *Économie et statistique*, n° 372, février 2005.

10. Chez les hommes, la variation est de 26 points en France (55 % pour les moins diplômés, 81 % pour les diplômés du supérieur), 20 points en Allemagne et 10 points au Royaume-Uni (*Questions retraite*, n° 46, février 2002).

11. Cette citation vient de Dares, *Premières synthèses*, n° 19-1, mai 2004.

12. Philippe Askénazy, *Les Désordres du travail, enquête sur le nouveau productivisme*, Le Seuil, « La république des idées », 2004.

13. Yves Struillou, *Pénibilité et retraite*, Rapport remis au Conseil d'orientation des retraites, 2003.

14. OFCE, *L'Économie française 2006*, La Découverte, 2005, p. 59.

15. Inversement, on remarque que les mouvements de change sont d'une ampleur bien supérieure à l'impact de la protection sociale sur le coût du travail. Une hausse de 5 % des cotisations sociales en France augmenterait le coût d'une automobile d'environ 0,2 %. Par comparaison, en moins de trois ans, l'euro s'est apprécié de moitié par rapport au dollar !

16. La notion de concurrence « non faussée » évoquée par les traités européens pourrait d'ailleurs être interprétée en ce sens : réduire la protection sociale (ou l'impôt) à un niveau anormalement bas fausse la concurrence. Cette idée a été peu explorée jusqu'ici.

17. De ce point de vue, il faut veiller à ce que l'apprentissage ne néglige pas les enseignements théoriques, même s'ils ont une utilité immédiate limitée ; car il est peu vraisemblable qu'un apprenti fasse toute sa vie le même métier et n'ait pas à se reconvertir.

18. Jean Gadrey (dir.), *Hôtellerie-restauration : héberger et restaurer l'emploi*, La Documentation française, 2002.

19. Pour ne citer que cet exemple, de nombreuses entreprises américaines parmi les plus grandes par la capitalisation boursière n'existaient même pas en 1980. C'est le cas de Cisco ou Microsoft, par exemple. Inversement, *toutes* les très grandes entreprises françaises étaient déjà très grandes en 1980.

CHAPITRE SIX
COMMENT LUTTER CONTRE LA PAUVRETÉ ?

1. Pour une présentation complète, voir le rapport 2004 de l'Observatoire national de la pauvreté.

2. Il s'agit d'un jeu de mots fondé sur l'opposition au *welfare state* (État de bien-être), par quoi est désignée la protection sociale.

3. DREES, *Études et résultats*, n° 320, juin 2004.

4. CREDOC in Observatoire national de la pauvreté, rapport 2004.

5. Thomas Piketty, « L'impact des incitations financières au travail sur les comportements individuels : une estimation pour le cas français », *Économie et Prévision*, n° 132-133, 1998.

6. Au contraire, David N. Margolis et Christophe Starzec (*Les aides sociales et l'offre de travail : y a-t-il une trappe à inactivité ?*, Cahiers de la MSE, mars 2002) concluent nettement à l'absence de trappe dans le cas des rmistes.

7. Dans une discussion passionnante : Jean-Michel Belorgey, *Refonder la protection sociale. Libre débat entre les gauches*, La Découverte, 2001.

8. Elena Stancanelli et Henri Sterdyniak, « Un bilan des études sur la prime pour l'emploi », *Revue de l'OFCE*, n° 88, janvier 2004.

9. Les départements peuvent moduler cette règle. Ainsi, les Bouches-du-Rhône ont décidé d'un minimum de 30 heures par semaine.

10. Il est déjà fréquent qu'un employeur demande à un candidat à l'emploi de trouver un organisme disposé à lui signer une convention de stage de manière à réduire son coût pour l'entreprise.

11. Compte tenu de la hausse du salaire minimum dans les années 1990 et des *food stamps*, bons d'achat distribués aux familles nécessiteuses.

12. L'idée est présentée de manière extensive par deux de ses partisans dans Yannick Vanderborght et Philippe van Parijs, *L'Allocation universelle*, La Découverte, 2005.

13. Selon le baromètre de la DREES 2002, 56 % des personnes interrogées estiment que les pauvres ne veulent pas travailler. C'est 9 points de plus qu'en 2000.

14. Le salaire brut inclut des cotisations salariales, le superbrut l'ensemble des cotisations sociales, salariales et patronales.

15. Islem Gafsi, Yannick L'Horty et Ferhat Mihoubi, « Allègement du coût du travail et emploi peu qualifié : une réévaluation », Document de recherche 04-03, université d'Évry, 2004.

16. Par quoi il faut entendre la demande de travail peu qualifié comparée à la demande totale de travail.

17. Pour ne citer que cet exemple, un professeur de lycée débutant touche 1,23 SMIC. Il touchait 2 SMIC il y a vingt-cinq ans.

18. I. Gafsi, Y. L'Horty et F. Mihoubi, *op. cit.*

19. Certaines exonérations ne sont pas compensées par l'État, qui laisse un reste à charge d'environ 3 milliards pour la Sécurité sociale. Mais toutes les exonérations sur les bas salaires sont compensées.

CHAPITRE SEPT
EXISTE-T-IL UNE ALTERNATIVE
AU SYSTÈME FRANÇAIS ?

1. *Les Trois Mondes de l'État providence*, PUF, 1999.

2. Rappelons que la Confédération européenne des syndicats, à laquelle appartient la puissante confédération syndicale suédoise, a soutenu à une très large majorité le TCE. Cependant, ce soutien a été décidé bien avant que le débat s'engage vraiment en vue de la ratification dans chaque pays et de nombreux syndicats ont ensuite émis de fortes réserves, comme les syndicats européens des transports.

3. Philippe d'Iribarne et alii, *Cultures et mondialisation*, Seuil, 1998, plus particulièrement le chapitre IV, dans lequel l'auteur revient sur les incompréhensions franco-suédoises dans les discussions entre Renault et Volvo.

4. Gøsta Esping-Andersen, *op. cit.*, chapitre 3.

5. Les médecins salariés exerçant à l'hôpital peuvent cependant dans certaines conditions cumuler leurs fonctions avec un exercice libéral.

6. Ce traitement égal pose, en matière de retraite, des problèmes d'équité examinés dans le chapitre trois.

7. Cette information est exigée par l'assureur du prêt, tout comme l'historique des problèmes de santé. Le surpoids est considéré comme un bon indicateur de risque de décès précoce.

8. Il n'est pas possible de déplafonner les cotisations retraite, car les cotisations aux régimes complémentaires des cadres sont prélevées sur la partie du salaire au-delà du plafond.

9. Daniel Cohen, *Les Infortunes de la prospérité*, Julliard, 1994, p. 39.

10. Les estimations du COR sont en effet de simples projections. Comme disent les techniciens, le modèle utilisé n'est pas bouclé, c'est-à-dire que les rétroactions telles que l'effet des hausses de cotisations sur les salaires nets et la consommation ou sur le coût salarial et la compétitivité ne sont pas pris en compte.

11. Haut Conseil pour l'avenir de l'assurance maladie, « L'avenir de l'assurance maladie : l'urgence d'un redressement par la qualité », ronéoté, 2004.

12. Robert Castel, *L'Insécurité sociale*, Le Seuil, 2003.

13. Plusieurs indices, comme le capital par salarié, montrent que cette substitution est particulièrement rapide en France. Par exemple, le recours aux automates bancaires plutôt qu'à des employés est plus développé en France que dans les pays comparables.

14. Bernard Friot, *Puissances du salariat*, La Dispute, 1998.

15. En particulier la FSU, première fédération de la fonction publique d'État, et Solidaires (Sud).

16. C'est en particulier le cas de la CGT, qui a produit en ce domaine une réflexion approfondie évitant tout simplisme.

17. Pour des explications sur ce sujet, voir Philippe Askénazy, *Les Désordres du travail, enquête sur le nouveau productivisme*, Le Seuil (« La république des idées »), 2004.

INDEX[1]

AARP (Association des retraités américains) : 128.
ACR (Allocation compensatrice de revenu) : 215.
Actifs : 70, 73, 130, 164.
  taux d'activité : 74, 75.
Actions :
  rendement des — : 132.
Administration publique : 32.
Âge :
  relation entre — et productivité : 68.
AGLIETTA, Michel : 113, 114.
Aide :
  — à domicile : 79, 80.
  — entre générations : 81.
  — publique : 84.
  — sociale : 32.
Alaska : 216.
Algérie : 16.
Allemagne : 16, 18, 24, 51, 66, 67, 72, 73, 74, 76, 77, 82, 84, 98, 110, 116, 126, 150, 172, 183, 189, 230, 237-238, 250, 272 n. 9, 274 n. 10.
Allocation : 241.
  — familiale : 107, 109, 196-200.
  — logement : 198, 202, 207, 242.
  — parentale d'éducation : 219.
AMATO, réforme : 50.

---

1. Établi par Iseut Bellock-Swain.

Amiante : 180.
ANDRÉ, Christine : 268 n. 5.
ARPE (Allocation de remplacement pour l'emploi) : 158, 168.
ARTUS, Patrick : 272 n. 11.
ASFNE (Allocation spéciale du Fonds national de l'emploi) : 168.
ASKÉNAZY, Philippe : 177, 274 n. 12, 277 n. 17.
ASS (Allocation de solidarité spécifique) : 60, 123, 269 n. 23.
ASSEDIC : 32.
ASSOUS, Laurence : 270 n. 5.
Assurances complémentaires : 10, 52, 96, 116, 117, 118, 119, 123, 145-146, 239, 242-243, 260-261.
 — pour le chômage : 10, 26, 32, 37.
 — privées : 11-13, 35, 105, 142, 231, 240, 243, 269 n. 22.
 différences entre les — : 117, 118.
 prime d'— : 178.
 qualité des — : 57, 117, 118.
ATTIAS-DONFUT, Claudine : 270 n. 6.
Autonomie financière : 84.
Autriche : 33, 110.

Baby-boom : 71.
 génération du — : 159.
 mini — : 67.
BALLADUR, réforme : 37-38, 42-44, 268 n. 13.
BALLIGAND, Jean-Pierre : 273 n. 20.
Banque mondiale : 144.
BARRO, Robert : 214.
BAUDCHON, Hélène : 273 n. 19.
BECKER, Gary : 214.
BEHAGHEL, Luc : 274 n. 9.
BELORGEY, Jean-Michel : 275 n. 7.
BERTRAND, Xavier : 55.
BEVERIDGE, Lord William Henry : 229-230, 256, 259.
 rapport — : 181.
Biens collectifs : 27.
Bilan de compétences : 58.
BISMARCK, Otto von : 229-230, 235, 237-238, 243, 246-247, 251, 258.
BLANCHET, Didier : 69, 270 n. 3.
BOISSONNAT, Jean : 71.
BORLOO, loi : 58.

BOURDIEU, Pierre : 271 n. 7.
BOYER, Robert : 113.
Brésil : 216.
BUCHANAN, James : 34.
Bureaucratie : 34-35.
BUSH, George W. : 121, 128, 143.

Caisse :
— nationale d'assurance-maladie : 56.
— particulière : 89.
— unique : 88.
gestion des —s : 248.
Canada : 98.
Capitalisation :
— privée : 152-153.
régime complémentaire par — : 49-50.
CASTEL, Robert : 253, 277 n. 12.
CATS (Cessation anticipée d'activité de travailleurs salariés) : 168.
CFA (Congé de fin d'activité) : 158.
Charges sociales : 194.
CHARPIN, rapport : 268 n. 11.
CHAUVEL, Louis : 271 n. 8.
CHAUVIN, Valérie : 273 n. 19.
CHAZELLES, arrêté : 239-240.
Chine : 61, 131, 183.
Choc pétrolier de 1973 : 16.
Chômage : 17, 29, 31, 62, 70, 71, 72, 157-158, 167, 169-171, 181, 183, 196, 208, 224, 241, 256, 261, 267 n. 3.
— de longue durée : 19, 184, 269 n. 23.
— de masse : 62, 182.
— des seniors : 20.
— structurel : 18.
formation des chômeurs : 190.
indemnisation du — : 25, 57-59, 111, 190, 237, 254.
durée et niveau de l'indemnisation du — : 58.
lutte contre le — : 223.
montée du — : 18.
période de — et de reconversion : 43.
réduction du — : 72, 74.
réforme des indemnisations : 58-59.
risque de — : 221.

sanctions dans les indemnisations : 59.
surchômage : 223.
taux de cotisation du — : 92.
taux de — : 18, 20, 273 n. 3.
Citoyen : 9, 16, 35, 238, 242.
revenu de citoyenneté : 215.
CJCE (Cour de justice des communautés européennes) : 47.
Clerc, Denis : 208.
CMU (Couverture maladie universelle) : 60, 119, 122, 197, 207, 260.
Cohen, Daniel : 250, 277 n. 9.
Colvez, classification : 78.
Compétitivité : 15, 30.
Concialdi, Pierre : 195, 272 n. 7.
Concurrence : 224.
— entre les entreprises : 28.
— internationale : 31.
Conditions de vie : 9, 19, 101, 104, 160-161, 163.
Congé :
— maladie : 269 n. 19.
— de longue maladie : 169-170.
Consommateur : 30, 124.
consommation : 69, 113, 151, 226-227, 252.
Contrat :
— à durée déterminée : 21, 164.
rupture des —s : 166.
Contrôle :
— des dépenses : 52.
— des pouvoirs publics : 24.
Corporatisme : 233, 252.
Cotisations :
calcul des — : 257.
— sociales : 105, 106, 220, 224, 246, 268 n. 6.
— sociales basées sur le salaire : 36.
taux de — : 39, 43.
Coût :
augmentation des —s : 76.
— de production : 16.
— de la protection sociale : 29.
Couverture minimale gratuite : 142.
Crédit d'impôt : 214.
Crépon, Bruno : 274 n. 9.

Index

Croissance : 69, 70, 132, 134, 166, 223, 250.
   ralentissement de la — : 31, 35, 62, 68.
CSG (contribution sociale généralisée) : 27, 30, 52, 106, 107, 197, 245, 248-250, 256-258, 268 n. 10, 269 n. 16.
   hausse de la — : 57.

Danemark : 18, 189, 191, 232.
   « flexicurité » du — : 189.
Déclaration universelle des droits de l'homme : 182.
Déficit :
   — de l'assurance publique : 26.
   — structurel : 27.
DELALANDE, contribution : 170-171.
DELORME, Robert : 268 n. 5.
Démographie : 73.
   contraintes démographiques : 11.
   déséquilibres démographiques : 49, 74, 130.
   évolutions démographiques : 37, 61, 76, 85, 156.
   transition démographique : 131.
Départ anticipé : 97, 155.
Dépendance : 78-79.
   taux de — : 130.
Dépenses :
   envolée des — : 78.
   — fiscales : 109.
   — publiques : 22, 25, 34-35, 116, 232.
   — de retraite : 16, 25.
   — de santé (Sécurité sociale) : 16, 23-24, 26, 28, 77, 78, 116, 137.
   limitation des — : 56-57.
   régulation des — : 139, 152, 261.
Déremboursement des médicaments : 52-53, 57, 141.
Dette publique : 25-26.
Diagnostic médical : 137.
   double consultation : 137.
Difficultés économiques : 9.
Diplôme :
   déclassement des diplômés : 222.
Dossier médical personnalisé : 52, 54.
DOUSTE-BLAZY, projet : 140.
DRE (dispensés de recherche d'emploi) : 20, 167, 169.

Droits :
— individuels : 23.
— sociaux : 10, 19.

Échanges internationaux : 27.
Écosse : 33.
EDF-GDF : 89, 90.
Éducation : 28.
— à la santé : 138.
EITC (Earned Income Tax Credit) : 213-214.
Embauche : 156, 221.
Emploi : 9, 24, 83, 113, 114, 160, 208, 225-226.
  accès à l'— : 111.
  création d'— : 71, 219.
  délocalisation des —s : 252.
  demandeurs d'— : 222.
  — stable : 83.
  — à taux plein : 215.
  — typique et atypique : 113, 114.
  évolution de l'— : 17.
  maisons de l'— : 58.
  offres d'— : 208.
  plein-emploi : 16, 18, 58, 74, 159, 181-182.
  politique de l'— : 57, 181, 189, 233.
  refus d'une offre d'— : 59.
  reprise d'— : 71, 202.
  sécurité de l'— : 90, 93.
  taux d'— : 70, 84.
Enfant : 85.
  coût de l'— : 108, 110.
  — majeur : 235.
  garde des —s : 83.
Entreprise :
  petites et grandes —s : 96.
Épargne : 30, 69, 124, 130.
  excès d'— : 70.
  — individuelle : 144, 148.
  — retraite : 153.
  — salariale : 151, 153.
  système d'— individuelle (PERP) : 48.
  taux d'— des ménages : 151.

Équilibre :
- — financier : 38-39, 43, 156.
- — de la protection sociale : 230.

Ergonomie : 180.
Espagne : 18, 67, 72, 73, 76, 83.
Espérance de vie : 51, 62-64, 67, 78, 98, 99, 100, 101, 146.
- allongement de l'— : 37.
- écarts d'— : 101.

ESPING-ANDERSEN, Gosta : 230, 238, 271 n. 2, 276 n. 4.
État : 27, 56-57, 92, 135, 171, 227, 231, 233, 236, 238, 248-249, 269 n. 17.
- assistance minimale de l'— : 123.
- dépenses de l'— : 252.
- — providence : 10, 15, 32, 182, 193, 205, 250.
- étatisme : 191.
- intervention de l'— dans l'économie : 33-35.
- prise en charge du financement par l'— : 128.
- redistribution des revenus par l'— : 115.
- *welfare state* : 275 n. 2.

Etats-Unis : 11, 18-19, 24, 48, 82, 83, 114, 115, 121, 125, 126, 128, 132, 136, 138-139, 141, 145, 147-148, 151, 159, 172, 174, 177, 183, 187, 205, 209, 232, 234-235, 250, 262.
Études :
- allongement de la durée des — : 46.

Europe : 11, 49, 66.
- construction européenne : 15, 31, 236.

Exonérations fiscales et sociales : 150-152.

Famille : 79, 80, 81.
- éclatement des modèles familiaux : 85.
- —s monoparentales : 82, 83.
- politiques familiales : 84, 108.
- solidarité familiale : 84, 85.
- soutien familial : 83.
- transformations familiales : 80.

Fécondité : 64, 65, 66, 67, 74, 84.
FELDSTEIN, M. : 268 n. 8.
Femmes : 63, 64, 65, 87.
- éloignement des — du marché du travail : 215, 219.
- — actives : 19, 74.
- hommes et — : 94, 95.

FERGUSON, Adam : 33.

FILLON, loi : 27, 45, 47, 153, 166, 171, 179.
  réforme — : 37, 157.
Financement :
  équité du — : 98.
  — de la protection sociale : 245.
Finlande : 110, 165-166, 171-172.
Flexibilité : 18, 59, 190.
Flexion, taux de : 71.
Fonction publique : 89, 90, 91, 93, 94, 95.
Fonds de pension : 125, 133, 144.
Ford : 113-114.
Formation, aide aux chômeurs : 18, 58, 185, 191.
  formation en entreprise : 72.
  niveau de formation : 172.
FOUCAULD, Jean-Baptiste de : 273 n. 20.
France : 11, 16, 24, 61-62, 66, 67, 73, 74, 75, 79, 108, 110, 116.
FRIOT, Bernard : 257, 277 n. 14.
Frontières, ouverture des : 30.
FRR (Fonds de réserve pour les retraites) : 171.

GADREY, Jean : 274 n. 18.
GAFSI, Islem : 276 n. 15, n. 18.
GALLAND, Olivier : 83.
Génération :
  — des 45-65 ans : 111, 159.
  —s peu nombreuses : 129.
  relation entre les —s : 112.
  renouvellement des —s : 67, 269 n. 2.
Grande-Bretagne : 125, 234-235, 248. Voir Écosse, Royaume-Uni.
Grands-parents : 81.
GRIGNON, Michel : 270 n. 4.
GUILLEMARD, Anne-Marie : 157, 165, 273 n. 6.

Harmonisation des niveaux de protection sociale : 31.
HAYEK, Friedrich von : 33, 268 n. 9.
HMO (Health Maintenance Organizations) : 139.
Hôpital :
  augmentation du forfait hospitalier : 54, 141.
  budget global des hôpitaux : 247.

hospitalisation : 55.
   dépenses d'—: 103.
   reste à charge de 1 euro par consultation : 54.

Immigration : 67.
Impôt : 249, 268 n. 6.
   baisse des —s : 43.
   hausse des —s : 225.
   — pour la solidarité : 261.
   — sur le revenu : 218.
   —s et taxes : 197, 199.
Inaptitude :
   déclaration d'— en fin de carrière : 169.
Inde : 131.
Indépendants : 94.
Individualisme : 127.
Industrie :
   désindustrialisation : 222.
   — pharmaceutique : 136.
Inégalités : 11, 35-36, 51, 57, 89, 93, 94, 104, 106, 114, 115, 255.
   — d'accès aux soins : 96, 244.
   — entre les générations : 110.
   — de santé et d'espérance de vie : 97, 99.
   — sociales : 82, 100, 112, 187.
   lutte contre les — : 87.
   réduction des — : 12.
Information, monopole de l' : 35.
Insuffisance des soins : 55.
Intégration de l'individu à la société : 19.
Invalidité :
   rente d'— : 153.
   statut d'invalide : 209.
Investissement : 69, 134.
IRIBARNE, Philippe d' : 238, 276 n. 3.
Italie : 18, 49, 66, 67, 72, 73, 74, 83, 110, 126, 150, 250.

Japon : 24, 72, 77, 98, 138, 183, 187, 233.
Jeunes : 20, 83, 161, 227.
JUPPÉ, plan : 37.

KARASEK, modèle de : 176.
KEYNES, John Maynard : 71, 184.

L'Horty, Yves : 276 n. 15, n. 18.
Lechevalier, Arnaud : 272 n. 7.
Législation :
   durcissement de la — : 166.
   législateur : 206.
Legros, Florence : 272 n. 11.
LFSS (loi de financement de la Sécurité sociale) : 247.
Libéralisation :
   — des marchés : 31.
   — de la protection sociale : 13.
   libéralisme : 191, 231, 233, 263.
   politique de — : 18.
Liberté :
   — des échanges : 33.
   — économique : 236.
   — des individus : 33.
Licenciement : 96, 158, 170-171, 183, 190-191, 233.
   — économique : 96.
   — pour faute grave : 167.
Logement : 270 n. 8.
Lorenzi, Jean-Hervé : 271 n. 6.
Luther, Martin : 235.
Luxembourg : 110.

Main-d'œuvre :
   — mal protégée : 189.
   pénurie de — : 72.
   stabilité de la — : 21.
Maîtrise médicalisée des dépenses : 55.
Maladies professionnelles : 173, 178-179, 262.
Malaysia : 98.
Marché intérieur : 29.
Marchés financiers : 125, 126, 131.
Margolis, David N. : 275 n. 6.
Marketing et publicité : 140.
Maroc : 98.
Médecin :
   consultation d'un — spécialiste : 103.
   institution du — traitant : 52.
   — spécialiste : 53.
   médecine du travail : 262.
Medicaid : 142-143.

Médicaments :
    consommation d'antidépresseurs : 104.
    — génériques : 55.
MIHOUBI, Ferhat : 276 n. 15, n. 18.
Mobilité : 163.
Modèle :
    — anglo-saxon : 235.
    — français et européen : 16, 238.
MODIGLIANI, Franco : 69.
Mondialisation : 15, 27, 115.
MORICE, loi (de 1947) : 239.
Mortalité : 63.
    — infantile : 62, 138.
    tables de — : 146.
Mutuelles de santé : 32, 239-240, 243. Voir Assurances complémentaires.

Naissance : 75, 108.
    faible natalité : 61.
    nombre de — : 61, 65.
NEWTON, Isaac : 111.
Niveau de vie : 70, 102, 110, 208.
    amélioration du — : 111.
    hétérogénéité des — : 184.
    — des retraités : 130.
Nomadisme médical : 53-54.
Nouvelle-Zélande : 115.

ONDAM (objectif national de dépense d'assurance-maladie) : 56-57.
Opinion : 38.
Ouvrier agricole : 180.
Ownership society (société de propriétaires aux États-Unis) : 128.

PACS : 80.
PALME, Joakim : 267 n. 1.
Parcours de soin : 53.
PARE (Plan d'aide au retour à l'emploi) : 37, 59.
Patronat : 156.
Pauvreté : 82, 142, 193-196, 198, 200, 207-208, 214
    lutte contre la — : 12, 227.

seuil de — : 210.
taux de — : 108.

Pays :
— développés : 267 n. 1.
— industriels : 23.

Pays-Bas : 110, 116, 126, 166, 179, 209.
PBGC (Pension Benefit Guaranty Corporation) : 147-148.
Pébereau, rapport : 25.

Pension :
— minimale : 45.
— à taux plein : 100.

PERCO (Plan d'épargne pour la retraite collective) : 48, 153.
PERP (Plan d'épargne retraite populaire) : 48, 153.

Personnes :
— âgées : 29, 224.
— dépendantes : 78.

PIB : 24, 132, 136.
Piketty, Thomas : 207, 272 n. 9, 275 n. 5.
Placements capitalisés : 132.
Plan social : 96.

Politiques sociales :
développement des — communes : 31.

Population active : 17-18.
Pouget, Julien : 270 n. 1.
Pouvoir d'achat : 30, 221, 226.
Pouvoirs publics : 206.
PPE (Prime pour l'emploi) : 211, 213-214, 217.
Précarité : 22, 36, 84, 114, 122, 163, 185.
précarisation des statuts : 21.

Prélèvements :
— sociaux sur les entreprises : 29.
taux de — : 31.

Prestations :
— familiales : 24-25.
— sociales : 83.

Prévention : 138, 142, 155.
Prise en charge : 79.
Privatisation : 121, 122, 125, 126, 127, 129, 140-141.
— partielle : 136.
— des retraites : 143, 149.

Production de biens et de services : 16.
Productivité : 68-69, 112, 177-178, 224.

Index

Professionnels, engagement des : 55.
Progrès techniques : 115, 222.
Protection minimale aux plus démunis : 35-36.

Qualification : 185-186.
Quinquagénaires : 164.
Quotient familial : 109.

Ralentissement de la croissance et de l'emploi : 140.
RAWLS, John : 215.
REAGAN, Ronald : 34.
Recettes de protection sociale : 25.
Reclassement : 96.
Réforme : 11-12, 15, 30-31, 37-38, 43, 49, 58, 60, 87, 165, 202, 213, 250, 252, 255, 261.
   difficultés de la — : 252.
   — Balladur-Fillon : 125, 242.
   — du système de santé : 52, 57.
Régime :
   complexité des —s : 11.
   réforme des —s : 38.
   — additionnel sur les primes de la fonction publique : 126.
   — général : 90.
   — par capitalisation : 129, 130, 131, 133, 139.
      — complémentaire par capitalisation : 50.
   — par répartition : 126, 128, 129, 131, 133, 139, 144.
   — public : 50.
   — unique : 50, 127.
   —s spéciaux des salariés : 37.
Régulation des systèmes publics : 135.
Rémunération : 93.
Répartition : 38.
Responsabilisation du consommateur : 54, 136-138
Ressources humaines, gestion des : 162.
Restructuration : 162.
Retraite : 12, 24, 37-38, 208, 237, 242, 244, 261
   avantages sociaux : 47, 150.
   baisse des — : 30.
   calcul des — : 39-51.
   complément de retraite : 150.
   départ en — : 71, 75, 76, 132, 156-159, 165, 227, 251
   espérance de — : 100.

inégalités sur les — : 110.
jeunes retraités : 164.
morcellement des régimes de — : 89.
plans d'épargne retraite individuels : 149.
préretraites : 20, 96-97, 161-163, 167-168, 171, 233.
rachat des années d'étude : 46.
réforme des — : 30, 36-37, 39-51, 89, 273 n. 1.
— des cadres : 36.
— à la carte : 127.
— complémentaire facultative privée : 135.
— d'entreprise : 140, 148.
— des fonctionnaires : 25.
— précoce : 160-163.
retraités : 70, 130.
Réunion, La : 198.
Réussite scolaire : 82.
Revenu : 194-195, 204, 268 n. 10.
distribution et redistribution des — : 105, 115.
inégalités de — : 188, 210.
— de remplacement : 29, 181.
— du travail et — du capital : 132.
Richesses, redistribution des : 88.
Risque :
mutualisation des — : 98.
sélection des — des assureurs : 145-147.
RMA (revenu minimum d'activité) : 211-213.
RMI (revenu minimum d'insertion) : 21, 60, 84, 122, 123, 196, 198-204, 206-208, 211-212, 215, 217, 235, 241-242, 250, 254, 261.
ROCARD, Michel : 268 n. 11.
Royaume-Uni : 18, 24, 51, 66, 73, 74, 76, 82, 83, 98, 110, 116, 126, 135, 146, 148-149, 154, 179, 183, 208, 213, 228, 232-233, 270 n. 7, 272 n. 9, 274 n. 10. Voir Grande-Bretagne.

Salariés : 10, 81, 124, 220, 223-224.
masse salariale : 39, 161.
niveau des salaires : 187.
précarité des — : 92.
salaire minimum : 213, 269 n. 17.
— du public et du privé : 43, 92, 93, 94, 95.
société salariale : 22, 113.

Santé : 91.
    état de — : 76, 78, 80, 98, 102.
    — publique : 262.
Secteur public et privé : 91, 92, 93, 94, 95.
Sécurité sociale :
    création de la — : 88.
    principe de la — : 106.
    ressources de la — : 27.
    — et protection sociale : 31.
SÉDILLOT, Béatrice : 274 n. 9.
Seniors : 75, 161, 162, 164-165, 172.
    chômage des — : 171.
    embauche des — : 172.
    maintien des — en emploi : 168.
    réhabilitation des — : 172.
SMIC (salaire minimum interprofessionnel de croissance) : 58, 187, 201, 203-204, 211-212, 219-220.
SNCF : 89.
Social-démocratie : 232-234, 255, 263.
Solidarité : 105.
    — familiale : 235.
    — entre les générations : 129.
    — interprofessionnelle : 89.
    — sociale : 235.
STANCANELLI, Elena : 275 n. 8.
STARZEC, Christophe : 275 n. 6.
STERDYNIAK, Henri : 275 n. 8.
Stock-options : 252, 256.
Stress : 176.
    — du cadre : 177.
STRUILLOU, Yves : 271 n. 5, 274 n. 13.
    rapport — : 180.
Suède : 50, 66, 73, 116, 149, 152, 159, 228, 233, 235-236.
Syndicat : 38, 148, 175, 248, 259.
    taux de syndicalisation : 191.
Système à trois piliers : 144.

Taxe d'habitation : 202, 207.
Taxe sur le tabac et l'alcool : 225.
TCE (Traité constitutionnel européen) : 236.
Temps :
    — partiel : 210-211.
    — plein : 227.

TEULADE, rapport : 268 n. 11.
TOCQUEVILLE, Alexis Clérel de : 238.
Tourisme : 224.
Travail : 28.
   35 heures : 175.
   charge mentale du — : 177.
   conditions de — : 93, 101, 155, 159-161, 171, 177, 180.
   coût du — : 10, 183-184, 186-188, 194, 221, 226, 246.
   danger au — : 173-174.
   durée du — : 219.
   entrée sur le marché du — : 43, 132.
   législation du — : 178.
   marché du — : 17-18, 71, 222.
   partage du — : 210.
   reconnaissance de lien entre la santé et le — : 180.
   travailleurs en mauvaise santé ou handicapés : 179.
   — des actifs : 130.
   — de nuit : 175.
   — ouvrier : 177.
   — qualifié : 227.
Trente Glorieuses : 113, 123.
TURNER, commission : 51.
TVA : 30.
   financement par la — : 29.

UNCAM (Union nationale des caisses d'assurances maladie) : 56.
UNEDIC : 32.
URSSAF : 257.

VAN PARIJS, Philippe : 275 n. 12.
VANDERBORGHT, Yannick : 275 n. 12.
Vieillissement : 10, 61, 64, 67, 68, 69, 70, 76, 78, 85, 131.
   personnes âgées : 10.

Workfare : 205, 242.

YERMO, Juan : 272 n. 8.

INTRODUCTION 9

CHAPITRE PREMIER : DES RÉFORMES
POUR QUOI FAIRE ? 15
Tout va mal ! 16
Fin de partie pour l'État providence ? 32
Une réforme des retraites en trompe-l'œil 36
Santé et chômage : un coup pour rien 52

CHAPITRE DEUX : UN PAYSAGE BOULEVERSÉ 61
Un vieillissement inégal 62
Des conséquences sur les retraites plus que
sur la santé 70
Les transformations familiales 80

CHAPITRE TROIS : LA MONTÉE
DES INÉGALITÉS 87
Un système de retraite hétérogène 88
Des inégalités de santé et d'espérance
de vie considérables 97
Une protection sociale qui réduit les inégalités 104
Des changements inquiétants 112

CHAPITRE QUATRE : ENJEUX ET RISQUES DE LA PRIVATISATION — 121

La tentation de la privatisation — 122
La privatisation, fausse solution — 129
La privatisation, source d'inégalités — 145

CHAPITRE CINQ : LE TRAVAIL, OUBLIÉ DES RÉFORMES — 155

Âge et travail, les raisons d'un blocage — 156
Travail et santé — 173
Du droit à l'emploi aux politiques d'emploi — 181

CHAPITRE SIX : COMMENT LUTTER CONTRE LA PAUVRETÉ ? — 193

Pauvreté et minima sociaux — 194
Comment faire que le travail paye ? — 206
La baisse des cotisations sur les bas salaires est-elle justifiée ? — 219

CHAPITRE SEPT : EXISTE-T-IL UNE ALTERNATIVE AU SYSTÈME FRANÇAIS ? — 229

Modèles français... et européen — 230
Des mesures nouvelles qui infléchissent la nature du système — 241
À la croisée des chemins — 249

APPENDICES

Notes — 267
Index — 279

COLLECTION FOLIO

Dernières parutions

4233. Martin Winckler — *La Maladie de Sachs.*
4234. Cees Nooteboom — *Le matelot sans lèvres.*
4235. Alexandre Dumas — *Le Chevalier de Maison-Rouge.*
4236. Hector Bianciotti — *La nostalgie de la maison de Dieu.*
4237. Daniel Boulanger — *Le tombeau d'Héraldine.*
4238. Pierre Clementi — *Quelques messages personnels.*
4239. Thomas Gunzig — *Le plus petit zoo du monde.*
4240. Marc Petit — *L'équation de Kolmogoroff.*
4241. Jean Rouaud — *L'invention de l'auteur.*
4242. Julian Barnes — *Quelque chose à déclarer.*
4243. Yves Bichet — *La part animale.*
4244. Christian Bobin — *Louise Amour.*
4245. Mark Z. Danielewski — *Les lettres de Pelafina.*
4246. Philippe Delerm — *Le miroir de ma mère.*
4247. Michel Déon — *La chambre de ton père.*
4248. David Foenkinos — *Le potentiel érotique de ma femme.*
4249. Eric Fottorino — *Caresse rouge.*
4250. J.M.G. Le Clézio — *L'Africain.*
4251. Gilles Leroy — *Grandir.*
4252. Jean d'Ormesson — *Une autre histoire de la littérature française I.*
4253. Jean d'Ormesson — *Une autre histoire de la littérature française II.*
4254. Jean d'Ormesson — *Et toi mon cœur pourquoi bats-tu.*
4255. Robert Burton — *Anatomie de la mélancolie.*
4256. Corneille — *Cinna.*
4257. Lewis Carroll — *Alice au pays des merveilles.*
4258. Antoine Audouard — *La peau à l'envers.*
4259. Collectif — *Mémoires de la mer.*
4260. Collectif — *Aventuriers du monde.*
4261. Catherine Cusset — *Amours transversales.*

4262. A. Corréard
et H. Savigny — *Relation du naufrage de la frégate la Méduse.*
4263. Lian Hearn — *Le clan des Otori, III : La clarté de la lune.*
4264. Philippe Labro — *Tomber sept fois, se relever huit.*
4265. Amos Oz — *Une histoire d'amour et de ténèbres.*
4266. Michel Quint — *Et mon mal est délicieux.*
4267. Bernard Simonay — *Moïse le pharaon rebelle.*
4268. Denis Tillinac — *Incertains désirs.*
4269. Raoul Vaneigem — *Le chevalier, la dame, le diable et la mort.*
4270. Anne Wiazemsky — *Je m'appelle Élisabeth.*
4271. Martin Winckler — *Plumes d'Ange.*
4272. Collectif — *Anthologie de la littérature latine.*
4273. Miguel de Cervantes — *La petite Gitane.*
4274. Collectif — *«Dansons autour du chaudron».*
4275. Gilbert Keeith Chesterton — *Trois enquêtes du Père Brown.*
4276. Francis Scott Fitzgerald — *Une vie parfaite* suivi de *L'accordeur.*
4277. Jean Giono — *Prélude de Pan* et autres nouvelles.
4278. Katherine Mansfield — *Mariage à la mode* précédé de *La Baie.*
4279. Pierre Michon — *Vie du père Foucault — Vie de Georges Bandy.*
4280. Flannery O'Connor — *Un heureux événement* suivi de *La Personne Déplacée.*
4281. Chantal Pelletier — *Intimités* et autres nouvelles.
4282. Léonard de Vinci — *Prophéties* précédé de *Philosophie et aphorismes.*
4283. Tonino Benacquista — *Malavita.*
4284. Clémence Boulouque — *Sujets libres.*
4285. Christian Chaix — *Nitocris, reine d'Égypte T. 1.*
4286. Christian Chaix — *Nitocris, reine d'Égypte T. 2.*
4287. Didier Daeninckx — *Le dernier guérillero.*
4288. Chahdortt Djavann — *Je viens d'ailleurs.*
4289. Marie Ferranti — *La chasse de nuit.*
4290. Michael Frayn — *Espions.*
4291. Yann Martel — *L'Histoire de Pi.*